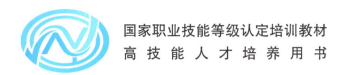

国家职业技能等级认定培训教材

高技能人才培养用书

汽车维修工试题库

——汽车维修检验工、汽车机械维修工、汽车电器维修工

（技师、高级技师）

国家职业技能等级认定培训教材编审委员会　组编

主　编　边　辉　李　兵
副主编　康　静　黄庆田
参　编　戴庆海　罗　霄　车轩墨

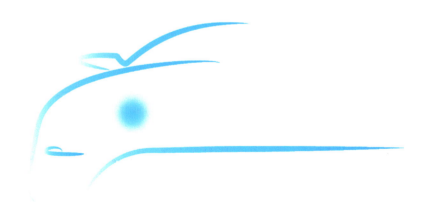

机械工业出版社

本书是依据《国家职业技能标准 汽车维修工》（技师、高级技师）的相关知识和技能要求，针对参加国家职业技能等级认定的考试者进行考前准备而编写的。本书内容既包含考核重点和试卷结构、基本要求考试指导、理论知识考核指导、操作技能考核指导，又附有理论知识试卷、操作技能试卷，能帮助考试者在短时间内突破考试难点、重点，更好地把握考题意图。
　　本书可作为汽车维修工参加国家职业技能等级认定的考前复习用书，也可作为职业技能培训机构的考前培训用书。

图书在版编目（CIP）数据

汽车维修工试题库：汽车维修检验工、汽车机械维修工、汽车电器维修工：技师、高级技师 / 边辉，李兵主编 . —北京：机械工业出版社，2023.12
国家职业技能等级认定培训教材　高技能人才培养用书
ISBN 978-7-111-74612-6

Ⅰ.①汽…　Ⅱ.①边…②李…　Ⅲ.①汽车–车辆修理–职业技能–鉴定–习题集　Ⅳ.① U472.4-44

中国国家版本馆 CIP 数据核字（2024）第 016406 号

机械工业出版社（北京市百万庄大街 22 号　邮政编码 100037）
策划编辑：陈玉芝　　　　　责任编辑：陈玉芝
责任校对：张雨霏　李　杉　责任印制：郜　敏
中煤（北京）印务有限公司印刷
2024 年 3 月第 1 版第 1 次印刷
184mm×260mm ・ 13.75 印张 ・ 281 千字
标准书号：ISBN 978-7-111-74612-6
定价：49.80 元

电话服务　　　　　　　　网络服务
客服电话：010-88361066　　机 工 官 网：www.cmpbook.com
　　　　　010-88379833　　机 工 官 博：weibo.com/cmp1952
　　　　　010-68326294　　金 书 网：www.golden-book.com
封底无防伪标均为盗版　　　机工教育服务网：www.cmpedu.com

国家职业技能等级认定培训教材

编审委员会

主　任　李　奇　荣庆华
副主任　姚春生　林　松　苗长建　尹子文
　　　　周培植　贾恒旦　孟祥忍　王　森
　　　　汪　俊　费维东　邵泽东　王琪冰
　　　　李双琦　林　飞　林战国

委　员（按姓氏笔画排序）
　　　　于传功　王　新　王兆晶　王宏鑫
　　　　王荣兰　卞良勇　邓海平　卢志林
　　　　朱在勤　刘　涛　纪　玮　李祥睿
　　　　李援瑛　吴　雷　宋传平　张婷婷
　　　　陈玉芝　陈志炎　陈洪华　季　飞
　　　　周　润　周爱东　胡家富　施红星
　　　　祖国海　费伯平　徐　彬　徐丕兵
　　　　唐建华　阎　伟　董　魁　臧联防
　　　　薛党辰　鞠　刚

序 Preface

新中国成立以来，技术工人队伍建设一直得到了党和政府的高度重视。20世纪五六十年代，我们借鉴苏联经验建立了技能人才的"八级工"制，培养了一大批身怀绝技的"大师"与"大工匠"。"八级工"不仅待遇高，而且深受社会尊重，成为那个时代的骄傲，吸引与带动了一批批青年技能人才锲而不舍地钻研技术、攀登高峰。

进入新时期，高技能人才发展上升为兴企强国的国家战略。从2003年全国第一次人才工作会议，明确提出高技能人才是国家人才队伍的重要组成部分，到2010年颁布实施《国家中长期人才发展规划纲要（2010—2020年）》，加快高技能人才队伍建设与发展成为举国的意志与战略之一。

习近平总书记强调，劳动者素质对一个国家、一个民族发展至关重要。技术工人队伍是支撑中国制造、中国创造的重要基础，对推动经济高质量发展具有重要作用。党的十八大以来，党中央、国务院健全技能人才培养、使用、评价、激励制度，大力发展技工教育，大规模开展职业技能培训，加快培养大批高素质劳动者和技术技能人才，使更多社会需要的技能人才、大国工匠不断涌现，推动形成了广大劳动者学习技能、报效国家的浓厚氛围。

2019年国务院办公厅印发了《职业技能提升行动方案（2019—2021年）》，目标任务是2019年至2021年，持续开展职业技能提升行动，提高培训针对性实效性，全面提升劳动者职业技能水平和就业创业能力。三年共开展各类补贴性职业技能培训5000万人次以上，其中2019年培训1500万人次以上；经过努力，到2021年底技能劳动者占就业人员总量的比例达到25%以上，高技能人才占技能劳动者的比例达到30%以上。

目前，我国技术工人（技能劳动者）已超过2亿人，其中高技能人才超过5000万人，在全面建成小康社会、新兴战略产业不断发展的今天，建设高技能人才队伍的任务十分重要。

序 Preface

机械工业出版社一直致力于技能人才培训用书的出版，先后出版了一系列具有行业影响力，深受企业、读者欢迎的教材。欣闻配合新的《国家职业技能标准》又编写了"国家职业技能等级认定培训教材"。这套教材由全国各地技能培训和考评专家编写，具有权威性和代表性；将理论与技能有机结合，并紧紧围绕《国家职业技能标准》的知识要求和技能要求编写，实用性、针对性强，既有必备的理论知识和技能知识，又有考核鉴定的理论和技能题库及答案；而且这套教材根据需要为部分教材配备了二维码，扫描书中的二维码便可观看相应资源；这套教材还配合天工讲堂开设了在线课程、在线题库，配套齐全，编排科学，便于培训和检测。

这套教材的出版非常及时，为培养技能型人才做了一件大好事，我相信这套教材一定会为我国培养更多更好的高素质技术技能型人才做出贡献！

中华全国总工会副主席

高凤林

前言

随着我国职业资格证书制度的不断完善和发展，职业技能等级认定制度已成为我国技能人才的重要评价方式，为了帮助考证人员顺利取得国家技能等级证书，推动职业技能等级认定制度的深入实施，加快技能人才培养，我们根据多年的实践经验，组织相关专家、教授、技师和高级考评员共同编定了这套汽车维修工试题库。

试题库的建立，对保证职业技能等级认定工作的质量，加快培养一大批数量充足、结构合理、素质优良的技能型人才将起到重要的作用。

本套书以现行《国家职业技能标准 汽车维修工》为依据，以客观反映现阶段本职业的水平和对从业人员的要求为目标，使参加职业技能等级认定的广大考生对考试内容和考试方式有一个全面的了解，以更好地复习备考，顺利通过考试。

本书与职业技能等级认定培训教材相配套。在本书的编写过程中，贯彻了"围绕考点、服务考试"的原则，内容涵盖了国家职业技能标准对该工种的理论知识和操作技能方面的要求；为突出考前辅导的特色，以职业技能等级认定试题作为编写重点，紧紧围绕鉴定考核的内容，充分体现系统性和实用性。

由于编者水平与时间的限制，书中难免存在不妥之处，敬请读者批评指正。

编 者

目 录
Contents

序
前言

第一部分　考核重点和试卷结构

一、考核重点 ·· 1
二、试卷结构 ·· 3

第二部分　基本要求考试指导

模块一　职业道德 ·· 5
　一、练习题 ··· 5
　二、答案 ·· 8
模块二　基础知识 ·· 9
　一、练习题 ··· 9
　二、答案 ·· 15

第三部分　理论知识考核指导

模块一　发动机系统故障诊断与排除 ·· 16
　一、考核范围 ·· 16
　二、考核要点详解 ··· 16
　三、练习题 ··· 24
　四、参考答案及解析 ·· 36

VII

Contents

模块二　底盘系统故障诊断与排除 …………………………………… 47
　一、考核范围 …………………………………………………………… 47
　二、考核要点详解 ……………………………………………………… 47
　三、练习题 ……………………………………………………………… 49
　四、参考答案及解析 …………………………………………………… 60

模块三　电气系统故障诊断与排除 …………………………………… 71
　一、考核范围 …………………………………………………………… 71
　二、考核要点详解 ……………………………………………………… 71
　三、练习题 ……………………………………………………………… 83
　四、参考答案及解析 …………………………………………………… 89

模块四　电力驱动及电池系统故障诊断与排除 ……………………… 101
　一、考核范围 …………………………………………………………… 101
　二、考核要点详解 ……………………………………………………… 101
　三、练习题 ……………………………………………………………… 108
　四、参考答案及解析 …………………………………………………… 115

模块五　车间技术管理与技术培训 …………………………………… 126
　一、考核范围 …………………………………………………………… 126
　二、考核要点详解 ……………………………………………………… 126
　三、练习题 ……………………………………………………………… 135
　四、参考答案及解析 …………………………………………………… 144

第四部分　操作技能考核指导

模块一　发动机系统故障诊断与排除 ………………………………… 151
　技能训练一　发动机失火故障诊断与排除 …………………………… 151
　技能训练二　尾气（HC）排放超标故障诊断与排除 ………………… 154

目录 Contents

模块二　底盘系统故障诊断与排除 ·· 157
　　技能训练　ABS/ESC 警告灯点亮故障诊断与排除 ················· 157
模块三　电气系统故障诊断与排除 ·· 160
　　技能训练一　CAN 网络系统故障诊断与排除 ························· 160
　　技能训练二　无钥匙进入系统失灵故障诊断与排除 ··············· 164
模块四　电力驱动及电池系统故障诊断与排除 ······························ 168
　　技能训练一　充电系统故障诊断与排除 ································· 168
　　技能训练二　驱动电机控制系统故障诊断与排除 ················· 172
模块五　车间技术管理与技术培训 ·· 176
　　技能训练一　产品质量报告撰写 ··· 176
　　技能训练二　技术培训实施 ··· 177

第五部分　模拟试卷样例

理论知识试卷 ·· 180
　　汽车维修工（技师）理论知识试卷 ··· 180
　　汽车维修工（技师）理论知识试卷参考答案 ····························· 187
　　汽车维修工（高级技师）理论知识试卷 ····································· 190
　　汽车维修工（高级技师）理论知识试卷参考答案 ····················· 198
操作技能试卷 ·· 200
　　汽车维修工（技师）操作技能考核准备通知单 ························· 200
　　汽车维修工（技师）操作技能考核试卷 ····································· 202
　　汽车维修工（技师）操作技能考核评分记录表 ························· 203
　　汽车维修工（高级技师）操作技能考核准备通知单 ················· 205
　　汽车维修工（高级技师）操作技能考核试卷 ····························· 207
　　汽车维修工（高级技师）操作技能考核评分记录表 ················· 208

第一部分 考核重点和试卷结构

Chapter 1

一、考核重点

考核重点是最近几年国家题库抽题组卷的基本范围,它反映了当前本职业(工种)对从业人员知识和技能要求的主要内容。

鉴定考核重点采用"鉴定要素细目表"的格式,以行为领域、鉴定范围和鉴定点的形式加以组织,列出了本等级应考核的内容。考核重点分为理论知识和操作技能两个部分。其中,理论知识主要是以知识点表示的鉴定点,操作技能主要是以考核项目表示的鉴定点。

鉴定考核重点表中,每个鉴定点都有其重要程度指标,即表内鉴定点后的核心要素(X)、一般要素(Y)和辅助要素(Z)。鉴定点的重要程度反映了该鉴定点在本职业(工种)中的相对重要性水平。其中核心要素(X)是考核中出现频率最高的内容,一般要素(Y)是考核中出现频率一般的内容,辅助要素(Z)是考核中出现频率较低的内容。

鉴定考核重点表中,每个鉴定范围都有其比重指标,比重表示在一份试卷中该鉴定范围所占的分数比例。例如,某一鉴定范围的比重为 10,就表示从题库抽题组成满分为 100 分的试卷时,属于此鉴定范围的试题所占的分值尽可能等于 10 分。

技师试卷理论知识鉴定考核重点见表 1-1,操作技能鉴定考核重点见表 1-2。

表 1-1 技师试卷理论知识鉴定考核重点表

鉴定点及分配			重要程度
基本要求 (15 分)	职业道德(5 分)		
	基础知识(10 分)		
汽车故障诊断 (35 分)	发动机单一系统故障诊断排除	发动机点火控制系统故障诊断排除方法	X
		车载诊断系统故障诊断相关知识	X
		排放控制系统故障诊断相关知识	Y
		发动机系统复合故障诊断排除相关知识	Y
	底盘单一系统故障诊断排除	自动变速器机械和液压系统工作原理及故障诊断排除方法	X
		传动和行驶系统故障排除方法	X
		转向和制动系统故障诊断排除方法	Y
		底盘系统复合故障诊断排除相关知识	Y

（续）

鉴定点及分配			重要程度
汽车故障诊断（35分）	电气单一系统故障诊断排除	音响娱乐和视讯系统组成、工作原理及故障诊断排除方法	Z
		巡航系统组成、工作原理及故障诊断排除方法	X
		空调系统组成、工作原理及故障诊断排除方法	X
		车载网络系统组成、工作原理及故障诊断排除方法	X
		防盗系统组成、工作原理及故障诊断排除方法	X
		车辆电源管理系统组成、工作原理及故障诊断排除方法	X
		电气系统复合故障诊断排除相关知识	Y
	电驱动系统和电池系统维护	动力电池更换安全的操作方法及相关知识	X
		动力电池冷却风扇更换安全的操作方法及相关知识	X
		发电机、电动机更换安全的操作方法及相关知识	Y
		电动机及其控制系统相关知识	Y
汽车大修竣工检验（30分）	路试检验	汽车大修竣工路试检验相关知识	X
	台试检验	汽车大修竣工台试检验相关知识	X
技术管理与培训（20分）	技术管理	汽车故障分析报告和技术论文的写作要求及注意事项	X
		汽车维修质量技术评定方法	X
		汽车新技术、新工艺、新设备、新材料等相关知识	Y
		汽车维修质量管理标准和考核标准相关知识	Y
	培训指导	技术人员培训方案编制相关知识	Y
		系统技术培训方案制定相关知识（高）	Y

表1-2 操作技能鉴定考核重点表

鉴定点及分配			重要程度
汽车故障诊断（50分）	发动机单一系统故障诊断排除	能诊断排除发动机点火控制系统故障	X
		能诊断排除车载诊断系统故障	X
		能诊断排除排放控制系统故障	Y
		能诊断排除发动机系统复合故障（高）	Y
	底盘单一系统故障诊断排除	能诊断排除自动变速器系统故障	X
		能诊断排除传动、行驶系统故障	X
		能诊断排除转向、制动系统故障	Y
		能诊断排除底盘系统复合故障（高）	Y
	电气单一系统故障诊断排除	能诊断排除音响娱乐和视讯系统故障	Z
		能诊断排除巡航系统故障	X
		能诊断排除空调系统故障	X
		能诊断排除车载网络系统故障	X
		能诊断排除防盗系统故障	X
		能诊断排除车辆电源管理系统故障	X
		能诊断排除电气系统复合故障（高）	Y
	电力驱动和电池系统维护	能更换动力电池	X
		能更换动力电池冷却风扇	Y
		能更换发动机、电动机	X
		能检查诊断动力电池及其管理系统故障（高）	Y

（续）

鉴定点及分配			重要程度
汽车大修竣工检验（30分）	路试检验	能进行动力性能路试检验	X
		能进行经济性能路试检验	Z
		能进行转向性能路试检验	X
		能进行制动性能路试检验	Y
		能进行滑行性能路试检验	Y
	台试检验	能检测发动机综合性能	X
		能检测发动机无负荷功率	X
		能检测喇叭声级和车辆噪声	Y
		能检测前照灯性能	Y
		能检测车辆制动性能	X
		能检测车辆排放性能	Z
技术管理与培训（20分）	技术管理	能制订维修方案并组织实施	X
		能撰写汽车故障分析报告和论文	X
		能对车辆维修质量进行技术评定	X
		能掌握汽车新技术、新工艺、新设备、新材料等相关知识并承担技术革新任务	Y
		能制订企业内部汽车维修质量管理标准、考核标准并组织实施（高）	Y
	指导培训	能指导三级/高级工及以下级别人员进行维修作业、排除故障	X
		能对三级/高级工及以下级别人员进行技能培训	Y
		能制订系统培训计划，细分课程，并组织实施（高）	Y

二、试卷结构

试卷分为理论知识考核和操作技能考核两部分，理论知识考核采用闭卷笔试方式，操作技能考核采用现场实际操作方式。理论知识考核和操作技能考核均实行百分制，两门均达到60分及以上者为合格。技师和高级技师鉴定还需进行综合评审。

1. 理论知识考核试卷结构

理论知识考核试卷由单选题、多选题、判断题、简答题、论述题五部分组成，满分为100分，具体见表1-3。

表1-3 理论知识考核试卷结构

题型	鉴定题目数	分数
单选题	40题（1分/题）	40分
多选题	10题（1分/题）	10分
判断题	10题（1分/题）	10分
简答题	4题（5分/题）	20分
论述题	2题（10分/题）	20分

2. 操作技能考核试卷结构

一套完整的操作技能考核试卷包括考核准备通知单、考核试卷和考核评分记录

表三部分。

（1）考核准备通知单　在实施操作技能考核前，承担鉴定考核的鉴定所（站）需要提前做好考场准备工作。考核准备通知单是为各鉴定所（站）提供的一份清单，包括考试所需要的场地、车辆、设备、工量具、辅料以及故障设置等。

考核准备通知单由鉴定中心提前发至鉴定所（站）。

（2）考核试卷　按照职业技能鉴定工作规范，考核试卷中包括说明、试题名称、考核要求和考核时间等内容。

考核试卷发至鉴定所（站）的监考人员和考评员。

（3）考核评分记录表　考核评分记录表是试卷中每道试题的配分、评分标准，以及扣分、得分记录。在实施鉴定考核的过程中，考评员须依据各试题的配分和评分标准，对考生的每一项操作进行评判和记分，最后进行得分统计、签字。

考核评分记录表中还包括该试题所涉及的有关技术标准，供考评员在考核评分时参考。

该表由鉴定所（站）发至考评员。

按照规定，技师应该考核汽车故障诊断、汽车大修竣工检验、技术管理与培训三项内容，分别在上述三个考核模块中各选择一道试题，总分为100分。

第二部分 基本要求考试指导

Chapter 2

模块一　职业道德

一、练习题

（一）单选题

1. 诚实守信是市场经济法则，是企业的无形（　　）。
   A. 成本　　　　B. 利润　　　　C. 资本　　　　D. 信誉
2. 不属于汽车维修工职业道德规范基本内容的选项是（　　）。
   A. 服务用户、质量第一　　　　B. 遵章守纪、文明生产
   C. 团结友爱、勇于奉献　　　　D. 热爱企业、勤奋节约
3. 职业道德是人们在从事职业的过程中形成的一种内在的（　　）的约束机制。
   A. 非强制性　　B. 强制性　　　C. 非自愿　　　D. 自愿
4. 下列选项中（　　）是企业诚实守信的内在要求。
   A. 维护企业信誉　　　　　　　B. 增加职工福利
   C. 注重环境效益　　　　　　　D. 开展员工培训
5. 《公民道德建设实施纲要》规定，社会主义道德建设要坚持以为人民服务为（　　）。
   A. 原则　　　　B. 核心　　　　C. 基本要求　　D. 以上都是
6. 职业意识是指（　　）。
   A. 人们对职业的认识
   B. 人们对理想职业的认识
   C. 人们对求职择业和职业劳动的各种认识的总和
   D. 人们对各行业的评价
7. 汽车维修职业道德规范是指汽车维修从业人员在汽车维修生产活动中必须遵循的道德准则和（　　）。
   A. 职业规范　　B. 行为规范　　C. 道德意识　　D. 道德规范

8.（　　）是人们在从事职业的过程中形成的一种内在的非强制性的约束机制。

A. 职业道德　　B. 交通法　　C. 劳动规范　　D. 道德意识

9. 职业道德素质的提高，一方面靠他律；另一方面取决于自己的主观努力，即（　　）。

A. 社会培养　　B. 组织教育　　C. 自我修养　　D. 学校教育

10. 职业素质是劳动者对社会职业了解与适应能力的一种综合体现，其主要表现在职业兴趣、（　　）、职业个性及职业情况等方面。

A. 职业能力　　B. 职业成就　　C. 职业收入　　D. 职业前景

11. 职业理想不包括（　　）。

A. 职业成就　　B. 职业种类　　C. 职业收入　　D. 职业意义

12. 每一位员工最基本的职业素质体现在（　　）。

A. 放纵他人　　B. 严于律己　　C. 自我学习　　D. 信守诺言

13. 质量意识是以质量为核心内容，自觉保证（　　）的意识。

A. 核心价值　　B. 技术核心　　C. 创新意识　　D. 工作质量

14. 无论你从事的工作有多特殊，它总是离不开一定的（　　）。

A. 岗位责任　　B. 家庭美德　　C. 规章制度　　D. 职业道德

15. 下列选项中属于职业道德范畴的是（　　）。

A. 企业经营业绩　　　　　B. 企业发展战略

C. 人们的内心信念　　　　D. 员工的技术水平

16. 下列选项中属于对员工遵纪守法的要求的是（　　）。

A. 勤劳节俭　　B. 诚实守信　　C. 个人服从集体　　D. 保守企业秘密

17. 坚持办事公道，要努力做到（　　）。

A. 公私不分　　B. 有求必应　　C. 公正公平　　D. 全面公开

18. 职业道德通过（　　），起着增强企业凝聚力的作用。

A. 协调员工之间的关系　　　　B. 增加职工福利

C. 为员工创造发展空间　　　　D. 调节企业与社会的关系

19. 爱岗敬业、诚实守信是对从业人员职业行为的（　　）。

A. 最高要求　　B. 基础要求　　C. 严格要求　　D. 根本要求

20. 公正签订并忠诚履行机动车维修合同是《全国汽车维修行业行为规范公约》中所提出的（　　）要求的一种体现。

A. 守法经营，接受监督　　　　B. 诚信为本，公平竞争

C. 尊重客户，热忱服务　　　　D. 技术可靠

21. 维修企业诚信的基础是（　　）。

A. 文明礼貌　　B. 热忱服务　　C. 守法经营　　D. 技术可靠

22. 下列选项中属于职业道德范畴的是（　　）。

A. 人们的内心信念　　　　　　B. 人们的文化水平
C. 人们的思维习惯　　　　　　D. 员工的技术水平

23. 各种职业道德往往采取简洁明快的形式，对本职业人员提出具体的道德要求，以保证职业活动的顺利开展，这体现了职业道德的（　　　）。
A. 稳定性　　　B. 专业性　　　C. 具体性　　　D. 适用性

（二）判断题

1. 汽车维修职业信誉是指汽车维修职业的信用和名誉，表现为社会对汽车维修职业的信任感和汽车维修在社会生活中的声誉。（　　）

2. 所谓劳动合同是指用人单位的行政方面和劳动者之间为了确立劳动关系，明确相互间的雇佣关系所达成的协议。（　　）

3. 在市场经济条件下，促进员工行为的规范化是职业道德社会功能的重要表现。（　　）

4. 决定企业的经济效益属于职业道德的作用。（　　）

5. 爱岗敬业作为职业道德的重要内容，是指员工强化职业责任。（　　）

6. 技术培训功能属于企业文化的功能。（　　）

7. 企业在生产经营活动中，要求员工遵纪守法是为保证经济活动正常进行决定的。（　　）

8. 职业道德是一个人事业成功的重要保证。（　　）

9. 勤劳节俭的现代意义在于勤劳节俭是促进经济和社会发展的重要手段。（　　）

10. 创新是企业进步的灵魂，引进别人的新技术不算创新。（　　）

11. 科学的发展观，是指导发展的科学思想。（　　）

12. 一般工人只要认真干活就可以了，不需要提倡创新意识。（　　）

13. 技能是可以讲、可以教、可以传授的，也是可以听、可以模仿、可以训练的。（　　）

14. 逻辑思维是按照严格的逻辑结构、规范，采用严密的逻辑推理方法进行的，由因导果的思维活动形式。（　　）

15. 职业素质是劳动者对社会职业了解与适应能力的一种综合体现。（　　）

16. 企业生产经营活动中，促进员工之间平等尊重的措施是加强交流，平等对话。（　　）

17. 企业员工违反职业纪律，企业因员工受劳动合同保护，不能给予处分。（　　）

18. 勤劳是人生致富的充分条件，节俭是企业持续发展的必要条件。（　　）

19. 职业道德能够起到增强员工独立意识的作用。（　　）

20. 道德，就是一定社会、一定阶级向人们提出的处理人和人之间、个人和社

会、个人与自然之间各种关系的一种特殊的行为规范。( )

21. 实现"诚信修车",有利于促进整个行业协调发展。( )

22. "维修工具、机件、场地、人身清洁;工具、机件、油水不落地",是《全国汽车维修行业行为规范公约》中"文明生产,保护环境"提出的具体要求。( )

23. 精工细作、完工及时、安全可靠、优质高效地向用户提供维修服务,是机动车维修人员的基本职业责任。( )

24. "办事公道"是对有一定权力的领导提出的,与一般从业人员无关。( )

25. 职业道德与个人的道德品质没有必要联系。( )

二、答案

(一)单选题

1. C 2. C 3. A 4. C 5. B 6. C 7. B 8. A 9. C 10. A
11. C 12. B 13. D 14. D 15. C 16. D 17. C 18. A 19. B 20. B
21. C 22. A 23. C

(二)判断题

1. √ 2. × 3. √ 4. × 5. √ 6. × 7. √ 8. √ 9. √ 10. ×
11. √ 12. × 13. √ 14. √ 15. √ 16. √ 17. × 18. √ 19. × 20. √
21. √ 22. √ 23. √ 24. × 25. ×

模块二 基础知识

一、练习题

（一）单选题

1. 满足 OBD-Ⅱ 标准的车型主要是根据（　　）信号来判断发动机是否起动的。
   A. 车轮转速　　　　　　　　B. 凸轮轴位置传感器
   C. 发动机转速　　　　　　　D. 节气门开度

2. 混合气过稀会使点火电压（　　）正常值。
   A. 高于　　B. 低于　　C. 等于　　D. 先高后又逐渐相等

3. 下列选项中，关于火花塞的热值描述正确的是（　　）。
   A. 火花塞散热的能力称为热值
   B. 冷型火花塞的绝缘体裙部相对较长
   C. 热型火花塞的绝缘体裙部相对较短
   D. 低热值的火花塞称为热型火花塞

4. 三元催化器中具有储氧能力的是（　　）。
   A. 钯　　B. 铑　　C. 铂　　D. 二氧化铈

5. 在讨论热线式空气流量传感器时，甲说传感器的电子模块改变热线的温度；乙说传感器的电子模块使热线的温度维持在一个规定值。甲和乙的说法正确的是（　　）。
   A. 甲正确　　B. 乙正确　　C. 两人均正确　　D. 两人均不正确

6. 当从示波器上观察点火波形时，某一个缸的点火电压较低，可能是（　　）原因引起的。
   A. 火花塞间隙过大　　　　　B. 次级电路电阻太大
   C. 混合气过稀　　　　　　　D. 该气缸的压缩压力较低

7. 加热式氧传感器（HO2S）仅限于在温度高于（　　）时工作。
   A. 90℃　　B. 40℃　　C. 300℃　　D. 1000℃

8. 发动机二级维护前密封性能检测项目包括：气缸压缩压力、（　　）、进气歧管真空度和气缸漏气量。
   A. 排气管漏气　　　　　　　B. 曲轴箱窜气量
   C. 进气压力　　　　　　　　D. 均不正确

9. Electronic Spark Advance Control 的中文意思是（　　）。
   A. 电控点火提前控制　　　　B. 电控点火控制
   C. 火花塞间隙　　　　　　　D. 点火提前角

10. 下列原因中，可能会使发动机在加速时出现爆震的是（　　）。

A. 混合气太浓 B. 单缸失火
C. 点火正时过迟 D. 真空泄漏

11. 发动机在工作过程中出现爆震，甲认为是点火提前角过大引起的；乙认为是点火提前角过小引起的。你认为（　　）。
A. 甲正确　　B. 乙正确　　C. 甲乙均正确　　D. 甲乙都不正确

12. 对于点火提前角的控制，下列选项中会使提前角提前的是（　　）。
A. 混合气变浓 B. 发动机转速上升
C. 发动机冷却液温度上升 D. 发动机负荷增加

13. 决定发动机基本喷油量和点火提前角的信号是（　　）。
A. 空气流量信号 B. 曲轴位置信号
C. 节气门位置信号 D. 冷却液温度信号

14. 关于多点喷射的电控燃油喷射系统控制喷油量的描述正确的是（　　）。
A. 通过控制喷油压力 B. 通过控制喷油时间
C. 改变喷孔大小 D. 改变针阀行程

15. 以下对车辆行驶过程中车轮振动原因分析正确的是（　　）。
A. 车轮平衡不好 B. 减振器失效
C. 车轮轴承松旷 D. 悬架系统胶套磨损

16. 前悬架系统中防止转向时车辆侧倾的部件是（　　）。
A. 前控制臂　　B. 纵臂　　C. 横拉杆　　D. 横向稳定杆

17. 车辆更换制动油后，车辆只要跑长途或长时间下坡后，制动踏板就存在偏软现象，但冷车正常。造成这一现象可能的原因是（　　）。
A. 制动片故障 B. 制动液沸点低
C. 制动管路内有空气 D. 制动主缸磨损

18. 以下关于轮辋与轮胎描述正确的是（　　）。
A. 如果轮辋中心线在安装面的内侧，则认为偏距是负的
B. 轮辋直径指的是轮辋的外径
C. 轮胎直径是指在有负载时充气轮胎的总直径
D. 轮胎的载荷指数为82，表示轮胎最大载荷为475kg

19. 关于车辆定位参数，以下描述正确的是（　　）。
A. 正前束是指两轮前方距离大于后方距离
B. 车轮正外倾角产生使车轮偏离汽车中心滚动的力，负载位于车轮外侧
C. 如果转向中心线在轮胎中间内侧，则主销内倾角为负
D. 推力角是指汽车中心线与前轮的指向之间形成的角度

20. 关于车辆定位参数，以下描述正确的是（　　）。
A. 后轮外倾角、后轮前束角、前轮主销后倾角、前轮前束角、前轮外倾角

B. 后轮前束角、前轮主销后倾角、后轮外倾角、前轮外倾角、前轮前束角

C. 后轮外倾角、后轮前束角、前轮主销后倾角、前轮外倾角、前轮前束角

D. 前轮主销后倾角、前轮外倾角、前轮前束角、后轮外倾角、后轮前束角

21. 关于车轮与轮胎的维护与诊断，以下描述正确的是（　　）。

A. 轮胎花纹的磨损极限为 1.6mm（0.063in）

B. 为了防止轮胎不均匀磨损及延长轮胎寿命，每 100000km 要对轮胎进行换位

C. 轮胎径向跳动量不应超过 5.0mm，侧向跳动量不应超过 2.5mm

D. 轮胎螺母的拧紧顺序为顺时针方向依次拧紧，紧固力矩为 90~110N·m

22. 关于轮胎及车轮平衡操作，以下描述正确的是（　　）。

A. 动态和静态平衡车轮和轮胎组件到 10g 以下

B. 动态和静态平衡车轮和轮胎组件到 20g 以下

C. 一个车轮的内侧或外侧，原则上可安装 2 个以上的平衡块

D. 一个车轮的平衡块总质量不要超过 100g

23. 关于制动盘跳动量的检测，以下描述正确的是（　　）。

A. 测量点在距制动盘边缘 5mm 处，跳动量的正常极限值为 0.05mm

B. 测量点在距制动盘边缘 10mm 处，跳动量的正常极限值为 0.05mm

C. 测量点在距制动盘边缘 20mm 处，跳动量的正常极限值为 0.05mm

D. 测量点在距制动盘边缘 15mm 处，跳动量的正常极限值为 0.05mm

24. 以下关于制动真空助力器的检查描述正确的是（　　）。

A. 完全踩下制动踏板，起动发动机，制动踏板离地高度应该上升

B. 关闭发动机后，间隔 5s 踩下制动踏板几次，制动踏板的离地高度会增加

C. 起动发动机后，间隔 5s 踩下制动踏板几次，制动踏板的离地高度会增加

D. 关闭发动机踩住制动踏板，经过 30s 或更长时间后，制动踏板离地高度不变

25. 以下关于制动系统的故障描述正确的是（　　）。

A. 快速踩制动踏板，如果储液罐内制动液涌动，说明制动主缸皮碗损坏

B. 将主缸与助力器分离，如果制动拖滞消失，说明制动主缸卡滞

C. 松开制动踏板后，发现没有制动液回流到储油罐中，说明补偿孔可能堵塞

D. 将主缸与助力器分离，如果制动拖滞仍然存在，说明制动轮缸卡滞

26. 以下关于制动盘的检测描述正确的是（　　）。

A. 如果制动盘厚度差超过 0.25mm，就需要更换新盘

B. 关闭发动机后，在制动盘上各相隔 45° 的 8 个位置、离制动盘外径大约 10mm 的地方进行厚度测量

C. 一般进行制动盘的跳动量测量时，只测量一次就可以了

D. 如果制动盘的跳动量超过许可范围，只能更换

27. 进行制动管路系统排气操作时，以下操作正确的是（　　）。

A. 如果制动液黏附到制动钳总成上，可以用水清洗

B. 断开蓄电池负极端子

C. 点火开关转到 OFF 位置就可以

D. 制动液泄漏或飞溅到漆面上不能用水清洗

28. 进行制动踏板的检测时，以下参数中必须在发动机起动的条件下进行测量的是（ ）。

A. 制动踏板的游隙
B. 制动踏板高度
C. 制动踏板摆动接头
D. 制动踏板踩下后的高度

29. 制动盘出现（ ）情况时不会造成制动颤抖。

A. 制动盘厚度变化大
B. 制动盘上面有水
C. 制动盘有锈蚀
D. 轮胎固定螺钉过分拧紧

30. 关于电压，以下描述正确的是（ ）。

A. 自由带电粒子撞击原子流动受阻时产生电压

B. 电压是在电路中通过电阻并联转换形成的

C. 电压是作用在自由电子上的压力或作用力

D. 电压是在电路中通过电阻串联转换形成的

31. 关于电流，以下描述正确的是（ ）。

A. 自由带电粒子撞击原子流动受阻时产生电流

B. 电流是电子的定向运动

C. 电流是作用在自由电子上的压力或作用力

D. 电流是自由电荷的运动

32. 关于灯泡的特性，以下描述正确的是（ ）。

A. 随温度升高，电阻和电流升高

B. 随温度升高，电阻发生变化，电流升高

C. 随温度升高，电阻升高，电流降低

D. 接通灯泡电源时，由于 PTC 的特性而使电流突然升高

33. 使用万用表分别测量电路的电压和电阻时，必须将万用表分别与电路（ ）。

A. 串联连接；并联连接
B. 并联连接；串联连接
C. 并联连接；并联连接
D. 串联连接；串联连接

34. 当车轮趋于抱死时，ABS 应（ ）轮缸内油压。

A. 增加　　　　B. 减小　　　　C. 保持　　　　D. 不控制

35. 汽车传感器的作用是（ ）。

A. 记住控制单元输入信号

B. 测量物理变量并将其转化为给控制单元的电子输入信号

C. 控制执行器

D. 制订控制单元的指令

36. 驻车辅助传感器采用的探测技术是（　　）。
   A. 激光雷达　　　B. 超声波雷达　　　C. 红外线　　　D. 紫外线

37. 英文缩写 CAN 在汽车上的含义是（　　）。
   A. 控制器和网络　　　　　　　B. 客户区域网络
   C. 控制器区域网络　　　　　　D. 控制单元

38. 使用驾驶员辅助系统时，（　　）是责任人。
   A. 系统　　　B. 驾驶员　　　C. 驾驶员和系统　　　D. 制造商

39. 一灯泡功率为18W，电压为12V。其电流是（　　）。
   A. 250mA　　　B. 400mA　　　C. 360mA　　　D. 1500mA

40. 热敏熔丝的作用是（　　）。
   A. 保护用电器和线路不被短路电流损坏
   B. 在用电器临时出现过载电流时无须更换熔丝
   C. 防止用电器过热
   D. 记录用电器温度

41. OBD 是指（　　）。
   A. 驱动防滑系统　　　　　　B. 电子稳定控制系统
   C. 制动防抱死系统　　　　　D. 车载诊断系统

42. OBD-Ⅱ诊断系统是用两个参数来检测燃油系统，并且判断电控燃油喷射系统调整混合气浓度的工作情况，这两个参数是（　　）。
   A. 连续修正、间歇修正　　　　B. 提前修正、错后修正
   C. 短时修正、长时修正　　　　D. 正时修正、延迟修正

43. OBD-Ⅱ诊断插头的16个端子中，其中有（　　）是标准定义的信号端子。
   A. 5个　　　B. 7个　　　C. 8个　　　D. 9个

44. 电阻器在LED电源线中的作用是（　　）。
   A. 电阻器总是与LED并联连接且限制电压
   B. 电阻器限制电流并防止LED损坏
   C. 电阻器用于减少车载电气系统中的耗电量
   D. 没有什么具体的作用

45. 电动汽车控制能量供给的是（　　）。
   A. 电机驱动系统　　　　　　B. 电池管理系统
   C. 能量管理系统　　　　　　D. 动力电池

46. 电动汽车完成电能-机械能转换的是（　　）。
   A. 电池管理系统　　　　　　B. 电机驱动系统
   C. 能量管理系统　　　　　　D. 充电系统

47. 电动汽车铭牌上的标称电压是指（　　）。
A. 电机的工作电压　　　　　　B. 电池组每个单体电池的电压
C. 电池组的额定电压　　　　　D. 电池组放电的最低电压

48. （　　）在电动汽车维护中不需要戴绝缘手套。
A. 空调压缩机　　B. PTC 加热器　　C. 压缩机控制器　　D. 真空泵

49. 下列不属于 EV 车辆的特点的是（　　）。
A. 起步快　　　B. 噪声小　　　C. 使用成本低　　D. 可使用发动机驱动

50. 300V 高压电缆应该是（　　）颜色。
A. 黑色　　　　B. 橘红色　　　C. 蓝色　　　　D. 棕色

51. 下列不是导致电池着火的原因的是（　　）。
A. 短路　　　　B. 热失控　　　C. 设计原因　　D. 并联电池

52. 以下关于绝缘手套描述正确的是（　　）。
A. 防电、防水　　B. 防化、防油　　C. 耐酸碱　　　D. 以上都对

53. 在维修车辆高压部件时，除了对维修区域进行隔离，还应放置（　　）。
A. 雪糕筒　　　　　　　　　　B. 警告标识或警告牌
C. 防滑警示　　　　　　　　　D. 禁止进入警示

54. 维修元器件前应该做的是（　　）。
A. 绝缘电阻检测　　　　　　　B. 接地电阻检测
C. 静默电压检测　　　　　　　D. 残余电压检测

55. 若发现车辆存在漏电情况，应进行（　　）。
A. 接地电阻检测　　　　　　　B. 绝缘电阻检测
C. 静默电流检测　　　　　　　D. 静默电压检测

56. 用于车身漏电检测的装置是（　　）。
A. 温度计　　　B. 万用表　　　C. 噪声仪　　　D. 绝缘电阻测试仪

57. 在制订安全防范措施时，（　　）是优先的。
A. 安全防护　　B. 设备安全　　C. 电磁辐射　　D. 人身安全

58. 高压元件不包括（　　）。
A. 霍耳元件　　B. 动力蓄电池　　C. 高压配电箱　　D. 驱动电机控制器总成

59. （　　）不是电池管理系统主要的功用。
A. 电池包电量计算　　　　　　B. 电池温度、电压、湿度检测
C. 自行充电　　　　　　　　　D. 充放电控制、预充控制

（二）判断题

1. 测量发动机气缸压力前要切断发动机燃油供应。　　　　　　　　（　　）
2. 电子点火系与传统点火系相比，最大特点是用点火控制器代替断电器控制初级电路。　　　　　　　　　　　　　　　　　　　　　　　　　　　　　（　　）

3. Open in sequential ignite circuit 的中文意思是初级点火线圈开路。（　　）

4. 在装备有两个氧传感器的车辆上，第二个传感器用来测量有毒气体的排放量。
（　　）

5. 如果发动机的转速增加，点火提前角将减小。（　　）

6. 自动变速器由液力元件、变速机构、控制系统等几部分组成。（　　）

7. 前后轴轮胎尺寸明显不同，可能会导致四轮驱动系统无法工作。（　　）

8. IBooster 制动技术的原理就是利用电子制动主缸和 ESP 系统协调工作的过程。
（　　）

9. 线性转向系统的最大特点就是取消了转向盘和车轮之间的刚性连接，车轮转向的速度和角度均由控制模块根据接收的电信号驱动电机带动转向机来实现。
（　　）

10. 进气温度传感器在低温测量时显示低电阻，代表传感器为正常。（　　）

11. 电的三要素是电流、电压、电容。（　　）

12. 汽油车排放的气体中三种主要有害成分是 CO、HC 和 NO_x。（　　）

13. 在并联电路其中一个支路中，再串联一个设备，则总电阻升高。（　　）

14. 通常，高电位用代码"0"表示。（　　）

15. 车辆报漏电故障时，若可以继续行驶，可不必到店检修。（　　）

16. 对于电动汽车的蓄电池而言，其内阻是一个固定不变的数值。（　　）

17. 新能源汽车的基本诊断策略，第一步是理解并确认客户报修问题。（　　）

18. 将电动汽车维修开关拔下后，需随身保管或锁于保管柜内，不可随意放置。
（　　）

19. 使用万用表测量高压时，需注意选择正确量程，检测用万用表精度不低于0.5级。
（　　）

二、答案

（一）单选题

1. C　2. A　3. D　4. D　5. D　6. D　7. C　8. B　9. A　10. A
11. A　12. B　13. B　14. B　15. A　16. D　17. B　18. D　19. B　20. C
21. A　22. D　23. B　24. D　25. C　26. B　27. B　28. D　29. B　30. C
31. B　32. C　33. C　34. C　35. B　36. B　37. C　38. B　39. D　40. B
41. D　42. C　43. B　44. B　45. B　46. D　47. C　48. D　49. D　50. B
51. D　52. D　53. B　54. D　55. B　56. D　57. D　58. A　59. C

（二）判断题

1. √　2. √　3. ×　4. ×　5. ×　6. √　7. √　8. ×　9. √　10. ×
11. ×　12. √　13. √　14. ×　15. ×　16. ×　17. √　18. √　19. √

第三部分 理论知识考核指导

Chapter 3

模块一 发动机系统故障诊断与排除

一、考核范围

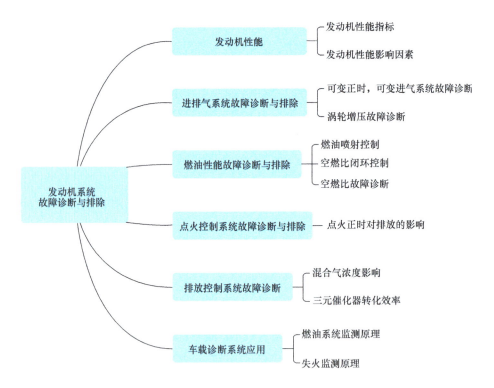

二、考核要点详解

知识点 1　发动机性能指标

1. 燃油经济性

目前，评论汽车燃油经济性一般用耗油量或油行程来表示。耗油量是指汽车满载时单位行驶里程所需燃油体积。我国和欧洲都用行驶百千米消耗的燃油数（L）来表示，即 L/100km；油行程是指汽车满载时，单位体积燃油所能行驶的里程。耗油量越小，油行程越大，燃油经济性越好。

汽油的燃油经济性指标与发动机的特性和汽车的自重、车速及各种运动阻力，如空气阻力、滚动阻力和爬坡阻力的大小、传动系的效率及减速比等都有关系，因而在数值上往往与实际情况有差别。

汽车的燃油经济性有两种测定法：一种是行驶试验法；另一种是在平坦道路上和一定条件下进行等速油耗试验。

2. 动力性能

汽车的动力性能指标主要由最高车速、加速能力和最大爬坡度来表示，是汽车使用性能中最基本的和最重要的性能。在我国，这些指标是汽车制造厂根据国家规定的试验标准，通过样车测试得出来的。

3. 排放性能

发动机的排放性能是指发动机排放尾气、发动机曲轴箱和燃油箱排放蒸气等，车辆排出的有害气体的综合性能。海马汽车目前应用的是汽油内燃机，其排放物为碳氢化合物（HC）、一氧化碳（CO）、氮氧化物（NO_x）二氧化碳（CO_2）、氧气（O_2）和氮气（N_2）和其他微量气体，其中碳氢化合物（HC）、一氧化碳（CO）、氮氧化物（NO_x）为有害气体，必须加以控制。发动机的排放性能是发动机性能中一个重要的性能。

知识点 2　发动机性能影响因素

驾驶员的驾驶习惯和行驶条件在很大程度上决定了发动机的运行状态和性能。下面就燃油经济性差和动力不足两方面谈一下具体影响。

1. 燃油经济性差

【与驾驶员相关的原因】驾驶员的驾驶习惯和车辆使用情况与燃油消耗有很大关系。主要原因有较短的行程、怠速与暖机时间长、急加速、频繁加速、急踩制动踏板、手动变速器操作不当、选档过高或过低、车速过高、行驶中踩踏离合器等。

【行驶条件】车辆的使用环境与燃油经济性同样有较大的关联。比如路况、环境温度、风速、海拔高度等。

2. 动力不足

【与驾驶员相关的原因】行驶中踩制动踏板、手动变速器档位选用过高或过低、行驶中离合器分离不彻底等。

【行驶条件】车辆的使用环境与动力输出同样有较大的关联。比如路况、环境温度、风速、海拔高度等。

知识点 3 可变正时，可变进气系统故障诊断

（1）提高充气效率，改善转矩的平顺性 固定进气相位的发动机，只有一个转速能实现最大充气效率，无法做到各种转速下的充气效率的兼顾。而 VCT 由于相位是可变的，可满足这个要求，保证了在各个转速下都能获得最大的充气效率。

（2）取消 EGR 阀，降低 NO_x 化合物排放 利用残余废气，一直是降低 NO_x 化合物排放的常用手段，但如果是固定进气相位的发动机，满足中等的排放要求，在发动机低速时，废气残余比例过多，导致稳定性下降。带有 VCT 的发动机可以在中低负荷时，残余多些，而在功率需求大的高速与稳定性要求严的低速，通过调整进气相位，使得废气残余相对较少，从而满足要求。

（3）改善低速的稳定性 如图 3-1-1 所示，通过怠速时较小的重叠角，满足稳定性要求。

知识点 4 涡轮增压故障诊断

增压压力与涡轮工作负载、废气旁通阀开度的关系有以下特点。

1）从图 3-1-2a 可以看出，转速升高后，开始增压压力是恒定的，但当转速继续升高后，增压压力开始下降。

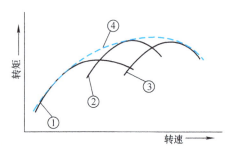

图 3-1-1 VCT 控制原理
①—以低转速为最大进气效率的发动机
②—以中转速为最大进气效率的发动机
③—以高转速为最大进气效率的发动机
④—带有 VCT 的发动机

2）从图 3-1-2b 可以看出，转速低时，涡轮增压器全负荷工作，发动机转速越高，通过电磁阀控制，涡轮增压器负荷越低。

3）从图 3-1-2c 可以看出，发动机转速低时，废气旁通阀处于关闭状态，随着发动机转速的上升，开度越来越大。

知识点 5 燃油喷射控制

发动机的转速信号与进气量参数决定着基本喷油量。发动机控制模块通过这两个传感器计算发动机每循环的进气量。根据 Map 矩阵图决定基本的喷油量。基本喷油量再乘以温度、电压等修正参数，就是实际的喷射脉冲宽度。

进气测量的方法可以是速度密度法（进气管压力和发动机转速）或质量流量法（直接测量空气质量）。数据值可以是电压、压力，或者是空气流量（g/s）。为有助于技师诊断，技师可以掌握一些具体车型的经验数据。这样可以大大加快技师的诊断速度，找出故障原因。通常四缸发动机怠速时进气量在 2g/s 左右。

机械故障有时也会影响燃油控制并会引起串行数据读数和电子控制系统工作出现异常。进气泄漏便是这种机械故障的最常见例子。过多的空气经过泄漏处进入进气系统会带来一些问题。过少的气体流经排气管也将引发排气系统的故障。排气不

畅是一种机械故障,它会影响歧管压力,进而影响喷油量计算。如果燃油喷射系统是速度密度型,即利用进气歧管压力来计算进气密度,那么进气管泄漏将不会产生影响。漏入进气歧管的额外空气由 MAP 传感器测量出来,并在喷油量计算时加以考虑。如果燃油喷射系统采用质量空气流量(MAF)传感器,并且进气泄漏处位于 MAF 传感器的下游,这部分额外的空气流就不会被测量,从而造成喷油量计算的结果比实际偏少。

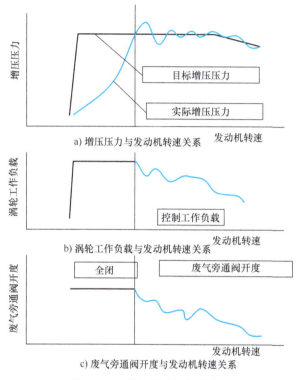

图 3-1-2 增压压力与负荷关系

发动机控制模块基于进气量计算出喷油量后,下一步就是确定如何把该喷油量的燃油喷入气缸。在每个发动机工作循环内,通过控制喷油器的喷油脉宽打开喷油器,把相应的燃油喷入进气道或缸内。给定的转速下,通常喷油脉宽跟发动机负荷相关。

知识点 6 空燃比闭环控制

宽带氧传感器(O2S11)由于能够精确测量任何时候的空燃比,所以它的调整就不再以理论空燃比的电压为基础了,任何时候都能预期出此时的喷油量与目标空燃比的差别。喷油量的幅值变化能够变得很小,提高了燃油经济性与排放性能。

如图 3-1-3 所示为在闭环下宽带氧传感器的短期燃油修正,我们可以看出电流变化很小,与之同步的短期燃油修正(SHRTFT1)调节不超过 5%。宽带氧传感器不仅能实现理论空燃比的闭环控制，还能实现非理论空燃比的闭环控制——稀薄空气燃烧技术。

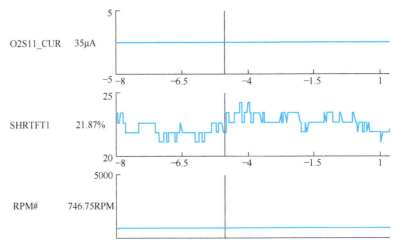

图 3-1-3　闭环下宽带氧传感器的短期燃油修正

知识点 7　空燃比故障诊断

空燃比故障一般包括混合气过浓、混合气过稀的故障，同时有可能伴随冒黑烟、加速无力等症状。

混合气过浓的原因包括：空气滤芯堵塞、汽油管路压力太高、空气计量不准、喷油器滴漏、配气正时不对等问题。混合气过稀的原因包括：进气道泄漏、排气管泄漏、汽油管路压力太低、空气计量不准、喷油器堵塞等问题。

空燃比出现故障一般会有故障码生成，我们可以通过数据流分析判断当前空燃比的状态。

急速工况下，故障状态尾气超标时的数据流如图 3-1-4 所示，我们可以看到此数据中的负荷率（LOAD）偏高，达到 35.8%，说明发动机的动力受到影响。

前氧传感器（O2S11）与后氧传感器（O2S12）电压都高于 0.45V，表示混合气过浓，短期燃油修正值达到 -20%。

解决这个故障应从负荷率上着手，检查影响燃烧的因素以及每个气缸做功的效率。

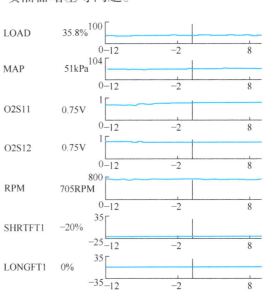

图 3-1-4　混合气过浓时监测的数据流

知识点 8 点火正时对排放的影响

1) 点火正时对 HC 的排放量有较大影响，如图 3-1-5 所示。

过量空气系数为 1.1 时，HC 排放量最小。

过量空气系数低于 1.25 时，加大点火提前角，HC 排放量增加。

过量空气系数大于 1.25 时，加大点火提前角，HC 排放量减少。

2) 关于点火正时对 CO 排放量的影响，如图 3-1-6 所示。

过量空气系数在 1.0 以上时，CO 排放量与点火提前角无关。

过量空气系数低于 1.0 时，加大点火提前角，CO 排放量增加。

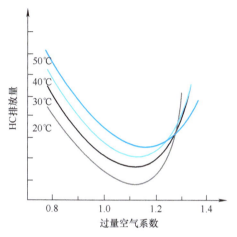

图 3-1-5 点火正时对 HC 排放量的影响   图 3-1-6 点火正时对 CO 排放量的影响

3) 点火正时对 NO_x 排放量的影响，如图 3-1-7 所示。

过量空气系数为 1.05 时，因氧气浓度和燃烧峰值温度升高，NO_x 排放量增多。

当过量空气系数跃过 1.05 后，混合气变稀，则伴随着混合气变稀温度急剧下降，NO_x 生成量呈下降趋势。

NO_x 排放量对点火正时的变化十分敏感，这种钟形曲线随点火提前角的加大而变得更尖。

由于应用三元催化转化器进行排放控制需要混合气浓度为过量空气系数为 1，因此调整点火提前角是实现低排放的唯一选择。

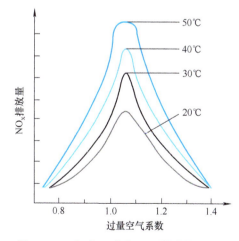

图 3-1-7 点火正时对 NO_x 排放量的影响

知识点 9 混合气浓度影响

发动机中的有害排放物 CO、HC 和 NO_x 的含量以及动力性和经济性随空燃比的变化如图3-1-8所示。CO和HC的含量随空燃比的增大，急剧下降，超过理论空燃比后，逐渐达到最低值；但空燃比过稀（过大）时，因燃烧不稳定甚至失火次数增多，导致HC又有所回升。从降低CO和HC的角度来说，应避免在过量空气系数小于1的区域运转，但汽油机的最大功率出现在过量空气系数为0.8~0.9时，怠速和冷起动时加浓到0.8或更低，因而又是难以避免的。

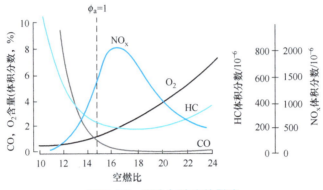

图3-1-8　混合气浓度的影响

NO_x的变化规律与HC和CO不同。过量空气系数在1.1附近时，NO_x生成量最高，过浓过稀都会降低。过量空气系数小于1时，燃烧是在还原性（氧含量少）气氛中进行的，NO_x难以生成；过量空气系数过大（过稀）时，会由于燃烧温度下降，使NO_x的生成速度减慢；只有在过量空气系数为1.1附近时，才能兼有高温和富氧两个必要条件，最有利于NO_x的生成。

知识点 10　三元催化器转化效率

为了保证催化器转化效率达到标准，TWC对空燃比有严格的要求。为了实现高效率，必须将空燃比精确控制在理论空燃比附近的狭窄窗口内，也就是说，空燃比必须在14.7左右很小的范围内变化。

当空燃比大于14.7，也就是混合气较稀时，废气中氧含量较高而CO和HC含量较低，催化器转化CO和HC的同时将多余的氧储存起来。

当空燃比小于14.7，也就是混合气较浓时，废气中氧含量低但CO和HC含量较高，催化器释放出所存储的氧来减少碳氢化合物排放水平。

空燃比变化偏出这一窗口会大大降低转化效率。如图3-1-9所示，浓的混合气将会减小HC与CO转化效率；稀的混合气将会减小NO_x转化效率。如果活性表面受到污染，催化器效率会下降。贵金属部位受到覆盖，阻止了催化转化的进程。三元催化器内部蓄氧量减少，也降低了催化还原效率。

三元催化器同时具有控制HC与CO氧化和控制NO_x还原的功能。还原功能是通过增加像二氧化铈这样的材料实现的。二氧化铈有储存与释放氧气的能力，因而不必再送入空气。

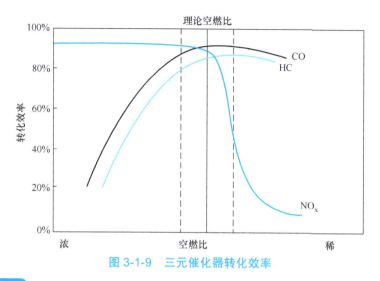

图 3-1-9　三元催化器转化效率

知识点 11　燃油系统监测原理

燃油系统监测是一种随车诊断策略，设计目的在于监测燃油修正系统。燃油监测系统是利用发动机控制模块中的保活存储器（KAM）所储存的燃油修正表，以补偿燃油系统部件因正常损耗及老化所造成的变异。燃油修正值基于发动机转速和载荷变化的。在闭环燃油控制中，燃油修正策略将学习修正过浓或过稀燃油系统所需的修正值，修正值储存在燃油修正表中。燃油修正具有两种调整方式，一种为长期燃油修正，另一种为短期燃油修正。长期修正需依赖燃油修正表，而短期修正则依据理想空燃比参数（LAMBSE）。LAMBSE 是由发动机控制模块根据 HO2S 的输入信号加以计算得到的，在闭环运作中，用以帮助维持 14.7∶1 的空燃比。短期燃油修正和长期燃油修正共同工作。如果 HO2S 指示发动机中燃油过浓，发动机控制模块将通过将短期燃油修正值移到负区域（降低燃油以修正过浓燃烧）来修正发动机燃油偏浓的状态。如果在一定时间之后，短期燃油修正仍在继续补偿此过浓状态，发动机控制模块了解后会将长期燃油修正值移动到负区域进行补偿，并使短期燃油修正值回到接近 0% 状态。

当燃油系统正常时，氧传感器信号与长、短期燃油修正关系如图 3-1-10 前部所示，<u>正常上下变动</u>。

当部件老化或有故障发生时，长期燃油修正值会抵达一个标定的上限或下限，如果此时短期燃油修正值也达到一个设定的限值，发动机控制模块就会指示一个混合气过浓或过稀的故障码。

如图 3-1-10 所示，当氧传感器信号变成低电压信号（图中 3），此时信号 1 短期燃油修正会持续加浓操作，如果加浓操作后，氧传感器还没有变化，长期燃油修正值（图中 2）也会随之进行加浓计算。如果信号电压还没有变化，可能就会报混合气过稀的故障码。

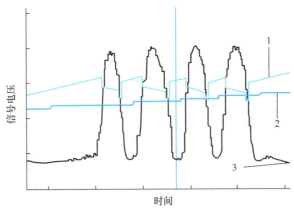

图 3-1-10　长、短期燃油修正值监测

1—短期燃油修正　2—长期燃油修正　3—氧传感器信号

知识点 12　失火监测原理

发动机失火是由于缸内没有燃烧做功。发生失火时，没有燃烧的汽油可能进入到三元催化器内，造成三元催化器的早期损坏及排放超标。失火监测器就是用于监测发动机的失火情况，提醒驾驶员及时维修。

失火监测器主要是利用曲轴位置传感器的信号变化来监测发动机是否失火的。在一定时间内如果失火率大于阈值，OBD 系统就会点亮或闪烁 MIL 故障指示灯。

通过测量曲轴转过规定转角所用的时间来确定曲轴转速。当气缸点火时，曲轴加速。将各加速度与周围气缸曲轴加速度的平均数比较，失火监测器便可以确定是否有气缸未产生应有的加速度。曲轴加速度低即被定为失火。

如图 3-1-11 所示为四缸发动机每个缸的做功时间示意图，每 90° 监测一次做功时间，其中三个缸的做功时间都为 5ms，一个缸的做功时间为 7.2ms，意味着此缸失火。与四缸发动机相比，五缸或六缸等多缸发动机监测的做功角度不同，如六缸的监测角度为 60°。

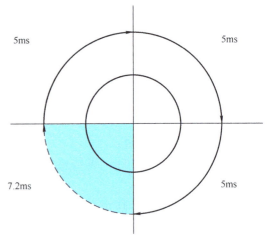

图 3-1-11　四缸发动机每个缸的做功时间示意图

三、练习题

（一）单选题

1. 如果发动机运行所需的工作条件都得到满足，就不会引发发动机的各种性能故障。汽油发动机良好运行的基本要求是（　　）。

A. 合适的可燃混合气　　　　　　B. 正常的气缸压缩压力
C. 适当的点火提前角　　　　　　D. 以上都正确

2. 有一辆轿车经常出现氧传感器重复性损坏故障,技师 A 说:有可能是气缸垫泄漏使冷却液进入燃烧室,在冷却液从排气管排出时污染了氧传感器;技师 B 说:乙二醇及其添加剂能够在氧传感器上形成沉淀物,并妨碍了氧传感器对排气中氧含量的精确测量,以上说法正确的是(　　)。

A. 只有技师 A 正确　　　　　　B. 只有技师 B 正确
C. 技师 A 和技师 B 都正确　　　D. 技师 A 和技师 B 都不正确

3. 在进行发动机压缩试验时,得到的凸轮轴信号与起动电流信号如图 3-1-12 所示,下列数据中,(　　)是导致这种压力状况最可能的原因。

A. 1# 气缸 13kg/cm²；2# 气缸 5.5kg/cm²；3# 气缸 13kg/cm²；4# 气缸 13.5kg/cm²
B. 1# 气缸 13kg/cm²；2# 气缸 13kg/cm²；3# 气缸 6kg/cm²；4# 气缸 13.5kg/cm²
C. 1# 气缸 6kg/cm²；2# 气缸 13kg/cm²；3# 气缸 6kg/cm²；4# 气缸 6kg/cm²
D. 1# 气缸 13kg/cm²；2# 气缸 5.5kg/cm²；3# 气缸 6kg/cm²；2# 气缸 13.5kg/cm²

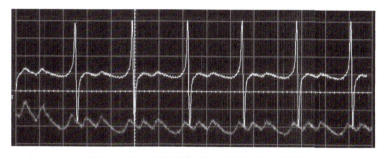

图 3-1-12　凸轮轴信号与起动电流信号图

4. 技师 A 说:长期燃油修正值在怠速和发动机转速 3000r/min 时为 19%,表明当前的空燃比较稀;技师 B 说:MAP 计量系统制动助力器真空泄漏会引起怠速时长期燃油修正值为 -20%;技师 C 说:催化器堵塞将会引起 LOAD 参数增加。以上说法正确的是(　　)。

A. 技师 A、技师 B　　　　　　B. 技师 A、技师 C
C. 技师 B、技师 C　　　　　　D. 技师 C

5. 如图 3-1-13 所示关于判定空燃比的一组参数,关于这组参数下面说法正确的是(　　)。

A. 发动机在 2000r/min 时 MAP 电压值仅 1.19V,则 MAP 传感器有问题
B. 当前的空燃比比较稀
C. 通过长期燃油修正值来看,元件性能已经衰退
D. 以上说法均不对

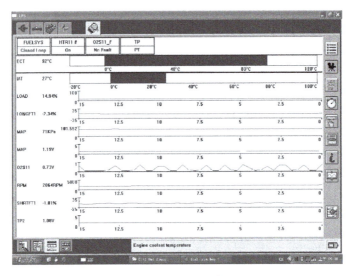

图 3-1-13 空燃比参数

6. 如图 3-1-14 所示为次级点火波形信号图，关于该控制信号下列说法正确的是（　　）。

A. 图示中点火电压的高低与初级线圈有关

B. 空燃比越浓，点火电压越高

C. 起动比其他工况需要更高的点火电压

D. 以上说法均不对

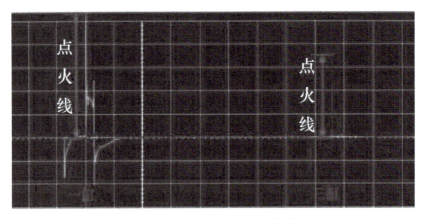

图 3-1-14　次级点火波形信号图

7. 在诊断怠速问题时选择了图 3-1-15 这组数据，关于这组数据下列说法正确的是（　　）。

A. 当前的控制工况是怠速闭环控制工况

B. 如果 IACKAM（怠速控制工况）显示的数据向正的方向偏差比较大，则有可能是喷油器有轻微堵塞造成

C. 当前的目标怠速看不出什么问题

D. 以上都对

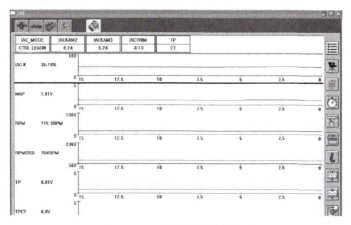

图 3-1-15　发动机怠速数据流

8. 在发动机加速过程中，产生爆震可能的原因有（　　）。

A. 燃油质量差，燃油的辛烷值比要求的低

B. 点火时间提前

C. 火花塞故障；空气燃油混合率低

D. 以上都对

9. 如果有一缸气门磨损引起 A 类失火的话，将会造成（　　）。

A. 其他缸的喷油器喷油脉宽增加

B. CO_2 排放含量降低

C. 排放中的氧含量升高

D. 以上说法都对

10. 如图 3-1-16 所示，在做点火系统测试时，我们可以通过诊断仪观察到峰值电压与火花持续时间，下面关于峰值电压与火花持续时间的说法正确的是（　　）。

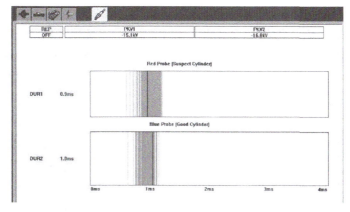

图 3-1-16　峰值电压与火花持续时间关系图

A. 混合气偏浓，将造成峰值电压偏高与火花持续时间偏长

B. 混合气偏稀，将造成峰值电压偏低与火花持续时间偏短

C. 混合气偏浓，将造成峰值电压偏高与火花持续时间偏短

D. 混合气偏稀，将造成峰值电压偏低与火花持续时间偏长

11. 如图 3-1-17 所示为稳态工况下废气分析仪显示的发动机尾气排放量数据，下面能够造成这种排放数据的工况是（　　）。

　　A. 进气道漏气　　　　　　　　B. 有一缸点火线圈失效

　　C. 有两缸点火线圈失效　　　　D. 氧传感器故障

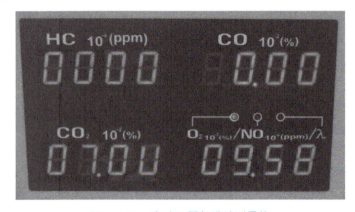

图 3-1-17　发动机尾气排放测量值

12. 关于燃油经济性测试下列说法正确的是（　　）。

A. 在高速公路上行驶一定比在国道上行驶省油

B. 冬天行驶一般比夏天行驶要费油

C. MAF 信号偏差会造成信息中心显示燃油误差

D. B 与 C 都对

13. 关于空燃比问题下列说法正确的是（　　）。

A. 过稀的空燃比会造成碳氢排放减少

B. 空燃比偏浓会造成 CO_2 排放量增加

C. 长期的 NO_x 化合物排放量增加，将可能损伤催化包与氧传感器

D. 以上都不对

14. 如图 3-1-18 所示某款发动机点火系统 1～4 缸次级点火波形，关于该波形下列说法正确的是（　　）。

A. 1～4 缸内燃烧效果较好

B. 燃烧曲线偏长

C. 燃烧电压偏低

D. 以上说法都不正确

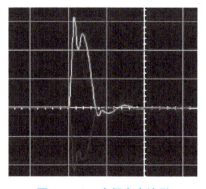

图 3-1-18　次级点火波形

15. 下列选项中不能导致 CO 排放量超标的是（　　）。
    A. 发动机系统失火　　　　　　B. 气缸压缩压力低
    C. 混合气稀　　　　　　　　　D. 排气系统泄漏

16. 下面关于故障码 P0171（氧传感器指示混合气偏稀）、P0301（一缸失火）同时出现的可能原因有（　　）。
    A. 进气道漏气　　　　　　　　B. 一缸进、排气门问题
    C. 氧传感器失效　　　　　　　D. 进气计量问题

17. 下列选项中可能会导致 NO_x 化合物的排放量超出正常的范围的是（　　）。
    A. 混合气偏浓　　　　　　　　B. 冷却液温度传感器阻值漂移
    C. 燃烧室有积炭　　　　　　　D. B 与 C 都有可能

18. 在排放检测期间，一辆汽车在怠速时的 HC 排放过高，但是 CO 排放过低测量不出来。氧传感器输出电压值低于 0.25V，当用丙烷加浓混合气时，CO 提高到可以检测的程度，HC 则有所下降，氧传感器电压值增加到约 0.85V，下列选项中最有可能引起原来的 HC 排放量过高和氧传感器输出低电压的是（　　）。
    A. MAP 信号电压偏高　　　　　B. 进气道漏气
    C. 空气滤芯污染　　　　　　　D. 燃油压力过高

19. 技师 A 说：发动机怠速时 MAP 电压值约为 1.1V，如果在怠速时发现电压值偏高，则需要更换 MAP 传感器。技师 B 说：冷起动工况空燃比偏浓，所以氧传感器电压应该为高电压，电压值接近于 1V。以上说法正确的是（　　）。
    A. 只有技师 A 正确　　　　　　B. 只有技师 B 正确
    C. 技师 A 和技师 B 都正确　　　D. 技师 A 和技师 B 都不正确

20. 发动机上如果出现排气凸轮轴的凸轮磨损比较严重的话，有可能引起（　　）。
    A. NO_x 化合物排放量的减少
    B. 怠速时发动机运转可能不平稳
    C. MAP 计量系统可能引起长期燃油修正值变化，减少喷油
    D. 以上都对

21. 在 MAP 发动机上，排气催化包堵塞将会引起发动机动力不足，下面说法正确的有（　　）。
    A. 将会使混合气有偏浓的趋势　　B. 可以通过真空表检查
    C. 可以通过检查排气压力来判断　　D. 以上都对

22. 关于发动机管理系统，技师 A 说：如果空气滤芯堵塞，将会造成空燃比偏大；技师 B 说：如果排气受阻的话，将会造成空燃比偏大。以上说法正确的是（　　）。
    A. 只有技师 A 正确　　　　　　B. 只有技师 B 正确
    C. 技师 A 和技师 B 都正确　　　D. 技师 A 和技师 B 都不正确

23. 两位技师在讨论发动机缸压测试时，技师 A 说：发动机配置了可变进气系统（IMSC），影响了进气量，所以在做缸压测试时，必须拔掉 IMSC 的控制电磁阀的真空管才能够进行测试；技师 B 说，配置可变凸轮轴的正时系统控制进排气门重叠角，影响压缩状况，所以在做压缩测试时需要拔掉可变凸轮正时电磁阀插头。以上说法正确的是（　　）。

　　A. 只有技师 A 正确　　　　　　　B. 只有技师 B 正确
　　C. 技师 A 和技师 B 都正确　　　　D. 技师 A 和技师 B 都不正确

24. 车辆在行驶过程中出现冒烟，同时发动机运行不稳定的故障现象，下面关于空燃比与三元催化转化效率的说法正确的是（　　）。

　　A. 空燃比过高，混合气偏稀，导致三元催化器减小 HC 与 CO 的转化效率
　　B. 空燃比过低，混合气偏浓，导致三元催化器减小 NO_x 的转化效率
　　C. 空燃比过高，混合气偏稀，导致三元催化器减小 NO_x 的转化效率
　　D. 空燃比过高，混合气偏浓，导致三元催化器减小 HC 与 CO 的转化效率

25. 如图 3-1-19 所示为点火线圈的初级控制信号，关于该控制信号下列说法正确的是（　　）。

　　A. 图示中 6-7 的电压高低与次级线路的阻值大小有关
　　B. 图示中 2-6 是火花持续时间
　　C. 点火提前角的时间是图示中 1 这一刻
　　D. 以上说法均不对

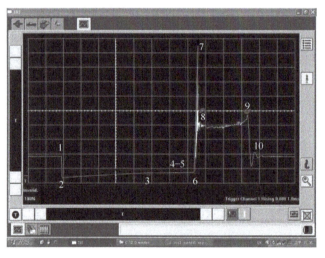

图 3-1-19　点火线圈初级控制信号

26. 如果发动机机械部分出现排气门烧蚀现象，将造成气缸压缩压力降低。技师甲说：由于有部分燃油没有烧掉进入排气系统，氧传感器将监测到混合气偏浓。技师乙说：PCM 将会进行学习使得长期燃油修正值向正数方向修正。以上说法正确的

是（　　）。

　　A. 只有技师甲正确　　　　　　B. 只有技师乙正确

　　C. 技师甲和技师乙都正确　　　D. 技师甲和技师乙都不正确

27. 如图 3-1-20 所示为稳态工况下废气分析仪显示的数据，下列选项中能够造成这种数据的工况是（　　）。

　　A. 进气道漏气　　　　　　　　B. 有一缸点火线圈失效

　　C. 油压偏低　　　　　　　　　D. 以上说法均不正确

图 3-1-20　稳态工况下废气测量值

28. 下列关于喷油器的控制信号说法正确的是（　　）。

　　A. 如果喷油器自感高电压偏低，则可能是空燃比偏小

　　B. 如果喷油器自感高电压偏高，则可能是空燃比偏小

　　C. 如果喷油器自感高电压偏低，则可能是喷油器线圈内部短路

　　D. 喷油器的反向自感电压与点火提前角有关系

29. 造成大负荷和进气道真空度过低引起发动机功率下降的最不可能的原因是（　　）。

　　A. EGR 阀故障　　　　　　　　B. 配气正时提前

　　C. 排气不通畅　　　　　　　　D. 混合气空燃比大

30. 下面关于氧传感器的说法正确的是（　　）。

　　A. 传感器搭铁电路的最大容许电压降不超过 0.02V

　　B. 传感器线束不应有过急的弯折现象或扭结现象

　　C. 如果催化包的颜色变蓝，上游氧传感器一般也需要更换

　　D. 以上说法都不正确

31. 在检查催化转化器功能好坏时我们可以动用的诊断手段比较多，下面关于这些诊断手段说法正确的是（　　）。

　　A. 如果催化包出口温度比进口温度高出 5% 以上，则可以认为催化包的催化效率正常

　　B. 通过检查储备氧的能力也可以判断催化包的好坏

C. 通过催化包的催化效率检测也可以判断

D. B 与 C 均正确

32. 如果出现排气受阻现象，那么在检测尾气排放时通常会造成（   ）结果。

　　A. CO、HC 排放量超出范围　　　　B. CO、NO$_x$ 排放量超出范围

　　C. NO$_x$、HC 排放量超出范围　　　D. NO$_x$、CO、HC 排放量超出范围

33. 怠速时，发动机运转平稳，但 HC 排放量过高，CO 在限值之内。技师 A 说：空气滤清器堵塞而流动不畅是 HC 排放量过高的原因；技师乙说：怠速时点火过早能引起 HC 排放量过高。以上说法正确的是（   ）。

　　A. 只有技师甲正确　　　　　　　　B. 只有技师乙正确

　　C. 技师甲和技师乙都正确　　　　　D. 技师甲和技师乙都不正确

34. 如图 3-1-21 所示变化的信号是氧传感器信号，根据这个信号我们可以做出的正确推断是（   ）。

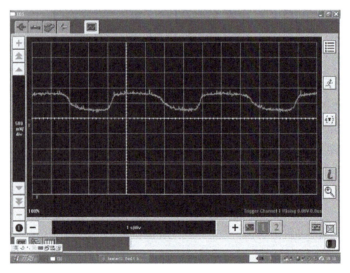

图 3-1-21　氧传感器信号曲线图

　　A. 氧传感器反应迟钝，需要更换氧传感器

　　B. 当前是在闭环控制工况下，氧传感器反应正常

　　C. 氧传感器反应迟钝，如果氧传感器加热有问题也可能造成氧传感器反应迟钝

　　D. 空燃比偏小可能造成这样的结果

35. 下面关于火花塞损耗说法正确的是（   ）。

　　A. 汽油添加剂 MMT 会造成火花塞燃烧后呈红褐色（橙黄色）

　　B. 火花塞自洁温度高会造成积炭聚集在点火区域，导致火花塞失火

　　C. 不正确的点火正时可能造成火花塞电极熔化

　　D. 以上所有

36. 技师甲说：通过在运转的发动机的敞开着口的散热器上方进行取样，废气分析仪可以用来查找有无气缸垫损坏或燃烧室泄漏。技师乙说：如果车辆有汽油味，可使用废气分析仪探头伸到EVAP系统元件附近进行检漏，看HC含量是否增加。以上说法正确的是（　　）。

  A. 只有技师甲正确   B. 只有技师乙正确

  C. 技师甲和技师乙都正确   D. 技师甲和技师乙都不正确

37. 技师甲说：只要发动机运行，炭罐电磁阀就需要工作，将燃油蒸气输入到发动机进气歧管中。技师乙说：氧传感器进入到闭环反馈状态，冷却液温度达到阈值时炭罐电磁阀才可运行。以上说法正确的是（　　）。

  A. 只有技师甲正确   B. 只有技师乙正确

  C. 技师甲和技师乙都正确   D. 技师甲和技师乙都不正确

38. 下列选项中不可能导致CO排放量超标的是（　　）。

  A. 发动机系统失火   B. 气缸压缩压力低

  C. 混合气稀   D. 排气系统泄漏

39. 关于点火正时的控制，下面说法正确的是（　　）。

  A. 如果点火正时推迟到上止点后10°，发动机将不能够输出最大转矩

  B. 急踩加速踏板过程中点火提前角的变化是先推迟后提前

  C. MAF进气道漏气将造成点火提前

  D. 以上都对

40. 技师甲说：混合气偏浓会导致NO_x化合物排放量超出正常范围。技师乙说：冷却液温度传感器信号漂移和缸内积炭过多会造成NO_x化合物排放量增加。以上说法正确的是（　　）。

  A. 只有技师甲正确   B. 只有技师乙正确

  C. 技师甲和技师乙都正确   D. 技师甲和技师乙都不正确

（二）多选题

1. 关于三元催化转化器堵塞或排气系统更改造成排气不畅，以下说法错误的是（　　）。

  A. 催化包前后的温差变大

  B. 空燃比偏稀

  C. MAP信号电压偏低

  D. 以上说法都不正确

2. 以下对发动机机械性能方面描述正确的是（　　）。

  A. 发动机压缩压力越高，发动机机械效能越高，能够更好地提升发动机机械效能

  B. 发动机的转速对发动机的转矩与功率输出起着重要的作用，最主要的就是影响发动机的进气效率

C. 发动机气缸渗漏量大，会造成发动机做功能力下降，影响发动机机械性能

D. 排气系统堵塞会造成 MAP 数值发生变化，影响发动机机械性能的提升

3. 关于空燃比对燃油燃烧速度的影响。技师甲说：实际空燃比略小于理论空燃比，在 13.5～14 之间时，火焰燃烧温度最高，发动机升温快。技师乙说：空燃比在 12～13 之间时，火焰的传播速度最快，发动机输出功率最大。技师丙说：空燃比在 16 左右时，汽油燃烧最完全，发动机的耗油率最低，而火焰温度和发动机功率均已下降，此时的空燃比称为经济空燃比。以上说法正确的是（　　）。

A. 只有技师甲正确　　　　　　B. 只有技师乙正确
C. 只有技师丙正确　　　　　　D. 以上都不正确

4. 关于闭环控制，技师甲说：短期闭环控制是利用短期修正进行喷油脉宽调节，长期闭环控制是利用长期修正进行喷油脉宽调节。技师乙说：短期闭环时长期修正值不进行更新学习。两位技师的说法正确的是（　　）。

A. 技师甲正确　　　　　　　　B. 技师乙不正确
C. 技师甲和技师乙都正确　　　D. 技师甲和技师乙都不正确

5. 若 VCT 不能正常工作，则与下列（　　）因素有关。

A. 节气门位置传感器　　　　　B. VCT 电磁阀
C. VCT 执行器　　　　　　　　D. 正时链条

6. 在发动机加速过程中，产生爆震的原因有（　　）。

A. 燃油质量差，燃油的辛烷值比要求的低

B. 点火时间提前

C. 火花塞故障；空气燃油混合率低

D. 爆震传感器失效

7. 关于宽带氧传感器，以下说法错误的是（　　）。

A. 氧传感器电压大于 0.45V 表明混合气浓

B. 宽带氧传感器无须加热控制

C. 氧传感器信号电压变化范围在 0.1～0.9V 之间

D. PCM 直接驱动氧传感器加热器

8. 以下对减少氮氧化合物（NO_x）的生成 EGR 系统依据的原理描述错误的是（　　）。

A. 降低燃烧温度

B. 产生浓混合气

C. 增加燃烧的峰值压力

D. 增加燃烧的温度并降低燃烧的峰值压力

9. 在稳定工况下，PCM 监测的氧传感器的电压值一直在 0.1～0.9V 之间变化，对于这一现象，以下描述错误的是（　　）。

A. 氧传感器已经铅中毒

B. 氧传感器损坏，PCM 进入故障管理模式

C. 喷油控制处于闭环工作状态

D. 混合气偏浓

10. 关于次级波形火花持续部分错误的表述是（　　）。

A. 该部分电压处于微小的波动状态

B. 该部分电压过高势必影响火花持续时间

C. 该部分末端有一个电压上升段

D. 以上都正确

（三）判断题

1. 火花塞自洁温度高会造成积炭聚集在点火区域，导致火花塞失火。（　　）

2. 有一辆汽车在发动机大负荷时动力不足，使用废气分析仪进行检查时，发现 HC 的排放量比较高，使用 IDS 进行点火测试时，发现 2 号缸的点火击穿电压较别的缸高出很多。则故障可能是 2 号缸压缩压力过低。（　　）

3. 通过在运转的发动机的敞开着口的散热器上方进行取样的方法，废气分析仪可以用来查找有无气缸垫损坏或燃烧室泄漏。（　　）

4. 如果在排气受阻的情况下检测尾气排放，通常会造成 NO_x、HC 排放量超出范围。（　　）

5. 怠速时发动机运转平稳，但 HC 排放量过高，CO 在限值之内，原因可能是怠速时点火过早。（　　）

6. 过量空气系数小于 1 时，燃烧是在氧含量丰富的气氛中进行的，NO 更易生成。（　　）

7. 现代汽车进气控制主要有可变进气道控制和进气涡流控制两种形式。（　　）

8. 喷油器流量过低的原因可能是喷油器脏污或卡滞。（　　）

9. 动力转向泵、二次空气泵、发电机、冷却液泵和空调压缩机等发动机附件也能造成发动机性能问题。（　　）

10. 低而不稳的真空读数表明存在与燃烧过程有关的性能问题，和潜在的驾驶性能无关。（　　）

（四）简答题

1. 简述发动机总成需要大修的标志。

2. 简述 VCT 的控制中清洁模式的工作特点。

3. 简述电控发动机对喷油量的控制原理。

4. 简述发动机无负荷测功原理。

5. 简述 EGR 的监测条件。

(五)论述题

1. 叙述氧化锆式氧传感器在发动机转速为 2000r/min 时的标准信号特征，如果检测到氧传感器信号始终处于 0.8V 左右，请分析其原因。
2. 发动机曲轴主轴承异响有什么特点？如何利用示波器进行诊断？

四、参考答案及解析

(一)单选题

1. D

解析：本题主要考核的是发动机运行的基本要求。汽油发动机良好运行有三个基本要求：一是适合的空气和燃油混合气；二是合适的压缩压力，以便空气和燃油混合气燃烧膨胀产生可用功率；三是足够的点火能量和适当的点火正时。这三个要求随发动机工作模式和工况的变化会有所不同。

2. C

解析：本题主要考核的是氧化锆式氧传感器的工作原理。技师甲提出的气缸垫泄漏其依据是，发动机燃烧室出现烧水现象后，水中的钙状物会附着在氧化锆的外表面影响其监测准确性。同理，技师乙所说的乙二醇及添加剂燃烧后也会产生杂质附着在氧传感器表面，因此两人均正确。

3. A

解析：本题主要考核的是气缸压力对凸轮轴信号和起动电流信号的影响。从图中可看到当凸轮轴信号达到上止点位置时，点火顺序 1-3-4-2 各缸的起动电流，2 缸的起动电流突然下降。缸压不足时起动电流才会随之变小，因此选项 A 是对的。

4. D

解析：本题主要考核的是发动机燃油修正调节。技师 A 所说的结果不能表明当前的空燃比比较稀，判断当前空燃比需要通过短期燃油修正判断。技师 B 所说的 MAP 计量系统制动助力器真空泄漏会引起怠速时长期燃油修正值为 -20% 存在问题，MAP 计量属于质量型传感器。技师 C 所说的催化器堵塞会引起排气不畅，LOAD 参数会随之增加是正确的。

5. D

解析：本题主要考核的是发动机数据流读取判定。选项 A，MAP 电压仅 1.19V，就判断传感器有问题太片面，如果存在系统堵塞也会出现此类数值。选项 B，长期燃油修正值正常值为 ±5%，目前数据不能说明空燃比的准确状况。同理选项 C 也存在错误。

6. D

解析：本题主要考核的是点火波形分析。选项 A，次级点火线圈电压高与低主要取决于火花塞间隙和混合气的浓稀程度。选项 B，空气分子比燃油分子多得多，压

缩后空气分子阻力增大，需要有更高的次级电压才能克服。因此空燃比越稀点火电压越高。选项 C，点火电压越高，燃烧曲线越短，起动工况需要燃烧曲线延长。

7. D

解析：本题主要考核的是数据流读取与分析。选项 A，发动机 RPM 数值已明确指出发动机转速。选项 B，当喷油器出现轻微堵塞后会影响发动机怠速工况运行，发动机控制单元为保证怠速工况平稳运行会提升其目标转速数值。选项 C，RPM 转速在 ±50 之间属正常工况。

8. D

解析：本题主要考核的是发动机爆震产生的原因及影响因素。影响汽油发动机爆震产生的因素主要有燃料辛烷值高低、末端混合气的温度和压力、负荷、转速和气缸直径大小等。A 选项：燃油质量差辛烷值过低，燃料抗爆能力差，会导致爆震产生；B 选项：发动机加速过程中，气缸内气流速度加快，火焰传播速率高，爆震倾向降低，但点火时间提前可能导致燃烧室内末端混合气压力过高，造成燃烧时产生高温高压气体，会导致爆震产生概率增加；C 选项：火花塞故障和空气燃油混合率低，燃料燃烧不充分，压力不至于过高。

9. D

解析：本题主要考核的是失火分类与监测的条件。选项 A，气门磨损会造成气门密封不严，混合气过稀无法完全燃烧，发动机监测燃油修正值将发生改变，控制单元认为混合气过稀，因此会加浓混合气提升喷油脉宽。选项 B，燃烧不充分后 CO_2 排放量会下降。选项 C，混合气过稀无法充分燃烧，则氧含量必然会上升。

10. C

解析：本题主要考核的是点火系统测试。影响火花塞点火的最主要因素是火花塞电极间隙和混合气的浓稀程度。火花塞电极间隙大，混合气浓度偏稀，点火线圈都会产生更高的峰值电压。因此选项 B 和 D 错误。混合气偏稀，HC 含量低，O_2 含量高，高压下 HC 是导电的，O_2 是不导电的，因此火花持续的时间偏短，选项 C 正确。

11. C

解析：本题主要考核的是排放控制系统常见故障及原因。从尾气分析仪数值可以看出，此检测工况为稳态工况（有负荷检测），NO 含量过高，CO_2 含量高。选项 A，进气道泄漏会造成混合气过稀不能充分燃烧，HC 含量必然会上升。选项 B，一个缸失火不会造成 O_2 含量过高。选项 C，只有两个气缸都不工作会造成 O_2 含量过高。选项 D，氧传感器故障会造成 HC 与 CO 排放超标。

12. D

解析：本题主要考核的是燃油经济性。燃油经济性指标与发动机的特性和汽车的自重、车速及各种运动阻力如空气阻力、滚动阻力和爬坡阻力的大小、传动系的效率及减速比等都有关系。选项 A，车速会有影响，描述不准确。选项 B，进气温度，冷却液温度，滚动阻力都会影响燃油经济性。选项 C，MAF 计算空气质量，信号偏差后无法准确计算空气质量，导致信息中心显示存在误差。

13. D

解析：本题主要考核的是空燃比知识。选项 A，CH 主要来自于未燃烧的燃油，混合气太稀会造成发动机点火失败，即失火，未燃烧的混合气进入排气系统造成 CH 排放增加而不是减少。选项 B，空燃比偏浓会造成 CO 含量上升而 CO_2 含量降低，因为浓的混合气会燃烧不充分。选项 C，NO_x 排放量增加会加速三元催化器和氧传感器的老化。

14. D

解析：本题主要考核的是点火正时系统。此波形中没有燃烧曲线，燃烧曲线持续的时间根据次级电路总电阻和线圈有效电压而定。一个好的点火线圈可以将火花持续时间保持 0.8～3ms。燃烧曲线是查找次级点火电路问题需要观察的最重要的部分。波形上也没有剩余电压，直接振荡消失。因此都不正确。

15. D

解析：本题主要考核的是排放控制诊断。选项 A、B、C 出现故障后都会造成混合气过浓，无法充分燃烧，CO 排放量必然会超标。选项 D，排气系统泄漏会造成排气中 O_2 含量的上升。

16. B

解析：本题主要考核的是监测故障码分析。选项 A，进气道泄漏造成混合气过稀，混合气体过稀可能会造成多缸失火故障码。选项 C，氧传感器报故障码 P0171 说明氧传感器可检测到混合气体偏稀，说明氧传感器未失效。选项 D，进气计量出现问题同样会报多缸出现故障而非某一个气缸。只有选项 B 符合同时报两个故障码的条件，一缸进排气门故障导致气缸压力不足无法充分燃烧报故障码 P0301，同理无法燃烧的过稀混合气排出时，氧传感器检测到过多的 O_2 含量报混合气偏稀故障码。

17. D

解析：本题主要考核的是排放控制系统。NO_x 化合物排放超出正常范围主要取决于两个条件，高温、高压和富氧。选项 A，混合气偏浓会造成排气中 CO 或者 HC 含量的升高。选项 B，冷却液温度传感器阻值漂移会造成发动机温度控制异常，其缸内燃烧温度升高。选项 C，燃烧室有积炭，气缸燃烧室面积减小，压缩比上升。因此选项 B 和 C 符合 NO_x 形成的必要条件。

18. B

解析：本题主要考核的是排放控制系统。选项 A，MAP 信号电压偏高说明发动机进气量随之增加，喷油脉宽也会随之变宽，氧传感器电压将会上升，在 0.45V 左右变化。选项 B 和 C，空气滤清器污染或燃油压力上升都会造成混合气过浓，氧传感器电压会升高而不是低于 0.25V。添加丙烷后氧传感器电压上升，说明系统混合气一直偏稀，只有进气道泄漏会造成此类故障。所以答案为 B。

19. D

解析：本题主要考核的是车载诊断。选项 A，发动机怠速平稳运转取决于多种因素，MAP 也是其中的一项，发动机控制单元要依据这些因素进行怠速调整，但出现怠速异常时控制单元需要调整不同执行元件以保证怠速的平稳运行，因此说 MAP 电压偏高即更换 MAP 传感器存在错误。选项 B，冷起动时发动机属于开环控制状态，氧传感器未参与工作，氧传感器电压很高，接近 1V 存在错误。

20. B

解析：本题主要考核的是发动机性能影响因素。排气凸轮轴磨损会造成排气门开度不足，出现排气不畅或者是缺缸现象。选项 A，排气凸轮轴磨损会造成发动机动力不足而抖动，影响其功率，同时发动机燃烧温度过高，氧含量提升，增加 NO_x 的排放。选项 C，当排气不畅时，MAP 压力型传感器的压力数值会上升，控制单元认为进气量大，会增加喷油量。因此答案为 B。

21. D

解析：本题主要考核的是发动机性能内容。选项 A，排气系统堵塞，MAP 型传感器电压数值将上升，发动机控制单元认为进气量增加，从而增加喷油脉宽，混合气将偏浓。选项 B，排气系统未堵塞时，使用真空表测量进气歧管的压力，发动机转速升高，真空表数值也随之升高，当排气管堵塞后，发动机转速升高，真空表数值将随之下降。选项 C，通过检查三元催化器前后的压力可判断其是否存在堵塞情况。

22. D

解析：本题主要考核的是发动机管理系统。选项 A，空气滤清器堵塞会造成进气不畅，发动机动力不足，但发动机控制单元依据进气流量对喷油量进行调整，空燃比维持在标准范围之内。选项 B，排气系统受阻，发动机进气量受限同样不会造成混合气过浓。

23. D

解析：本题主要考核的是发动机性能影响因素。气缸压力测试时节气门处于全开状态，火花塞已全部拆卸，充气效率足以支撑对每一个气缸压力的检测。选项 A，可变进气系统是发动机在不同转速时为提升转矩而设置，不影响气缸压力的检测。选项 B，可变凸轮轴正时主要作用是改善发动机的功率与排放性能，不影响气缸压力检测。

24. C

解析：当空燃比大于 14.7，也就是混合气体较稀时，会减小 NO_x 转化率。当空燃比小于 14.7，也就是混合气较浓时，将减小 HC 与 CO 转化效率，空燃比过高或过低会导致燃烧不充分，未燃烧的燃料会产生更多 HC 排放，导致排放尾气冒烟，影响发动机正常运转。

25. A

解析：本题主要考核的是发动机点火控制系统诊断。选项B，2-6为点火线圈通电到闭合的时间。选项C，1号位置在垂直轴上，这一点相当于系统电压约为14V。选项A，正确。

26. B

解析：本题主要考核的是发动机性能。发动机机械系统出现故障，气缸压缩压力将降低，可燃混合气无法完全燃烧而进入到排气管中，部分氧"未经消化"即排出缸外，引起排气中的氧含量升高，氧传感器向ECU输送"混合气过稀"的信号。选项B，当混合气过稀时，氧传感器将向PCM控制模块发送信号，进行燃油控制的长期调整，以补偿喷射或发动机系统元件的磨损与短期燃油修正的超时。

27. B

解析：本题主要考核的是排放控制系统诊断。选项A，从测量数据可得知，如果进气道漏气，混合气偏稀，排气中的氧含量必然会升高。选项C，燃油压力偏低，进气量不变，混合气也是偏稀，混合气中的氧含量也会升高。选项B，只有当发动机某一缸工作出现故障时，HC、CO和CO_2的含量才会同时出现高的情况，因此答案为B。

28. C

解析：本题主要考核的是喷油器对空燃比的影响。喷油器通电产生磁场，磁场的变化又作用于喷油器，线圈上就产生自感电压。喷油器的自感电压与其线圈匝数、长度及横截面积有关，喷油器线圈内部短路，喷油器自感电压将偏低。

29. C

解析：本题主要考核的是发动机性能影响因素。选项A，EGR出现故障后大量废气进入到进气道，发动机动力不足，真空度就会过低，进气歧管压力上升，空气进入量不足。选项B，正时配气相位提前，进气门早开早关，排气门晚开晚关，配气相位错乱，发动机动力不足，出现混合气过浓现象，真空度过低。选项D，混合气空燃比过大，混合气燃烧不完全，发动机动力不足，真空度下降。选项C，排气不通畅也会造成发动机动力不足，使用真空表测量时，升高发动机转速，真空度会升高。

30. B

解析：本题主要考核氧传感器。选项A，一般传统氧传感器搭铁电压降在0.05V范围内属于正常。选项B，氧传感器的标准气室的通气可能是通过线束实现，线束尽可能不急折弯，以免影响标准气氧含量。选项C，三元催化包变蓝色一般是堵塞过热造成，氧传感器损坏的原因一般是过热或中毒。

31. D

解析：本题主要考核的是三元催化器系统。选项A，现在的三元催化器非常靠近排气歧管，由于废气刚从气缸排出，温度非常高，可能会出现三元催化器出口温度比入口温度低的现象。因此选项A不准确。选项B，三元催化器同时具有控制HC与CO氧化功能和控制NO_x还原的功能。氧化还原功能是通过增加像二氧化铈这样的材料实现的。二氧化铈有储存与释放氧气的能力。选项C，发动机控制模块通过将催化转化器之前和之后的两个加热型氧传感器（HO2S）的信号进行对比的方法来监视催化转化器的活性。

32. A

解析：本题主要考核的是排放控制系统故障诊断。如果排气受阻，发动机动力将受到影响，出现动力不足、加速无力等故障现象。气缸燃烧温度将降低，NO_x混合物无法生成或减少生成。无法点燃的混合气会进入到排气系统，三元催化器效能饱和无法全部转化，此时CO、HC排放将超范围。

33. A

解析：本题主要考核的是排放控制系统故障诊断。HC的排放量过高，说明燃油没有充分燃烧。气缸压力不足、发动机温度过低、油箱中油气蒸发、混合气由燃烧室向曲轴箱泄漏、混合气过浓或过稀都会造成此故障。CO的读数是零或接近零，则说明混合气充分燃烧。怠速时CO在极限值之内说明混合气燃烧基本正常。选项A，空气滤清器堵塞会造成空气流动不畅，混合气偏浓，因此HC会过高。选项B，怠速时点火过早是指活塞未达到指定点时，火花塞就开始点火，也可称之为早燃。此时混合气已经燃烧但混合气没有发挥最大的燃烧量，也就是燃烧不完全，CO会急剧升高。因此答案为A。

34. C

解析：本题主要考核的是氧传感器信号判断方法。从波形图可看出，纵坐标每一格为500mV，两个格就是1V，横坐标每一格是1s，共15个格。氧传感器10s内信号变化最低应不少于8次，电压在0.1~0.9V之间变化。选项A，传感器是存在迟钝，但造成迟钝的原因有很多，比如氧传感器活力不足、温度不足等。因此直接更换未必可以排除故障。选项B，氧传感器反应迟钝工作不正常。选项D，从波形图可以看出，氧传感器电压在0.1~0.9V之间变化，如空燃比小，电压应在0.45V以下变化较多。选项C，氧传感器未达到工作温度会造成反应迟钝，因此加热线有故障会造成此故障现象。

35. D

解析：本题主要考核的是点火对发动机性能的影响。选项A，汽油添加剂MMT（甲基环戊二烯三羰基锰，是一种汽油抗爆添加剂，里面含有金属，可提升汽油标号）会产生金属沉积物，火花塞燃烧后会呈红褐色，产生铁锈一样的物质，损害火花塞。选项B，火花塞自清洁温度过高会造成沉积和烧熔，当超过800℃时火花塞周围的积炭会自熔，导致不能点火。选项C，不正确的点火正时会造成点火过早或过晚，火花塞电极在高温下会自熔脱落。因此答案为 D。

36. C

解析：本题主要考核的是发动机性能检测。技师甲，冷却系统正常工作状态下，内部不可能存在 HC。如果气缸衬垫烧蚀或燃烧室泄漏，HC 会泄漏到冷却系统中，通过废气分析仪可判定。技师甲正确。技师乙，燃油蒸气会随着 EVAP 管路进入到发动机进气歧管进行燃烧，因此车辆不应存在汽油味。当 EVAP 系统出现泄漏后，大气中的 HC 分子将会上升，通过废气分析仪同样可以判定 HC 含量。技师乙也正确。

37. B

解析：本题主要考核的是 EVAP 控制策略。炭罐电磁阀的工作条件包括：氧传感器进入到闭环反馈状态；冷却液温度达到阈值，冷却液温度低时不参与工作；没有该系统工作相关联的故障码。技师甲错误。技师乙正确。

38. C

解析：本题主要考核的是排放控制系统故障诊断。一氧化碳（CO）超标，说明混合气过浓，燃油供给过多，空气偏少。选项 A，发动机系统失火会造成燃烧不充分，CO 排放量升高。选项 B，气缸压缩压力不足同样会导致混合气燃烧不充分，造成 CO 排放量升高。选项 D，排气系统泄漏不会影响 CO 的生成。

39. A

解析：本题主要考核的是点火正时控制。选项 A，试验证明，当发动机转速增加时，点火通常也须相应提前。发动机气缸最高燃烧压力出现在上止点前 10° 左右时，发动机输出的功率最大。点火正时如推迟到上止点后 10°，发动机将不能输出最大转矩。选项 B，急踩加速踏板过程时需要发动机转矩提升，因此点火提前角需要提前，控制单元监测发动机爆震状态再控制点火提前角滞后。选项 C，MAF 进气道泄漏导致空气流量传感器数值偏低，发动机控制模块会判断进气量少，从而控制减少喷油量，最终导致燃油混合气过稀，点火提前角将滞后。

40. B

解析：本题主要考核的是排放控制系统诊断。NO_x 形成的条件是高温、高压及富氧，混合气偏浓会造成发动机动力不足，冒黑烟，排气中 CO 排放量超标。因此选项 A 错误。冷却液温度传感器信号漂移会导致发动机工作温度升高，气缸积炭过多，压缩比随之升高，技师乙所说的符合 NO_x 产生条件，因此技师乙正确。

（二）多选题

1. BC

解析：本题主要考核的是三元催化器堵塞的影响。三元催化器达到工作温度之后，对三元催化器的进排气口进行检测，出口的温度会比进口的温度高。一般会高出几十摄氏度，如果出口温度低，可能三元催化器出现了堵塞，因此选项 A 正确。

选项 B，排气管堵塞时，会导致废气排出受阻，表现形式上是背压过高，进入气缸的新鲜空气量减少。这导致混合气燃烧不完全，氧传感器电压高于 0.45V，混合气偏浓，因此选项 B 错误。排气堵塞，发动机动力不足，进气不畅，怠速时基本平稳，提高发动机转速后 MAP 电压会升高，真空度降低。因此选项 C 错误。

2. BCD

解析：本题主要考核的是发动机机械性能，发动机的压缩压力、运转速度、进气歧管真空度、进气量与进气速度、气缸渗漏与燃烧压力及排气等都会不同程度地影响到发动机性能。选项 A，过高的气缸压力会造成发动机点火提前角过早，发动机出现爆震现象。因此选项 A 错误。选项 B、C、D 都是发动机机械性能的重要影响因素，因此全部正确。

3. ABC

解析：本题主要考核的是发动机理论空燃比对燃油性能的影响。通过图 3-1-22 可得出准确信息。

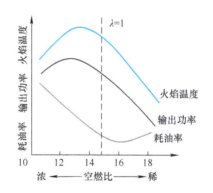

图 3-1-22 燃油性能与空燃比关系图

4. AB

解析：本题主要考核的是发动机闭环控制。闭环控制工况下，控制模块首先基于进气质量，计算所需的基本喷油量，再结合一些工况修正的参数：如冷却液温度、蓄电池电压、进气温度等，计算出工况所需要的修正喷油量。最后基于闭环修正的长期燃油修正与短期燃油修正，进行最终喷油量的控制。

5. BC

解析：本题主要考核的是可变气门正时系统。可变气门正时系统使发动机气门相对曲轴转角的正时能够在发动机运转中改变，减小了具有固定的凸轮轴曲轴关系的发动机对性能的影响。可以改善发动机的功率与排放性能。可变气门正时系统由 VCT 电磁阀、VCT 执行器通过改变 VCT 执行器油腔面积来完成。

6. ABCD

解析：本题主要考核的是发动机爆震产生的原因。选项 A，汽油辛烷值是衡量汽油在气缸内抗爆震能力的一种数字指标，汽油的辛烷值越高表示抗爆震性越好，燃油质量差，辛烷值低，发动机易产生爆震。选项 B，过早的点火提前角会使活塞还在压缩行程时，大部分油气混合物已经燃烧，此时未燃烧的油气会承受极大的压力，自燃而造成爆震。选项 C，火花塞选配不合标准，热值低，间隙过小，易造成点火过早产生爆震，空气燃油混合率低，会使得燃烧温度提升，而燃烧温度升高会造成发动机温度升高，当然容易爆震。选项 D，爆震传感器失效，信号偏差，向发动机控制单元发送错误信号，也会产生爆震故障。因此选项 ABCD 均正确。

7. ABC

解析：本题主要考核的是宽带氧传感器信号判定。选项 A，宽带氧传感器信号电压在 1～2V 之间，高于 1.5V 为稀混合气，低于 1.5V 为浓混合气，0.45V 为开关型氧传感器。选项 A 错误。选项 B，宽带氧传感器从开关型氧传感器得来，因此也需要加热才能正常工作。选项 B 错误。选项 C，属于开关型氧传感器变化范围，选项 C 错误。选项 D，宽带氧传感器同样需要加热，并且由 PCM 控制。选项 D 正确。

8. BCD

解析：本题主要考核的是排放控制系统。选项 B，尾气中氧含量降低，废气排放到进气管中无法实现混合气加浓。选项 C 和 D，废气无法参与燃烧，发动机燃烧温度降低，不能增加燃烧温度。选项 C 和 D 错误。EGR 系统的主要目的就是降低燃烧室温度、减少氧含量的增加。选项 A 正确。

9. ACD

解析：本题主要考核的是氧传感器数值变化。选项 A，氧传感器铅中毒后将失效，无法实现电压变化。选项 B，氧传感器进入故障状态后，信号电压会维持在 0.45V 左右。选项 D，混合气偏浓，氧传感器电压将会升高，因为氧含量较低。选项 C，发动机进入到闭环控制后，氧传感器信号电压变化正常。

10. ABC

（三）判断题

1. √

2. ×　解析：在发动机大负荷时动力不足，使用废气分析仪进行检查时，发现 HC 的排放量比较高，使用 IDS 进行点火测试时，发现 2 号缸的点火击穿电压较别的缸高出很多，则故障可能是 2 号缸高压线断路。

3. √

4. ×　解析：本题主要考核的是影响 CO、HC、NO_x 三种有害气体排放的因素。如果在排气受阻的情况下检测尾气排放，通常会造成 CO、HC 排放超出范围。

5. ×　解析：本题主要考核的是废气中 HC 含量过高、CO 含量正常的可能故障原因。怠速时发动机运转平稳，但 HC 排放量过高，CO 在限值之内，原因可能是空气滤清器堵塞而流动不畅，导致 HC 排放量过高。

6. ×　解析：本题主要考核 NO 生成和过量空气系数的关系。NO 的变化规律与 HC 和 CO 不同。过量空气系数在 1.1 附近时，NO 生成量最高，过浓或过稀都会降低。过量空气系数小于 1 时，燃烧是在还原性（氧含量少）气氛中进行的，NO 难以生成；过量空气系数过大（过稀）时，会由于燃烧温度下降，使 NO 的生成速度减慢；只有过量空气系数在 1.1 附近时，才能兼有高温和富氧两个必要条件，最有利于 NO 的生成。

7. √

8. ×　解析：本题主要考核喷油量不正常的原因。喷油器流量低的可能原因：燃料系统或测试设备中有空气；燃料系统污染造成油路阻塞；喷油器脏或阻塞；喷油器故障等。

9. √　解析：本题主要考核的是发动机性能故障的附件方面的因素。发动机附件也可能造成发动机性能问题，如燃料经济性差、动力损失、发动机喘振或运转不稳等。

10. ×　解析：本题主要考核的是进气歧管真空与燃烧效率之间的相关性。如果活塞吸入空气的速度快于空气通过节流板的速度，进气歧管中就会形成真空（负压）。如果活塞可吸入的空气量与通过节气门的空气量有较大差异，就会有较大的真空。低而不稳的真空读数表明存在与燃烧过程有关的性能问题和潜在的驾驶性能问题。

（四）简答题

1. 答：

（1）气缸磨损　使用量具测量气缸，当气缸圆度达到 0.05~0.063mm（汽油机 0.05mm，柴油机 0.063mm），或气缸圆柱度达到 0.175~0.250mm（汽油机 0.175mm，柴油机 0.250mm）时，应大修。

（2）动力性　最大功率或气缸压力比标准低 25% 以上时，应进行大修。

（3）经济性　燃料和润滑油消耗量增加大于 15% 时，应进行大修。

2. 答：

这种模式清洁的目的是清除 VCT 控制油道中的机油杂质。它是在点火开关关闭瞬间进行工作的，控制方式主要是发动机控制模块以变化电流交替地控制 VCT 电磁阀。VCT 交替地执行提前与滞后操作，实现机油不同流向的切换，清除机油中的杂质。

3. 答：喷射方式可分为同步喷射和异步喷射。

（1）同步喷射　喷油量 = 基本喷油量 + 修正喷油量

1）起动工况：基本喷油量由冷却液温度信号决定；修正喷油量由进气温度和蓄电池电压决定。

2）起动后工况：基本喷油量由转速和进气量信号决定。

修正喷油量按不同工况由冷却液温度、转速、节气门开度、氧传感器等信号决定。

（2）异步喷射　在起动和加速工况时，在同步喷射的基础上，增加额外的喷油量。

4. 答：

无负荷测功的基本原理：发动机在怠速或某一空载低速下，突然加到较高速度，发动机产生的动力，除克服各种阻力矩外，其有效转矩全部用来加速运转本身的运动机件。被测发动机的有效功率愈大，其瞬时角加速度愈大，而加速时间愈短。角加速度、加速时间二者均可测，都可以测得有效功率。

5. 答：

当环境温度过低、过高或者海拔高度过高时，EGR 的流量监测结果就会不准确。在这种条件下，EGR 流量测试就会暂停，当条件满足时，再进行监测。

当满足 EGR 监测条件时，发动机控制模块指令 EGR 阀工作，进行 EGR 监测，通常需满足的条件有：发动机不在起动工况；非怠速工况、发动机没有达到大负荷状态；车速大于一定值。

（五）论述题

1. 答题要点

（1）信号标准

1）高电位为 0.7～0.9V，低电位为 0.1～0.3V。

2）2000r/min 时 10s 内信号变化在 8 次以上。

3）信号变化的响应时间为 40ms 以内。

（2）故障原因

1）系统供油过多：空气流量传感器损坏，曲轴位置传感器损坏，冷却液温度传感器损坏，系统油压过高，喷油器短路、泄漏，ECU 版本不对或故障等。

2）系统进气太少：空气滤清器堵塞，进气通道受阻，节气门卡住或堵塞等。

3）传感器：氧传感器线路故障，氧传感器铅中毒，排气管堵塞，排气管油烟太多等。

2. 答题要点

（1）异响的特点　异响发生在发动机气缸体下部曲轴箱处，异响为粗重较闷的"嗒嗒"声；突然提高发动机转速时，响声更加明显；而单缸断火时无明显变化；相邻两缸同时断火时，响声会明显减弱或消失；响声与温度无关。

（2）诊断方法　把振动加速度传感器置于油底壳侧面。用抖动节气门的方法使发动机在 1200～1600r/min 或更高的转速范围内运转。观察示波器荧光屏，若在第 2 缸波形后部有明显的正弦波形出现，并在发动机熄火后异响波形消除，即可判断异响发生在第 2 缸相邻两道主轴承。

模块二 底盘系统故障诊断与排除

一、考核范围

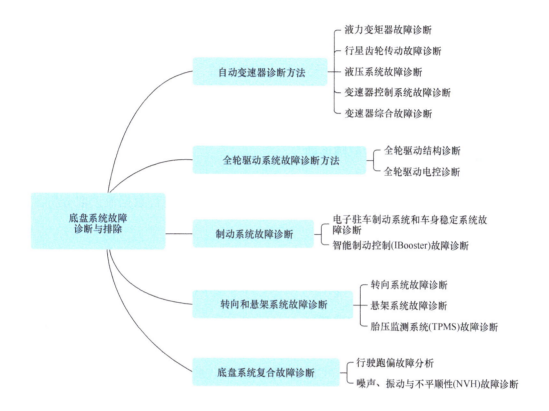

二、考核要点详解

知识点 1 液力变矩器故障诊断

液力变矩器通常可以通过数据流来分析液力变矩器离合器（TCC）的工作状态。通过失速测试来判别变矩器的增扭效果，通过数据可以看出泵轮和涡轮之间的转速差，并且可以根据转速差判断离合器是否存在打滑现象。

知识点 2 行星齿轮传动故障诊断

动力传递系统的诊断从故障现象来划分可以分为执行元件功能缺失与执行元件间的运动干涉。执行元件缺失是指执行元件在档位需要结合时由于某种原因并没有结合。执行元件工作表是自动变速器诊断过程中非常重要的一项工具。通过该表可以了解到变速器在各个档位下离合器与制动器的状态、电磁阀的状态等信息。

知识点 3 液压系统故障诊断

要想实现良好的换档感觉和档位要求，与行星齿轮、液压执行元件、控制阀、电磁阀等每一个元件都息息相关，它们彼此也都相互影响。主要影响有：油路走向、液压元件状态、故障影响、相互关系。

知识点 4 变速器控制系统故障诊断

变速器控制系统通过各自电子元件采集变速器、发动机以及车辆的实际状态，通过相关的执行元件控制液压元件，再由不同的液压元件控制相关的行星齿轮的状态来实现不同的档位。

知识点 5 变速器综合故障诊断

自动变速器综合故障诊断是建立在对故障变速器的动力传递、液压控制原理与电气控制部分充分了解的基础上进行的。主要诊断方法是进行数据流读取分析。

知识点 6 全轮驱动结构诊断

在维修前与维修后，我们需要对四轮驱动控制系统进行故障确认与验证。主要操作包括：功能验证、AWD 驾驶循环测试、ATC 标识匹配。

知识点 7 全轮驱动电控诊断

全轮驱动电控故障码诊断（离合器控制故障码分析），此故障针对全时四轮驱动（AWD）模块输出控制电路，当 PCM 探测到 ATC 电磁阀电压供电电路，或回路出现开路、与搭铁或电源短路时，出现这一故障码。检查方法：测量电磁阀电阻是否为 $1 \sim 3\Omega$，如果不是说明电磁阀损坏。测量电磁阀两条连接线是否断路、短路。如果都正常，更换 AWD 模块。

知识点 8 电子驻车制动系统和车身稳定系统故障诊断

驻车电动机线路检测，电动机有两个，输入信号有两个端子。启动驻车制动时，端子 1 电压应从蓄电池电压降为 0V；端子 2 电压应从 0V 升至蓄电池电压。关闭驻车制动时，端子 1 电压应从 0V 升至蓄电池电压；端子 2 电压应从蓄电池电压降为 0V。

知识点 9 智能制动控制（IBooster）故障诊断

IBooster 制动技术的原理是利用机构内部传感器对驾驶者进行的制动动作做出响应，并将驾驶者的制动动作转化为信号"知会"到制动泵中的电机控制单元，控制单元计算出电机应产生的转矩要求后由二级齿轮单元装置将该转矩转化为助力器阀体的伺服制动力，最后将驱动放大机构推动制动泵开始工作，实现制动。IBooster 采用双安全失效模式，系统自检策略。

知识点 10 转向系统故障诊断

转向力控制模块、转向角度主控制模块和转向角度子控制模块之间通过 FlexRay 通信——交互式的主要传输和接收通信线。通过 CAN 通信主要传输以下信号至转向力控制模块：转向角度传感器信号、转向角度传感器故障信号。这部分的内容主要包括：转向控制模块诊断、转向力执行器诊断、转向离合器诊断、转向力矩传感器诊断。

知识点 11 悬架系统故障诊断

电控悬架是利用传感器（包括开关）对汽车行驶时路面的状况和车身的状态进行检测，将检测信号输入计算机进行处理，计算机通过驱动电控悬架系统的执行器动作，完成悬架特性参数的调整。失效保护模式下，当连续减振控制系统进入失效安全状态时，减振力同时保持在介于最大值和最小值之间的约中间的水平。

知识点 12 胎压监测系统（TPMS）故障诊断

胎压监控中轮胎定位包括天线系统、驻车模式工作状况、检测项目、驻车时信息定位、行车时信息定位、传感器的信息传递，当 TPMS 出现故障时，需要确认 TPMS 存在哪种报警类型（A 或 B），按照胎压监控系统维修注意事项进行故障诊断。

知识点 13 行驶跑偏故障分析

行驶过程中车辆跑偏，故障诊断时应了解导致跑偏的八大原因，需要了解检查的部位及检查方法，四轮定位调整方法。

知识点 14 噪声、振动与不平顺性（NVH）故障诊断

NVH 是三个英文单词 Noise（噪声）、Vibration（振动）和 Harshness（不平顺性）的首字母组合。这部分的内容主要包括：振动源种类；发动机中的转矩波动；轮胎不平衡；轮胎跳动；轮胎不一致性；汽车传动轴不平衡；汽车传动轴二阶振动。直列式四缸发动机：曲轴每转两转发生四次燃烧，引起曲轴每转一转两次转矩波动。每一转产生两次振动。直列式六缸发动机：曲轴每转两转发生六次燃烧，引起曲轴每转一转三次转矩波动。每一转产生三次振动。

噪声振动源分类：动力系统噪声振动源，路面系统噪声振动源，风激励噪声振动源。

三、练习题

（一）单选题

1.EPB 指示灯不亮可能的故障原因是（　　）。

A.制动液液位低　B.制动助力器真空传感器故障

C. 制动开关故障　　D. 制动液液位传感器故障

2. 液力变矩器转矩增大的倍数取决于自动变速器油相对于涡轮的流速，流速越大，转矩放大倍数（　　）。

　　A. 越小　　　　　B. 越大　　　　　C. 不变　　　　　D. 以上都对

3. 如图 3-2-1 所示，TCC 接合时的状态数据，下面说法正确的是（　　）。

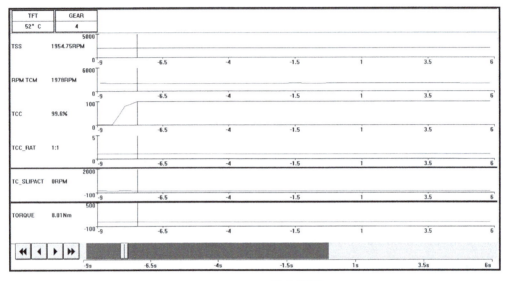

图 3-2-1　TCC 状态数据

A. TCC 未接合

B. RPM TCM 与 TSS 的差值为 100 转

C. TSS 与 RPM TCM 的比值为 4

D. 涡轮转速等于泵轮转速

4. 自动变速器（AT）执行元件工作表（表 3-2-1）是自动变速器诊断过程中非常重要的一项工具，下面描述正确的是（　　）。

表 3-2-1　AT 执行元件工作表

档位	发动机制动	执行元件						
		前进档离合器	直接档离合器	倒档离合器	制动带		低倒档制动器	单向离合器
					结合侧	释放侧		
R	√			√			√	
D1		√						√
M1	√	√					√	
D2	√	√			√			
D3	√	√	√		√	√		
D4	√		√		√			

A. D2 档正常，D3 档缺失，说明单向离合器故障

B. D3 档正常，D4 档缺失，说明直接档离合器故障

C. D4 档正常，D1、D2、D3 档不正常，说明前进档离合器故障

D. 制动带功能异常导致所有档位缺失

5. 在执行 AT 故障诊断时，见表 3-2-2，技师可利用在各个档位执行元件与电磁阀工作的共性关系来分析故障，下面描述正确的是（　　）。

表 3-2-2　电磁阀工作状态表

档位	电磁阀					
	EPC	SSA	SSB	SSC	SSD	SSE
P	√	ON	OFF	OFF	OFF	OFF
N	√	ON	OFF	OFF	OFF	OFF
R	√	OFF	OFF	OFF	OFF	OFF
D1	√	OFF	OFF	OFF	ON	ON
M1	√	ON	ON	OFF	OFF	ON
D2	√	OFF	OFF	OFF	OFF	ON
D3	√	OFF	OFF	OFF	OFF	OFF
D4	√	ON	OFF	ON	OFF	OFF

A. D1、D2 档同时缺失，说明 SSD 电磁阀故障

B. D2 档正常，D3 档缺失，说明 SSE 电磁阀故障

C. D1 档正常，D2 档缺失，说明 SSB 电磁阀故障

D. M1 档正常，D1 档缺失，说明 SSA 电磁阀故障

6. 如图 3-2-2 所示为 AT 液压系统电磁压力控制阀的工作状态，下面描述正确的是（　　）。

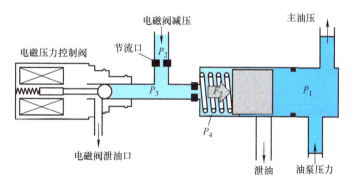

图 3-2-2　电磁压力控制阀工作状态示意图

A. 油泵给主压力调节阀提供油压，当油泵的油压大于油泵泄压阀内部弹簧的弹力时，油液就会使主油压继续升高

B. 如果压力小于控制电磁阀弹簧的弹力，泄压口则保持打开状态

C. 当压力控制电磁阀断电时，增加释放到活塞上的压力 P_4，在 F_2 力的作用下，泄油口就会关闭

D. 当压力控制电磁阀通电时，P_1 的压力保持最高状态

7. 当使用诊断设备查询全轮驱动系统 DTC 时，出现 "P181F 离合器控制系统性能故障，且无法消除"，针对此故障码的检修方法是（　　）。

A. 测量电磁阀电阻是否为 1～3Ω，如果不是说明电磁阀损坏

B. 测量电磁阀两条连接线是否出现断路、短路情况

C. 更换四驱离合器总成

D. 更换 AWD 模块

8. 如图 3-2-3 所示为 EPB 驻车电动机控制电路，下面有关描述正确的是（　　）。

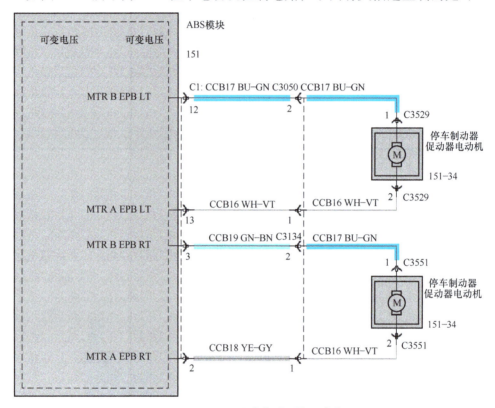

图 3-2-3　EPB 驻车电动机控制电路

A. 关闭驻车制动时，端子 1 电压从 0V 升至蓄电池电压

B. 起动驻车制动时，端子 1、2 的电压都应为 0V

C. 驻车电动机共有 1 个，ABS 控制模块控制电动机的正反转运作

D. 关闭驻车制动时，端子 2 电压从蓄电池电压降为 5V

9. 在执行 ABS 和 ESP 系统检测时，读取稳定性传感器性能数据流，下面说法正确的是（　　）。

A. YAW −0.05～0.05　　　　　　　B. LAT −1.4～1.4

C. YAW −0.4～0.4　　　　　　　　D. LAT −0.05～0.05

10. ADAS 线控转向系统工作时，ADAS 控制单元获取的车辆偏航信号来自

( )。

A. ECM B. TCM
C. 转向角传感器 D. ABS 和 ESP

11. ADAS 自适应转向控制系统的三个转向控制模块的信号输出采用的网络是（　　）。

A. LIN B. 以太网 C. FlexRay D. MOST

12. 当 ADAS 自适应转向系统出现故障时，红色警告灯点亮，此时转向离合器结合，实现机械转向能力，转向离合器受控于（　　）。

A. 转向角度主控制模块 B. 转向角度传感器
C. 转向力控制模块 D. 底盘控制模块

13. 下列几种情况中，需要执行 ADAS 转向系统的标定的是（　　）。

A. 更换前副车架后 B. 更换转向角度控制模块后
C. 更换 ABS 和 ESP 控制模块后 D. 更换底盘模块后

14. ADAS 线控转向系统 DAST1 标定的目的是（　　）。

A. 离合器 1 相位学习 B. 转向盘对中学习
C. 转向齿条中间学习 D. 转矩传感器零点标定

15. 如图 3-2-4 所示减振控制系统失效保护模式，以下说法正确的是（　　）。

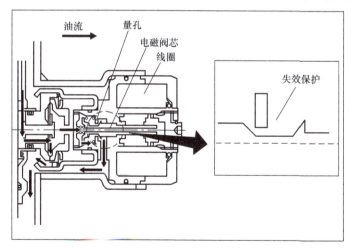

图 3-2-4　减振控制系统失效保护模式

A. 固定量孔被阀芯关闭油路，只有常规减振功能
B. 固定量孔被阀芯完全打开油路，液压油调节处于最高状态
C. 减振力同时保持在介于最大值和最小值之间的约中间的水平
D. 失效保护状态下，电磁阀不起作用，起到基本减振功能

16. 电控连续减振系统控制模块连续接收车身 G 传感器电压，当车辆行驶时，G 传感器的电压为（　　）。

A. 1～2V B. 2.5～5V C. 0.5～4.5V D. 2.35～2.65V

17. 电控减振系统控制单元连续控制减振电磁阀电流来适应当时的路况，车辆静止时该电磁阀电流数据为（   ）。

  A. 1A B. 2A C. 0.35A D. 0.65A

18. 对于装配轮胎天线的胎压监控系统，驻车模式的轮胎胎压和位置的识别依靠的是（   ）。

  A. 手动 SET B. 诊断仪 SET C. 驻车模式停放 30min
  D. 要求车辆以超过 20km/h 的速度行驶 15min

19. 关于胎压监控系统维修的描述，以下说法正确的是（   ）。

  A. 诊断仪无法读取某一胎压传感器数据且存在无法消除的 DTC，需要更换胎压传感器
  B. 更换胎压传感器时，需要对轮毂安装口涂抹大量润滑脂
  C. 安装好胎压传感器时，先用手拧紧，再安装气门螺母
  D. 在调换轮胎位置后，通过车辆行驶来学习轮胎位置识别

20. 胎压传感器通过下列（   ）元件将信号传递给 TPMS 控制单元。

  A. 低频信号直接发送给 TPMS 控制单元
  B. 胎压接收天线接收信号并发送给 TPMS 控制单元
  C. ABS 控制模块接收到信号后发送给 BCM 控制单元
  D. 直接发送给 BCM 控制模块

21. BCM（集成 TPMS）能够在驾驶循环开始时确定传感器的位置，"自动定位"的时长需要（   ）。

  A. 10min B. 5min C. 8min D. 30min

22. TPMS 存在两种报警类型，当某一胎压数值低于系统设定阈值时，仪表将（   ）。

  A. 红色警告灯点亮 B. 无任何警告提示
  C. 橙色警告灯点亮 D. 生成 DTC 详细信息

23. 下列选项中，属于路面噪声振动源的是（   ）。

  A. 发动机的燃烧噪声
  B. 气缸内的压力升高激发燃烧噪声
  C. 汽车高速行驶时，风作用在车身上的噪声
  D. 轮胎与路面摩擦时产生的噪声

24. 下列选项中，通过吸声方式来降低 NVH 的是（   ）。

  A. 加工功能性孔洞 B. 进行内层涂层
  C. 安装玻璃棉、毛毡 D. 安装振动隔绝橡胶

25. 以下选项中，不属于驱动系统振动的原因的是（   ）。

A. 万向节磨损　　　B. 驱动轴摆动过大
C. 驱动轴失衡　　　D. 车轮动不均衡

26. 悬架的性能测试，不包含（　　）。
A. 悬架系统的舒适性测试　　　B. 悬架系统的整体性测试
C. 悬架系统的不平顺性测试　　D. 悬架系统的操作性测试

27. 悬架系统出现漂移故障的原因，不包含（　　）。
A. 前轮轴承松动、磨损或损坏　　　B. 悬架部件松动、损坏或磨损
C. 减振器性能失效　　　　　　　　D. 悬架紧固件松动

28. 车辆出现跑偏，执行四轮定位操作，最后调节的参数是（　　）。
A. 前轮外倾角　　B. 前轮前束　　C. 后轮外倾角　　D. 后轮前束

29. 下列选项中，不能造成车辆跑偏的是（　　）。
A. 前减振器弹簧变形，两侧缓冲不一致
B. 某个轮的制动器回位不良，分离不完全
C. 转向柱连接转向器十字轴万向节异响
D. 两侧轮胎气压不等

30. 下面有关四轮定位前的轮胎检查，说法错误的是（　　）。
A. 四轮轮胎气压应一致且在要求范围内
B. 需要进行四轮轮胎型号、厂家、胎花一致性检查
C. 两后轮的轮胎花纹磨损程度可以不一样
D. 检查四轮轮胎是否有异常磨损或胎面不平

31. 下列几种情况中，需要执行胎压传感器校准学习的是（　　）。
A. 轮胎压力补充　　B. 轮胎补胎后　　C. 轮胎更新后　　D. 前后车轮换位后

32. 关于自动变速器油温传感器的相关描述，错误的是（　　）。
A. TFT 采用的是负温度系数的热敏电阻
B. TFT 安装在变速器电磁阀体内，用来监测变速器的油温
C. 变速器控制单元使用这一初始温度信号判断是否有必要执行冷起动换档规律
D. 当变速器油温度低时要提前换档，以帮助变速器油快速升温达到最佳换档点

33. TCM 获取 PCM 的发动机转速等信号的方式是通过（　　）。
A. 动力 CAN　　　B. CAN 总线
C. 硬线　　　　　　D. FlexRay

34. 如图 3-2-5 所示开关型电磁阀工作状态，以下说法正确的是（　　）。
A. 当电磁阀有电流流过时，关闭输入输出端油路
B. 该电磁阀为常开型电磁阀
C. 当没有电流通过时，输出端与卸压端截止

图 3-2-5　开关型电磁阀工作状态

D. 该电磁阀和占空比型电磁阀控制方式相同

35. 如图 3-2-6 所示正占空比电磁阀开度的大小与供电电流成比例，下面描述正确的是（　　）。

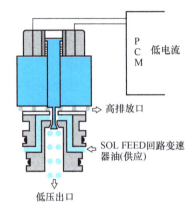

图 3-2-6　正占空比电磁阀开度与供电电流关系图

A. 排出侧的压力大小取决于 PCM 提供给电磁阀的电压大小

B. 主供油压力无法泄放，保持恒定

C. 电磁阀内部的铁心下移，堵住低压出口

D. 电磁阀没有电流或只有很小的电流时，电磁阀下方的出口不会产生压力

36. 如图 3-2-7 所示为 TCC 状态示意图，自动变速器控制模块通过程序中预置的"策略"进行控制，下面描述错误的是（　　）。

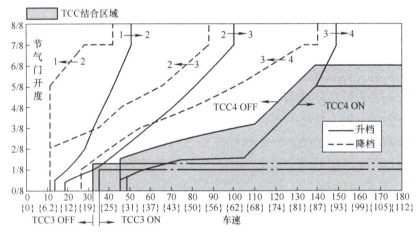

图 3-2-7　TCC 状态示意图

A. 处理器接收到的油温信号表明油温过高可能损坏变速器，就会提前接合变矩器离合器

B. 在极冷的气温下工作，控制模块会使变矩器离合器保持分离以减少发动机熄火的可能性

C. 在低温下开始运转时，控制模块会转为"冷起动"换档规律，改善变速器的运行状况

D. 正常情况下变速器运行遵循固定的换档规律，这个换档规律不会随温度的改变而改变

37. 有关自动变速器油液的常规检查，以下说法错误的是（ ）。

A. 液位的检查需要汽车处在水平地面，起动发动机并扳动变速杆通过各个档位，各档要留充分的挂档时间

B. 在正常温度下检查液体时，液位应在油标尺的十字交叉区（或"HOT"区）

C. 自动变速器油液出现糊味表明过热故障或阀体故障

D. 油液应该是暗红色且颜色清亮的，而不应是褐色或黑色

38. 关于自动变速器的维修操作，以下说法正确的是（ ）。

A. 每次大修后，都需更换散热器，防止散热器的内部存有杂质损坏阀体

B. 阀体出现故障时，要使用汽油拆解清洗，且要注意控制阀、弹簧等元件的位置

C. 更换完变速器阀体后，需要执行变速器控制单元的匹配和编程

D. 更换完输入轴转速传感器后，需要执行转速位置的自适应学习

39. 在执行制动真空系统检查测试时，正常车辆真空表读数应为（ ）。

A. 40kPa 左右　　B. 50kPa 左右　　C. 60kPa 左右　　D. 100kPa 左右

40. 关于 NVH 车辆路试的描述，说法正确的是（ ）。

A. 可以通过询问客户后，先静态验证车辆故障是否出现，再进行故障维修

B. 必要时邀请客户一起进行路试，确认需要解决的客户抱怨问题

C. 路试过程结束后，若无法找到故障点，需要通过换件排除法进行排查，提高维修效率

D. 可以通过车辆举升后进行检查，检查在打转向、急加速、急减速状态下的异响故障原因

（二）多选题

1. 如图 3-2-8 所示为 AT 数据流中 TCC 的状态数据图，描述正确的是（ ）。

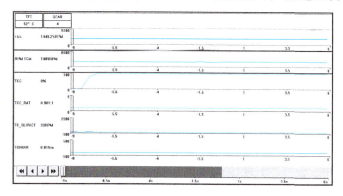

图 3-2-8　TCC 状态数据图

A. TCC 变矩器离合器电磁阀控制为 0

B. TCC 此时已经接合

C. 泵轮和涡轮之间有 33 转的转速差

D. TCC 此时没有接合

E. 此时是车辆在 D 位停车的状态

2. 关于 ADAS 线控转向系统与常规转向系统差异的描述，正确的说法是（   ）。

A. 线控转向系统取消了转向盘和转向柱的直接刚性连接

B. 线控转向系统行车时的路感通常不如传统转向系统直接

C. 线控转向系统中执行伺服电动机有 3 个，传统电控转向就 1 个伺服电动机

D. 当线控转向系统中警告灯点亮时，无法实现常规机械转向

E. 线控转向系统包含三个控制单元，通过 FlexRay 通信交互式地主要传输和接收信号，而传统电控转向控制单元通过 CAN 网络与其他模块进行信息通信

3. 关于电控悬架系统的描述，正确的是（   ）。

A. 电控悬架系统可根据不同的车速、不同的路况和不同的行驶状态，及时自动调整悬架装置的刚度和阻尼系数

B. 当车辆急加速时，电控悬架系统可提高弹簧刚度和减振器阻尼系数，以抑制车身的后坐

C. 当车辆高速行驶时，电控悬架系统可以降低车身高度，以减少风阻并提高车辆的操纵稳定性

D. 当车辆急转向时，电控悬架系统可以提高弹簧刚度和减振器阻尼系数，以抑制车身的侧倾

E. 当连续减振控制系统检测到输入/输出信号故障时，系统将进入固定减振力状态，无法连续调节

4. 关于胎压监控系统中信号传递的描述，正确的是（   ）。

A. 胎压传感器定期测量轮胎内的空气压力和温度以及施加在传感器上的向心加速度

B. 所有车轮装配的胎压传感器均使用 315 MHz 的频率发送射频信号给射频接收器

C. 四个胎压监控射频接收器将接收来自各个轮胎压力传感器的信号，并发送至胎压监控系统控制单元

D. 车辆静止时胎压传感器将使用不同发送速率以降低电池电量的消耗

E. 无胎压传感器的 TPMS，根据 ABS 轮速传感器来直接判断轮胎压力，通过射频天线传输到胎压监控控制单元

5. 下列选项中，（   ）现象会导致车辆行驶跑偏。

A. 向左和向右转动转向盘时，转向力矩差距大

B. 两前车轮轮胎花纹磨损不均匀

C. 转向盘不对中，有点偏差

D. 车辆左右两侧轴距相差 3.5cm

E. 前车头左右两侧车身高度不一致

6. 下面关于 NVH 中 Vibration（振动源）的相关描述，正确的是（　　）。

A. 油液中的气泡在高压区发生爆炸，就会产生振动与冲击声

B. 直列四缸发动机曲轴每转两转发生四次燃烧，引起曲轴每转一转产生两次转矩波动，每转产生四次振动

C. 传动轴中有任何不平衡，都会引起振动和噪声

D. 轮胎"静平衡"和"动平衡"就会产生振动

E. 直列式六缸发动机曲轴每转两转发生六次燃烧，引起曲轴每转一转四次转矩波动

7. 下面（　　）可以改善车辆的 NVH。

A. 安装阻尼器　　B. 安装隔板　　C. 做底盘装甲

D. 孔洞密封　　E. 振动隔绝橡胶

8. 关于 IBooster 工作流程的描述，说法正确的是（　　）。

A. 驾驶员踩下制动踏板时，整车控制器根据制动踏板行程与加速度信号，计算电机可提供的最大再生制动力

B. 电子制动力总泵将制动液分配给各制动分泵，前后轴产生相同的制动压力

C. 电机控制器向 ABS 控制单元发送制动指令，满足再生制动力需求

D. 电机再生制动力随车速、电机转速、电池容量等实时变化

E. 当 IBooster 发生故障时，ESP 会接管并提供制动助力（主动增压）

9. 下面有关四轮驱动系统的相关描述，正确的是（　　）。

A. AWD 机械部分由动力传动单元和传动轴组成

B. RDU（后桥驱动装置）标识码匹配操作可以降低传递给离合器电磁阀的转矩对应的电流偏差

C. 当行驶温度达到设定极限时，四轮驱动转矩将变为按前后 20∶80 分配

D. AWD 会根据四轮的轮速关系，检测确认是否为备胎行驶，若存在则将驱动警告灯点亮，禁止车辆继续行驶

E. 当 AWD 模块识别四个车轮相互之间的速度差超过 2km/h 时，认定为单个车轮尺寸不一致

10. 下面有关 AT 中转速传感器的描述，正确的是（　　）。

A. 传感器的类型可分为电磁式和霍尔式，电磁式产生方波信号

B. 涡轮转速传感器安装在变速器的外壳上，用来监测涡轮的转速

C. 输出轴转速传感器安装在传动轴的驱动齿轮上，可以向变速器控制单元发送

信号，指示变速器输出速度

D. 车辆仪表显示的车速的信号都是采集的输出轴转速传感器的信号

E. 当涡轮转速传感器出现故障后，AT模块将采用输出轴传感器的信号作为备用信号

（三）判断题

1. 电控悬架系统的基本功用是通过自动调节悬架的刚度和阻尼系数，使汽车的悬架特性与道路状况和行驶状态相适应，从而使汽车的乘坐舒适性和操纵稳定性都得到提高。（ ）

2. 对于无胎压传感器的胎压监控系统，轮胎定位是利用TPMS模块通过自动识别来完成，但需要一段时间的行驶来激活。（ ）

3. NVH是三个英文单词Noise（噪声）、Vibration（振动）和Harshness（不平顺性）的首字母组合。（ ）

4. 汽车跑偏是汽车直线行驶在平坦的道路上自行向一侧方向偏向，导致汽车出现前后轴中心的连线与行驶轨迹的中心线不一致的行驶现象。（ ）

5. 通常来说，吸声材料很容易吸收低频声波。对于高频声波，较厚的材料更为有效。（ ）

6. 汽车上采用的阻尼器主要有质量阻尼器和动态阻尼器。（ ）

7. 四轮定位的调整顺序一般是先调后轴再调前轴，先调前束角后调外倾角。（ ）

8. 汽车起步停车时，泵轮转速是发动机的转速，涡轮转速为0。（ ）

9. 变矩器的性能是否良好一般可以通过失速测试来判断。（ ）

10. 拉维娜系统的特点是有一个前进位太阳轮、一个R位太阳轮、一个行星轮架、长短行星轮和共用齿圈。（ ）

（四）简答题

1. 简述ADAS线控转向系统的组成。

2. 自动变速器换档品质的控制测量有哪些？

3. 简述IBooster的工作流程。

4. 胎压监控系统（TPMS）在哪些情况下需要进行标定？

5. 请列举导致车辆跑偏的八大因素。

（五）论述题

1. 试述汽车NVH产生的原因。

2. 如何进行AWD系统中DTC（P188B AWD离合器控制电路）的诊断与分析？

四、参考答案及解析

（一）单选题

1. C

解析：EPB 指示灯不亮可能的故障原因：驻车制动故障、驻车制动开关故障、ABS 模块故障。

2. B

解析：自动变速器油从泵轮到涡轮再回到泵轮，往复循环，造成液力变矩器的输出转矩增加。转矩增大的倍数取决于自动变速器油相对于涡轮的流速，流速越大，转矩放大倍数也就越大。

3. A

解析：TCC 电磁阀控制为 0，TCM 控制 TCC 不接合，通过数据 TC_SLIPACT 33RPM 可以看出泵轮和涡轮之间有 33 转的转速差。

4. C

解析：D1、D2、D3 档共用的执行部件是前进位离合器，D3、D4 档差异执行部件是前进位离合器和制动带。D4 档正常，D1、D2、D3 档缺失，说明前进位离合器故障。

5. B

解析：D2 档与 D3 档共同执行元件有 SSA、SSB、SSD，其中 SSE 在 D2 档时打开，D3 档时关闭，若 D2 档正常，D3 档缺失，说明 SSE 卡在常开位置。

6. C

解析：当压力控制电磁阀断电时，会关闭排油口以增加释放到活塞上的压力 P_4。这个力，原理上可以通过 $P_4 \times$ 活塞截面积 $+ F_2$ 计算得出。当 F_2 增加时，F_1 也增加。

7. D

解析：此故障是针对 AWD 模块输出控制电路的，如果出现此故障，则需更换 AWD 模块。

8. C

解析：电动机有两个，输入信号有两个端子。起动驻车制动时，端子 1 电压从蓄电池电压降为 0V，端子 2 电压从 0V 升至蓄电池电压。关闭驻车制动时，端子 1 电压从 0V 升至蓄电池电压，端子 2 电压从蓄电池电压降为 0V。

9. A

解析：正常值：YAW −0.05～0.05；LAT −0.4～0.4。

10. D

解析：ABS 和 ESP 通过 CAN 通信主要传输侧偏 G 信号和偏航角速度信号至转向力控制模块。

11. C

解析：ADAS 三个转向控制模块通过 FlexRay 通信交互式地主要传输和接收转向控制信号。

12. C

解析：转向力控制模块通过硬线直接控制转向离合器的结合或断开。

13. B

解析：技师对以下元件进行更换或拆卸时需要进行 ADAS 转向系统标定：转向力控制模块；转向角度主控制模块；转向角度子控制模块；转向盘；转向角度传感器；转向离合器总成；转向柱总成；转向器总成；悬架部件；转向上轴或转向下轴。

14. A

解析：DAST 标定（模式 1）为离合器相位学习。

15. B

解析：当连续减振控制系统进入失效安全状态时，减振力同时保持在介于最大值和最小值之间的约中间的水平；即使在失效安全状态中操作开关，模式灯也会在 SPORT（运动）模式或 AUTO（自动）模式中点亮。

16. C

解析：选择"DATA MONITOR"（数据监测）的"FL WHL G-SEN VOL"（左前轮 G 传感器电压）和"G-SEN VOL"（G 传感器电压）；车辆行驶时电压值应在 0.5～4.5V 之间；车辆停止时电压值应在 2.35～2.65V 之间。

17. D

解析：选择"DATA MONITOR"（数据监测）屏的"FR ACTUATOR CRNT"（右前执行器电流）；驾驶车辆并检查电流值是否为 0.65A。

18. D

解析：当车辆静止不动或以低于 20km/h 的速度持续行驶 15min 后，轮胎识别和定位过程即可开始，即是驻车模式。学习和定位过程要求车辆以超过 20km/h 的速度行驶 15min。

19. A

解析：胎压传感器安装完成之后，需要安装轮胎。需注意以下内容：对轮胎安装边缘进行润滑，避免润滑脂过量损坏胎压监测单元。安装胎压传感器时使用标准力矩紧固。在调换轮胎位置后，需要重新使用诊断仪或设备的仪表功能菜单进行胎压和位置的设定，对于胎压无法识别且有故障码存在的，允许进行更换。

20. B

解析：各个轮胎压力传感器对轮胎天线的信号依次做出响应，使得 BCM（TPMS 集成功能）能够在驾驶循环开始时确定传感器的位置。

21. C

解析：4 个轮胎压力传感器对轮胎天线的信号依次做出响应，使得 BCM 能够在驾驶循环开始时确定传感器的位置。这一过程最多重复 3 次，但如果已经知道传感器的位置在 BCM 中，重复次数则会减少。这个过程称为"自动定位"，最长需要 8min 能完成。

22. C

解析：轮胎低压报警将持续点亮轮胎低压报警指示灯，该警告灯一般呈橙色。该类报警不会产生故障诊断码（DTC）。要消除该报警，务必在点火开关处于ON（打开）的状态下，将车辆全部轮胎（包括备胎）设置为车辆手册中规定的、乘客或驾驶者门孔中的张贴标签上指示的正确压力。

23. D

解析：噪声振动源主要体现在以下三个方面：动力系统噪声振动源；路面系统噪声振动源；风激励噪声振动源。路面系统噪声振动源：轮胎与路面摩擦时产生噪声并向车内传递。风激励噪声振动源：汽车高速行驶时，风作用在车身上，风与车身摩擦产生噪声，车外的风噪透过车身传递到车内。

24. C

解析：要想改善NVH的状况，可以通过以下几种方式进行：防止产生振动力、车辆与振动隔离、车辆与噪声隔离。车身上有许多孔和缝隙，它们可归纳为：功能性孔、工艺性孔、错误的孔洞或缝隙。吸声材料很容易吸收高频声波。对于低频声波，较厚的材料更为有效。吸声材料是高透过性、多孔的物质，例如：玻璃棉、毛毡、聚氨酯泡沫。振动隔绝橡胶用于降低振动，应用于发动机悬置、车身悬置和排气管悬置等。

25. D

解析：驱动系统振动的原因：万向接头磨损；驱动轴中央轴承座磨损或损坏；车桥小齿轮凸缘螺栓松动；车桥小齿轮凸缘摆动过大；驱动轴失衡；驱动轴等速接头黏合或损坏；驱动轴摆动过大；驱动系角度不符合规格要求；等速接头未正确安装在轮毂中。

26. B

解析：对悬架的性能测试主要包括以下几个方面：悬架系统的舒适性测试；悬架系统的不平顺性测试；悬架系统的操作性测试。

27. C

解析：漂移的主要故障原因包括：车辆超载或负载不均匀或不正确；球形接头磨损；前支柱安装轴承损坏或丢失；前轮轴承松动、磨损或损坏；悬架部件松动、损坏或磨损；悬架紧固件松动；转向校正；车轮校正（全部前轮负前束过大）。

28. B

解析：四轮定位调节，依照标准先调后轴再调前轴，先调外倾角最后调前束。

29. C

解析：汽车行驶跑偏的八大原因：四轮定位失准、两侧的轮胎花纹不一样或花纹一深一浅不一样高、两侧轮胎气压不等、前减振器弹簧变形两侧缓冲不一致、前减振器失效、车辆底盘部件磨损过大存在不正常间隙、某个轮的制动器回位不良分离不完全、车架总体变形。

30. C

解析：两后轮胎压、花纹和磨损程度不能相差太大，视情况进行更换维护。

31. D

解析：在调换轮胎位置、更换轮胎和轮胎胎压传感器等维修操作后，需要对胎压传感器进行激活校准。胎压传感器学习的顺序是：左前—右前—右后—左后。

32. D

解析：TFT用来监测变速器的油温。很多自动变速器TFT采用的都是负温度系数的热敏电阻；TFT安装在变速器电磁阀体内；冷起动换档规律允许当变速器油温度低时延迟换档，以帮助给变速器油加热。变速器控制单元还可以抑制变速器油低温时的TCC操作，并调整温度对应的线路压力。

33. A

解析：TCM获取PCM的发动机转速等信号的方式是通过动力CAN。

34. B

解析：开关型电磁阀可以分为常开型电磁阀与常闭型电磁阀；当电磁阀激活后有电流流过时，输出端与供油端导通，输出端压力等于阀减小的压力。

35. D

解析：不在工作状态，电磁阀没有电流或只有很小的电流时，电磁阀下方的出口侧不会产生压力。给电磁阀的供油压力通过泄放位置放掉。

36. D

解析：处理器接收到的油温信号表明油温过高可能损坏变速器，就会提前接合变矩器离合器，汽车仍可继续行驶，但驾驶员会意识到出了故障需要检修。反过来，在极冷的气温下工作，控制模块会使变矩器离合器保持分离以减少发动机熄火的可能性；在正常情况下变速器运行遵循一个设定的换档规律。但在某些情况下可能应用不同的换档规律。比如在低温下开始运转时，控制模块会转为"冷起动"换档规律，改善变速器的运行状况。

37. C

解析：汽车处在水平地面，起动发动机并扳动变速杆通过各个档位，各档要留充分的挂档时间。然后将变速器安全地锁在驻车位置，拉好驻车制动，并让发动机继续运转。擦净油标盖，抽出油标尺并将标记端擦干净，然后将油标尺插回到加油口盖，确认插到位后再抽出查看液位；在正常温度下检查液位时，液位应在油标尺的十字交叉区（或"HOT"区）。油液应该是暗红色且颜色清亮的，而不应是褐色或黑色。自动变速器油液出现烟味表明过热故障或离合器片或制动带故障。

38. D

解析：大修后，需要对散热器进行清洗，防止散热器的内部存有杂质。如变速器有明显的机械磨损或严重的摩擦片磨损，建议更换散热器总成；清洗阀体时注意不要划伤控制阀表面，要牢记各个控制阀、弹簧等元件的位置；自动变速器诊断修理的过程中，通常更换的元件有电磁阀、变速器阀体或变速器总成。更换的过程中需要考虑电磁阀是否需要匹配。更换完输入轴转速传感器后，无须任何编程学习操作。

39. C

解析：当制动系统的真空管出现泄漏时，也会造成 ABS 的 DTC。进行真空泄漏测试，关闭点火开关时，断开真空助力器的真空管，连接真空表；起动发动机，检查真空表的读数应该大于 60kPa，否则需要更换真空泵。

40. B

解析：通过路试或发动机起动测试对故障进行验证；到底是进行路试，还是发动机起动测试，或者两种测试都进行，要视 NVH 故障的类型而定；有时有必要请客户一起进行路试，指出故障所在；在一条安全安静的街道进行路试，可能能够重现噪声或振动。

（二）多选题

1. ACD

解析：TCC 未接合时的状态，TCC 电磁阀控制为 0，TCM 控制 TCC 不接合，通过数据 TC_SLIPACT 33RPM 可以看出泵轮和涡轮之间有 33 转的转速差。

2. ABE

解析：线性转向系统的最大特点就是取消了转向盘和车轮之间的机械连接，车轮转向的速度和角度，均由控制模块根据接收的电信号驱动电动机带动转向器来实现；与常规机械转向系统不同，直接自适应转向系统将转向盘操作转换为电信号，再通过一系列的计算控制，使转向盘操作被无延时地传输至轮胎。转向力控制模块、转向角度主控制模块和转向角度子控制模块之间的通信线：DAST 指的是转向控制模块，DAST1 指的是转向角度主控制模块，DAST2 指的是转向角度子控制模块，DAST3 指的是转向力控制模块，三个模块通过 FlexRay 通信。

3. ABCDE

解析：电控悬架系统的基本功用是通过自动调节悬架的刚度和阻尼系数，使汽车的悬架特性与道路状况和行驶状态相适应，从而使汽车的乘坐舒适性和操纵稳定性都得到提高。当汽车处于高速行驶时，可以自动提高悬架的弹性刚度和减振器的阻尼系数，以提高汽车高速行驶时的操纵稳定性；车辆急转向时，可以提高弹簧刚度和减振器阻尼系数，以抑制车身的侧倾；当连续减振控制系统进入失效安全状态时，减振力同时保持在介于最大值和最小值之间约中间的水平。

4. ACD

解析：传感器定期测量轮胎内的空气压力和温度以及施加在传感器上的向心加

速度。传感器以315MHz或者433MHz的频率发送射频信号给射频接收器；为了保存传感器电池电量，车辆静止或移动时轮胎传感器模块将使用不同的发送速率；对于无轮胎传感器的胎压监控系统，轮胎定位时需要通过专用工具把胎压传感器的信息传递给BCM。

5. ABDE

解析：转向盘不对中，是前轮前束偏差，不影响跑偏，其他选项均允许跑偏。

6. ACD

解析：直列式四缸发动机：曲轴每转两转发生四次燃烧，引起曲轴每转一转产生两次转矩波动，每转产生两次振动。直列式六缸发动机：曲轴每转两转发生六次燃烧，引起曲轴每转一转产生三次转矩波动，每一转产生三次振动。轮胎平衡可分为"静平衡"和"动平衡"。如果有任何不充分的平衡，轮胎就会振动；如果汽车传动轴中有任何不平衡，会引起振动和噪声；油液中的气泡在高压区发生爆炸，产生振动与冲击声。

7. ABCDE

解析：要想改善NVH的状况，可以通过以下几种方式进行：防止产生振动力、车辆与振动隔离、车辆与噪声隔离。汽车上采用的阻尼器主要有质量阻尼器和动态阻尼器；振动元素（声源）如车身板料的振动可以通过吸振材料降低；功能性孔密封，首先是气流密封，即空气不能从这些孔内流过，保证气密性，再就是声学密封，使声音通过孔的传递最小，最后使振动部件向车身传递的振动减小，密封孔的填充材料必须有良好的隔振效果；振动隔绝橡胶用于降低振动，应用于发动机悬置、车身悬置和排气管悬置等。一种高科技的粘附性橡胶沥青涂层，可以起到保护底盘部件和隔声的效果。

8. ADE

解析：驾驶员踩下制动踏板，整车控制器根据制动踏板的行程与加速度信号分配给前后轴制动力，同时根据车辆状态、电机状态和电池状态，计算电机可提供的最大再生制动力；计算IBooster需要提供的电机助力及电机位移，并将助力作用于制动主缸；电机控制器控制电机，满足再生制动力需求；IBooster发生故障，ESP会接管并提供制动助力（主动增压）。ESP的主动增压会伴随着比较强烈的振动和噪声。

9. ABE

解析：AWD机械部分由动力传动单元和传动轴组成；RDU标识码匹配仅仅指在更换PCM或带有ATC电磁阀的后传动轴时的操作，用于学习ATC电磁阀的电流。该匹配可以降低传递给ATC电磁阀的转矩对应的电流偏差，否则会损坏传动系统或引发操纵性问题。检查四个车轮相互之间的速度差是否不超过2km/h。如果超差，说明单个车轮尺寸可能有问题；若识别到轮胎型号不一致，只能使用两轮驱动，四驱系统停用。

10. BC

解析：传感器的类型可分为电磁式和霍尔式，电磁式产生正弦交流信号。TSS一般安装在变速器的外壳上，用来监测涡轮的转速；输出轴转速传感器一般位于传动轴的驱动齿轮上，可以向变速器控制单元发送信号，指示变速器输出速度。车辆仪表显示的车速的信号是采集车轮轮速传感器的信号，当涡轮转速传感器出现故障时，一般采用发动机转速传感器信号来代替。

（三）判断题

1. √

解析：电控悬架系统具有三个作用：1）刚度和阻尼系数随车速与路面变化的控制：汽车处于高速行驶时，可以自动提高悬架的弹性刚度和减振器的阻尼系数，以提高汽车高速行驶时的操纵稳定性。当前轮遇到障碍物时，可减小后轮悬架弹簧刚度和减振器阻尼系数，以衰减车身的振动和冲击。当汽车行驶在恶劣的路面上时，可以降低弹簧刚度和减振器阻尼系数，以抑制车身的振动。2）车身姿态控制：防侧倾控制、防车头点头控制、防车尾下坐控制、高速控制、不平道路控制。3）车高调节功能：自动高度控制不管乘客和行李重量如何变化，操作高度控制开关能使汽车的目标高度变为"正常"或"高"的状态，使汽车始终保持一个恒定的高度。

2. ×

解析：当车辆驻车超过 15min 后，以高于 20km/h 的速度行驶时，胎压传感器以下列顺序依次发射信号 18s。左前轮，6s 暂停（供系统检测来自轮胎压力传感器的响应）；右前轮，6s 暂停；右后轮，6s 暂停；左后轮。

3. √

解析：NVH 是三个英文单词 Noise，Vibration 和 Harshness 首字母的缩写，是汽车噪声、振动和舒适性等各项指标的总称。由于汽车结构振动会产生噪声，进而影响到舒适性，而当舒适性有问题时，必然存在相应的振动噪声问题。三者在汽车振动噪声中是同时出现且又密不可分，因而常把它们放在一起进行研究。

4. √

解析：汽车是否跑偏的标准是新车在平直道路上（国标定义＜2 右倾斜角），转向盘在中位，以 80km/h 的速度行驶 8s，如果整车偏移距离不足一个车道（高速路车道宽度约 3.75m），即为正常状态。跑偏是指汽车直线行驶在平坦的道路上，转向盘打正行驶时，车辆向右或左移动的现象。机动车直线行驶时，其前后轴中心的连线与行驶轨迹的中心线应一致。

5. ×

解析：通常来说，吸声材料很容易吸收高频声波。对于低频声波，较厚的材料更为有效。

6. √

解析：汽车上采用的阻尼器主要有质量阻尼器和动态阻尼器。阻尼器的作用是改变元件的固有频率（降幅或移频），从而防止共振的发生。质量阻尼器是一块加到振动部分的重块，它通过降低固有频率来改变共振点。动态阻尼器是加在振动部分上的一个重块和一个弹簧，它可以把固有频率分解为两部分较低的固有频率。

7. ×

解析：四轮定位的调整顺序一般是先调后轴再调前轴，先调外倾角后调前束角。

8. √

解析：变矩器泵轮与壳体相连，变矩器壳体与发动机挠性板相连。发动机起动运行后，泵轮转速与发动机转速相同。车辆处于停止状态，变速器无输出，涡轮转速为 0。

9. √

解析：失速测试是检查自动变速器在 D 档或 R 档时发动机的最高转速，判断发动机、制动器和离合器的输出功率是否正常的方法。如果失速转速高于标准值，说明主油路油压过低或换档执行器打滑；如果失速速度低于标准值，可能是发动机功率不足或变矩器有故障。

10. √

解析：拉维娜式行星齿轮机构的特点是自动变速器有两个太阳轮，两排行星齿轮共用一个齿圈、一个行星架。即在一个行星架上安装了相互啮合的两套行星齿轮，即长行星齿轮和短行星齿轮。

（四）简答题

1. 答：

ADAS 核心组件有：转向力控制模块、转向角度主控制模块、转向角度子控制模块、转向角传感器、组合仪表、发动机控制模块、变速器控制模块、底盘控制模块。

2. 答：

主要包括以下几种控制策略：预置策略、故障管理模式、应急模式。

预置策略：变速器控制模块（PCM/TCM）不仅含有控制自动变速器正常工作的程序，而且含有在不同失效模式下控制这些部件的程序。

故障管理模式：TC 模块为失效部件提供了备用或"替代"信号。其中包括：温度信息、速度信息、压力控制。

应急模式：使汽车在变速器完全失去电子控制时仍可被驾驶。变速器一般只能工作在一个档位，多数为变速器的直接档，使驾驶员仍能将车开回家或开到经销商处修理。

3. 答：

1）驾驶员踩下制动踏板，整车控制器根据制动踏板的行程与加速度信号分配前后轴制动力，同时根据车辆状态、电机状态和电池状态，计算电机可提供的最大再生制动力。

2）计算IBooster需要提供的电机助力及电机位移，并将助力作用于制动主缸。

3）液压单元控制器分配前后轴液压制动力，并作用于轮缸。

4）电机控制器控制电机，满足再生制动力需求。

5）电机再生制动力随车速、电机转速、电池容量等实时变化，液压制动力全链路随电机制动力变化而调整。

4. 答：

在调换轮胎位置、更换轮胎和轮胎胎压传感器等维修操作后，需要对胎压传感器进行激活校准。胎压传感器学习的顺序是：左前—右前—右后—左后。

5. 答：

1）四轮定位失准。

2）两侧的轮胎花纹不一样或花纹磨损不均匀。

3）两侧轮胎气压不相等。

4）前减振器弹簧变形，两侧缓冲不一致。

5）前减振器失效。

6）车辆底盘部件磨损过大，存在不正常间隙。

7）某个轮的制动器回位不良，分离不完全。

8）车架总体变形。

（五）论述题

1. 答：

即使有一个能振动的物体，如果没有某种外力，振动是不会发生的。振动力是使振动有力地发生的力。发动机中的燃烧压力、不平衡的轮胎或汽车传动轴在工作过程中产生的摆振都是典型的车辆振动力。车辆中典型振动力包括：发动机的转矩波动；轮胎不平衡；轮胎跳动；轮胎不一致；汽车传动轴不平衡；汽车传动轴二阶振动。

① 直列式四缸发动机：曲轴每转两转发生四次燃烧，引起曲轴每转一转产生两次转矩波动。每转产生两次振动。直列式六缸发动机：曲轴每转两转发生六次燃烧，引起曲轴每转一转产生三次转矩波动。每一转产生三次振动。

② 轮胎平衡可分为"静平衡"和"动平衡"。如果有任何不充分的平衡，轮胎就会振动。静平衡是指轮胎不转动时存在的平衡。径向载荷平衡是来自车轮中心的径向载荷平衡。动平衡是指轮胎转动时存在的、引起侧向振动的离心力的平衡。

③ 不平衡的主要原因是汽车传动轴跳动，汽车传动轴起伏会产生每转一次振动。汽车传动轴径向跳动或侧向跳动则会使汽车传动轴的转动中心发生偏移。这是失去平衡的主要因素。

④ 减振器噪声主要源自内部阻尼力的紊乱导致活塞上阀门弹簧系统发生的振动通过活塞杆传递到车身激发车身振动。减振器节流噪声源于减振器工作油液通过阀体的流动效应。结构振动噪声源于发生在压缩和伸张循环过程中节流阀开启前后产生对减振器活塞的冲击。

2. 答：

DTC 诠释：当 PCM 探测到 ATC 电磁阀电压供电电路或回路出现开路、与搭铁或电源短路时，出现这一故障码。

诊断步骤如下：

① 查看车辆 AWD 功能是否失效，警告灯是否点亮。

② DTC 冻结数据帧读取，查找在什么情况下出现的此类故障码。

③ 截屏 DTC 并尝试删除 DTC，查看 DTC 状态是否存在。

④ 查阅 AWD 系统下数据监控，依据维修手册查看各参数是否存在异常。

⑤ 查阅维修手册、技术通报，查询该 DTC 出现后的检查维修方法。

⑥ 查阅电路图，找到离合器电磁阀相关线路，查找电源、信号控制线路，根据维修手册标准，使用万用表依次测量电源、信号控制端电压，测量电磁阀电阻是否为 1~3Ω，若 AWD 模块线路、电磁阀均正常，进一步验证 AWD 模块性能好坏。

⑦ 查找维修手册、电路图，使用万用表验证 AWD 模块电源、搭铁、熔丝等是否良好。若经过检测均正常，则需要更换 AWD 模块。

⑧ 恢复车辆，查阅 AWD 系统 DTC 是否出现，进行路试行驶，验证故障是否复现。

注意：工具、设备、车辆在操作过程中注意 5S。规范操作工具和设备。

模块三 电气系统故障诊断与排除

一、考核范围

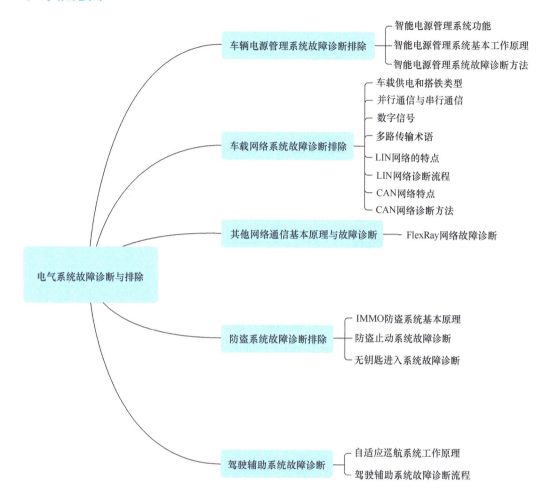

二、考核要点详解

知识点 1 智能电源管理系统功能

智能电源管理系统的功能主要包含蓄电池的充电状态监控、蓄电池充电电压监控、输出电流和蓄电池温度监控。当整车在极端的用电工况下，智能电源管理系统可以对使用的电气设备进行限制或切断供电，同时调整发电机的电压，使其保持最优的输出电压。

知识点 2 智能电源管理系统基本工作原理

智能电源管理系统的控制策略储存在车载电源管理控制单元中，它通过 LIN 线接收蓄电池检测传感器传回的蓄电池状态信息，如图3-3-1所示。这些信息用于计算发电机输出的充电电压，由车载电源管理控制单元通过CAN线传递到发动机控制单元，然后由发动机控制单元通过LIN线传给发电机。充电电压的调整基于大量各种参数，比如发动机当前的工作负载。

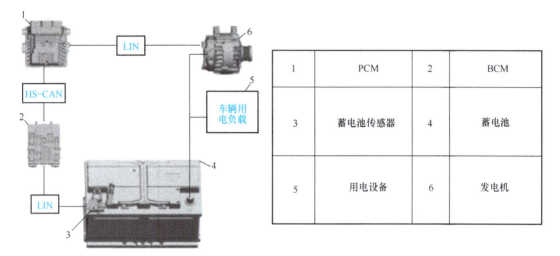

图3-3-1 智能电源管理系统

知识点3 智能电源管理系统故障诊断方法

当智能电源管理系统出现性能故障时，可以通过对发动机的发电量测量、充电电流测量、诊断仪读取数据流检测等几种方法进行诊断。

知识点4 车载供电和搭铁类型

1) **供电类型**。供电类型是指用电设备或模块在点火开关处于什么样的状态下供电。通常为关闭、附件、运行与起动四个档位。

① 常电电源。常电电源是指点火开关处于任何档位均有电。通常称为"30"。

② 附件电源。附件电源也称为ACC电源。是指在点火开关处于ACC位置时，给相关用电设备供电，以激活相关功能的电源。对于具有免钥匙功能和没有免钥匙功能的车辆，控制方式略有不同。

③ 起动或运行状态下电源。起动或运行状态下的电源是指在点火开关处于起动或者发动机处于运行状态下的电源。该电源只是在起动或发动机处于运行条件下工作。

2) **搭铁的类型**。根据车辆搭铁类型的不同可以分为蓄电池负极搭铁（主搭铁）、共用搭铁与独立搭铁。

① 蓄电池负极搭铁。蓄电池负极搭铁为车辆的主搭铁点，是车辆所有用电设备正常工作的前提。根据车型的不同有的选择一个搭铁点，有的选择两个搭铁点。

② 共用搭铁。由于车辆线束布置的需要，可能会有一些用电设备和模块共用一个搭铁点。当这个搭铁点出现故障后将会导致多个系统同时出现故障现象。

③ 独立搭铁。由于车辆线束布置与用电设备功率的要求，有些元件使用独立的搭铁点。

知识点 5 并行通信与串行通信

1）并行数据传输。并行传输指的是数据以成组的方式，在多条并行信道上同时进行传输。常用的是将构成一个字符的几位二进制码同时分别在几个并行的信道上传输。如图3-3-2所示，控制模块PCM分别通过两根单独的线路将数据A和B传输给控制模块BCM。BCM如需将数据C和D发送给PCM，则需要通过另外的两根线路进行。

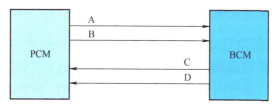

图 3-3-2　并行数据传输

2）串行数据传输。串行通信技术，是指通信双方按位进行，遵守时序的一种通信方式。串行通信中，数据传输不能同时进行，必须有先有后，将数据按位依次传输。如图3-3-3所示，PCM可以通过一组线路将数据A和B传输给BCM，而BCM也可以利用本组线路将数据C和D发送给PCM。在数据传输过程中A、B、C、D的传输先后顺序，取决于它们的优先级。

图 3-3-3　串行数据传输

知识点 6 数字信号

1）数字信号定义。数字信号是指自变量是离散的、因变量也是离散的信号，这种信号的自变量用整数表示，因变量用有限数字中的一个数字来表示。如图3-3-4所示，在计算机中，典型的数字信号就是当前用最为常见的二进制数字来表示的信号，之所以采用二进制数字表示信号，其根本原因是电路只能表示两种状态，即电路的通与断。在实际的数字信号传输中，通常是将一定范围的信息变化归类为状态0或状态 1，这种状态的设置大大提高了数字信号的抗噪声能力。

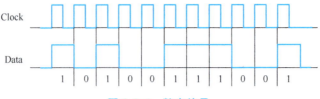

图 3-3-4　数字信号

2）数字信号特点。与模拟信号相比，数字信号在传输过程中具有更高的抗干扰能力，更远的传输距离，且失真幅度小。还可以通过压缩，占用较少的带宽，实现在相同的带宽内传输更多、更高音频、视频等数字信号的效果。数字信号还便于加密和纠错，具有较强的保密性和可靠性。

知识点 7　多路传输术语

1）通信协议。通信协议是指通信双方控制信息交换规则的标准及约定的集合，即指数据在总线上的传输规则。在汽车上，要实现各控制模块之间的通信，必须制订规则，即通信方法、通信时间、通信内容，保证通信双方能相互配合，使通信双方共同遵守及接受的规定和规则。

2）节点。如图 3-3-5 所示，节点是指一台电脑或其他设备与一个有独立地址和具有传送或接收数据功能的网络相连，当我们在使用计算机上网时，通过某个网络平台与异地的另一台计算机通信，则两端的计算机就是网络中的两个节点，服务器终端也是一个节点，在车载网络中，节点即为连接在数据总线中的控制模块，当使用诊断仪对车辆进行通信诊断时，诊断仪也属于所有通信网络中的一个节点。

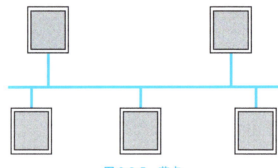

图 3-3-5　节点

3）网关。如图 3-3-6 所示，随着汽车技术的发展，多种通信协议的网络在汽车上使用，但是，各个车载网络采用的通信协议不同，所有控制模块之间难以实现信息共享，为了使不同的通信协议或不同网速总线的模块之间进行通信时，能够建立连接和信息解码，重新编译，将数据传输给其他系统，必须用一种特定的控制模块，它就是网关。

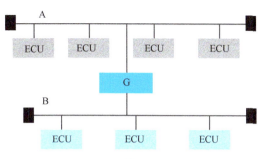

图 3-3-6 借助网关通信

4）**网速**。网速是指网络信号的传送速率，单位为 bit/s，这里的 bit 表示"位"，一位即表示二进制中的一个"0"或"1"。车辆的各种车载网络的网速有所区别。如图 3-3-7 所示，LIN 网络的网速是 20kbit/s。图 3-3-8 所示为高速 CAN 网络，网速是 500kbit/s。

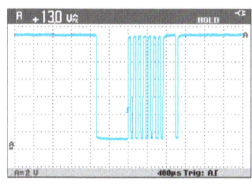

图 3-3-7 LIN 网速

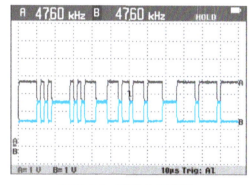

图 3-3-8 高速 CAN 网速

知识点 8　LIN 网络的特点

1）**LIN 网络属于单主多从结构**。即一组网络中，只有一个主节点，从节点可以有多个。当发送信息时主节点能向任一从节点发送信号，从节点仅在主节点的控制下向 LIN 总线发送数据，从节点一旦将数据发布到总线上，任何节点都可以接收该数据，但只有一个节点允许回应。

2）**LIN 网络采用单线传输**。LIN 使用单根非屏蔽导线作为数据总线连接主节点与任何一个从节点，总线的最大允许长度为 35m，连接在 LIN 总线上的从节点数量一般不超过 16 个。因为当节点过多时将减少网络阻抗，会导致环境条件变差。

3）**LIN 网络采用偏压驱动**。主从节点之间使用电压的高低变化，表示数据信息的含义（逻辑数据"0"和"1"）。

4）**LIN 网络低速通信**。LIN 网络使用极少的信号线即可实现国际标准 ISO9141 的规定，传输速率最高接近 20kbit/s，相对于 CAN 网络而言，LIN 网络属于"低速"传输。

因此，LIN 网络并不适用于高速率的系统控制（如发动机控制信号）。

5）容错特性。当 LIN 网络出现总线接地、总线断路、主节点故障时，LIN 网络无容错能力。

知识点 9　LIN 网络诊断流程

因为 LIN 网络没有容错功能，所以当 LIN 网络出现故障后相关的功能会失效。但如果是从节点故障或支路断路，则不会影响主节点与其他节点的通信。一般而言，引起 LIN 网络故障的原因有节点的供电或搭铁故障，节点本身硬件故障，总线短路或断路故障。

1）LIN 网络的诊断流程。对 LIN 网络系统进行诊断时，也应按照确认故障、收集信息、分析信息、诊断故障、修复故障、确认故障修复的程序进行。

2）LIN 网络的诊断方法。LIN 总线本身不能进行诊断，因此无法通过诊断仪等设备对其进行网络测试，进而进行故障诊断，但可以通过读取模块参数的方法来进行故障诊断。LIN 网络总线的常用诊断方法包括节点电阻测量、总线电压测量、总线波形测量等。

知识点 10　CAN 网络特点

CAN 网络主要负责车辆内的数据交换，即各控制模块之间的信息共享。CAN 网络的数据传输具有如下基本特点：

1）总线访问采用基于优先权的多主方式。CAN 总线的最大特点是任一节点所发送的数据信息不包括发送节点或接收节点的物理地址。信息的内容通过一个标识符（ID）作标记，在整个网络中，该标识符是唯一的。网络上的其他节点收到信息后，每一节点都对这个标识符进行检测，以判断此信息是否与自己有关。若是相关信息，则需要得到处理；否则被忽略。这一方式称为多主方式。

2）非破坏性的基于线路竞争的仲裁机制。CAN 采用带有冲突检测的载波侦听多路访问方法，它能通过无破坏性仲裁解决冲突。当总线空闲时，任何节点都可以发送帧。如果两个或两个以上的节点同时开始发送帧，由此引起的总线访问冲突是利用基于线路竞争的仲裁，对标识符进行判别来解决的。也就是优先级低的节点主动停止数据发送，而优先级最高的节点可不受影响地继续发送数据，通过仲裁机制可以保证既不会丢失信息，也不会浪费时间。

3）利用接收滤波对帧实现了多点传送。在 CAN 系统中，节点可以不用任何有关系统配置（如节点地址）的信息。接收器对信息的接收或拒绝是建立在一种称为帧接收滤波的处理方法上的。该处理方法能判断出接收到的信息是否和接收器有关联，所以接收器没有必要辨别出谁是信息的发送器，反过来也是如此。

4）支持远程数据请求。通过送出一个远程帧，需要数据的节点可以请求另外一个节点向自己发送相应的数据帧,该数据帧的标识符被指定为和相应远程帧的标识符相同。

5)配置灵活。往 CAN 网络中增添节点时,如果要增添的节点不是任何数据帧的发送器或者该节点根本不需要接收额外追加发送的数据,则网络中所有节点均不用做任何软件或硬件方面的调整。

6)容错特性。当 CAN 总线或节点出现故障时,网络依然具有一定的信号传输能力。当节点出现严重故障时,可以自动关闭输出功能,以使总线上其他节点的操作不受影响;当总线出现故障时,视严重程度而表现不一,轻则不影响信号传递,重则网络瘫痪。

7)双绞线总线结构。CAN 网络采用双绞线作为数据总线,以增强总线的抗干扰能力。两根双绞线分别命名为 CAN-H 和 CAN-L,它们每相隔 25mm 绞接一次。

知识点 11 CAN 网络诊断方法

1)CAN 网络的诊断流程。对 CAN 网络系统进行诊断时,可以按照以下诊断程序进行:

① 确认故障。确认客户所提出的故障现象,包括故障表现、发生条件、发生频率等。CAN 网络部分失效或者整体失效,仪表上一般会出现异常的警告等信息。

② 收集信息。对车辆进行进一步的相关操作,以掌握更加全面的与网络通信相关的故障信息。连接诊断仪,执行"自测"以判断存在哪些与网络相关的 DTC,执行"网络测试"以判断哪些连接在 CAN 网络上的模块失去了通信。

③ 分析信息。分析故障现象以及各种收集到的关联信息,包括自测盒网络测试的检测结果,并结合车型的网络拓扑图,全面分析网络故障最可能的原因,制订故障诊断流程和方法。

④ 诊断故障。根据此前的分析结果,借助各种诊断手段(诊断仪检测、电阻测量、电压测量、示波器测量等)执行各项测量与诊断。同时在对网络的诊断过程中,应充分利用故障追踪功能。

⑤ 修复故障。车载网络的故障,存在于模块和总线上,经过诊断发现问题所在后,可以对故障部件进行维修或更换。

⑥ 确认故障修复。对故障点进行规范维修后,应参照故障出现的条件进行试验,以确认客户所反映的故障是否已经得到解决。包括车辆性能的恢复、仪表异常的修复、计数器的数值变化等。

2)CAN 网络的诊断方法。CAN 网络的故障诊断方法,包括网络测试、DTC 读取、电阻测量、电压测量和波形测量等几种常用方法。此外,对故障现象的合理分析也可以作为故障原因的初步判断手段。因为 CAN 网络的故障与节点或网络总线有关,所以发生故障后单个模块或部分模块的通信将会丢失,因此从仪表上可以观察到相关模块的集中异常信息。

知识点 12　FlexRay 网络故障诊断

1）FlexRay 总线诊断仪检测。FlexRay 网络有自我诊断功能，当出现故障时可以通过诊断仪读取故障记录。FlexRay 总线故障一般有：控制单元无通信；FlexRay 数据总线损坏；FlexRay 数据总线初始化失败；FlexRay 数据总线信号出错。

当出现 FlexRay 总线一条导线对搭铁短路时，数据总线诊断接口 J533（网关）识别到一个持续不变的压差。相关的总线支路关闭，直到再次"空闲"，也就是说，识别到休眠模式的电平。

当两条导线相互短路时，数据总线诊断接口 J533（网关）识别到"空闲"电压持久不变。该总线支路上再也无法发送和接收数据。控制单元持续发送"空闲"数据总线诊断接口 J533（网关），识别到总线支路"空闲"，并关闭总线支路。

2）FlexRay 总线终端电阻检测。FlexRay 总线终端电阻的设置与大多数总线系统一样，为了避免在总线上产生信号反射，FlexRay 总线的数据导线两端也使用了终端电阻，这些终端电阻的阻值由数据传输速率和导线长度决定，终端电阻位于控制单元内部。如图 3-3-9 所示为某车型 FlexRay 总线终端电阻网络图，中间控制单元有四个总线接口，有两个 1.3kΩ 的串联电阻。末端控制单元有两个总线接口，有两个 47Ω 的串联电阻。

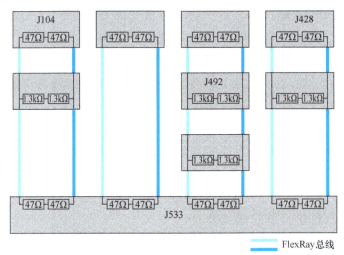

图 3-3-9　某车型 FlexRay 总线终端电阻网络图

如图 3-3-10 所示为总线电阻测量，当总线无故障且终端电阻正常时，控制单元正常连接在系统中，此时测量"正"和"负"总线，电阻 R_M 的阻值为 47Ω。

当 J533（网关）与 J850（中间控制单元）断路时，测量"正"和"负"之间的电阻 R_M，其电阻值约为 94Ω。拔掉 J533（网关）后，测量电阻 R_M，其电阻值为无穷大，这意味着 J533（网关）与支路间存在断路。然后拔下 J850 控制单元之后，测

量电阻 R_D，其电阻值约为 $2.6\text{k}\Omega$，连接线电阻应小于 2Ω。

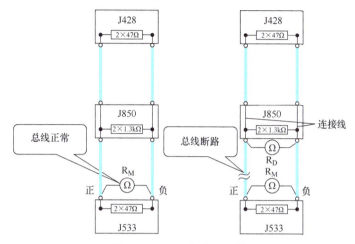

图 3-3-10　总线电阻测量

知识点 13　IMMO 防盗系统基本原理

IMMO（发动机防盗锁止系统）通过识读线圈与钥匙中的射频芯片进行通信，验证此钥匙是否为匹配过的合法钥匙。如图 3-3-11 所示为 IMMO 防盗系统工作过程，点火开关上的识读线圈会读取钥匙芯片的 ID 信息，如果与车上防盗系统 ID 是一致的，才是合法钥匙，才能解除防盗，允许发动机起动，否则会锁定，即使打开点火钥匙开关，发动机也无法起动。

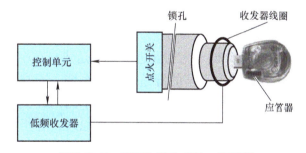

图 3-3-11　IMMO 防盗系统工作过程

如图 3-3-12 所示为防盗止动系统原理图，大多数汽车防盗止动系统芯片识别的工作原理基本都是一样的，在打开点火开关时，收发器通过环形线圈将交流射频信号发送给应答器线圈，应答器产生交流感应电压，通过内部电路转换成直流电压为电容充电，同时依靠此电能驱动芯片电路工作，将认证编码转换成交流电压脉冲信号通过环形天线发送给收发器，收发器将此编码转换成数字信息传送给防盗控制单元，防盗控制单元产生一个随机数，随同应答器与防盗系统最后一次通信所存储的值一起进行编码。这个数据编码通过收发器传送给应答器，应答器对这个编码进行解码，还原出随机数，通过收发器返还给防盗控制单元，防盗系统将产生的随机数与应答器传递回来的计算结果比较，如果二者一致，则钥匙认证通过，发动机控制单元允许发动机起动。如果二者不一致，则认证不通过，发动机控制单元将不允许发动机起动。

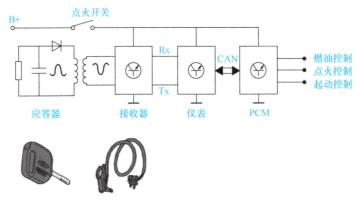

图 3-3-12 防盗止动系统原理图

知识点 14　防盗止动系统故障诊断

防盗止动系统的诊断，要通过防盗止动系统的工作原理进行分析，根据分析的结果对系统元件进行检查，一般从以下几个方面进行：防盗止动系统故障的分析方法、防盗止动系统认证检查、点火开关的检查、接收器线圈的检查，防盗钥匙的检查。

知识点 15　无钥匙进入系统故障诊断

1）无钥匙进入系统故障分析。无钥匙进入系统是建立在中控锁系统和主动防盗系统基础之上实现驾驶员方便上下车的舒适性功能系统。通常无钥匙进入系统出现的故障现象是系统功能失效，即操纵门把手（或行李舱门开关）无法开锁。当系统出现故障时，首先要结合故障现象，根据系统工作原理，分析故障是出现在中控锁系统、防盗系统还是无钥匙进入系统。

2）无钥匙进入系统的诊断。当无钥匙进入系统失效时，使用智能遥控器的开锁按钮解锁，如果功能正常，则说明中控锁系统（额外电机的锁机构除外）、主动防盗系统、遥控系统正常，无线接收器正常，由此可以判断以上系统和部件是良好的，如果功能不正常，则须进一步使用机械钥匙操纵门锁机构。如果中控锁动作，说明中控锁系统正常，如果机械钥匙只能打开机械钥匙操作的车门，而中控锁系统不工作，说明中控锁系统此时也存在故障。通过以上的检查和分析，可以准确地判断出现故障的系统，根据判断和分析的结果，需要对故障系统及系统组成元件进行进一步的检查。

知识点 16　自适应巡航系统工作原理

汽车 ACC 系统的工作原理如图 3-3-13 所示，驾驶员起动 ACC 系统后，汽车在行驶过程中，安装在汽车前部的车距传感器根据发送信号与接收信号之间的频率差获取与前方车辆的距离，利用多普勒效应获取前方车辆的位置，根据信号发射角度获取前方车辆的位置，同时轮速传感器采集车速信号。如果主车前方没有车辆或与前方目标车辆距离很远且速度很快时，控制模式选择模块就会激活巡航控制模式，ACC 系统将根据驾驶员设定的车速和轮速传感器采集的本车速度自动调节节气门开度等，使得主车达到设定的车速并巡航行驶；如果目标车辆存在且离主车较近或速度很慢，控制模式选择模块就会激活跟随控制模式，ACC 系统将根据驾驶员设定的安全车距和轮速传感器采集的本车速度计算出期望车距，并与车距传感器采集的实际距离比较，自动调节制动压力和节气门开度等，使得汽车以一个安全车距稳定地跟随前方目标车辆行驶。同时，ACC 系统会把汽车目前的一些状态参数显示在人机界面上，方便驾驶员的判断，也装有紧急报警系统，在 ACC 系统无法避免碰撞时及时警告驾驶员并由驾驶员处理紧急状况。

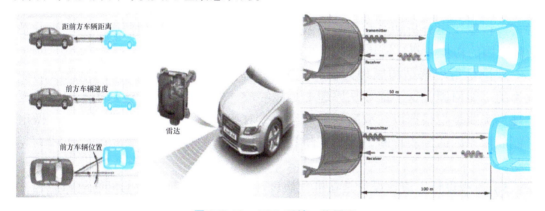

图 3-3-13　ACC 系统工作原理

知识点 17　驾驶辅助系统故障诊断流程

驾驶辅助系统故障诊断要遵循汽车故障诊断的基本流程，汽车故障诊断基本流程包括从故障症状确认、问诊试车（验证故障症状）、分析研究（分析结构原理）、推理假设（推出可能原因）、流程设计（提出诊断步骤）、测试确认（测试确认故障点）、修复验证（排除故障后验证）、最终原因确定。

1）故障症状确认。对于维修人员来说，准确确认故障现象是维修成功的基础，因为车主只能从车辆使用过程中的异常判断车辆出现了故障，而维修人员需要根据车主的描述以及自身观察准确确认故障症状。

2）问诊试车。问诊是通过对车主的询问了解汽车故障症状的过程，试车则是对汽车故障症状的实际验证并进一步确认故障症状的过程。

① 问诊。问诊是维修人员向车主询问汽车故障情况的过程，就像医生向就诊的病人询问病情一样。问诊应该是汽车故障诊断的第一步。问诊在汽车故障诊断中非常重要，把握好这个环节可以确定下一步故障诊断的方向甚至可以锁定故障范围。

② 试车。试车的目的在于再现车主所述的故障症状，以验证故障症状的真实性，同时试验故障症状再现时的特征、时间、地点、环境、条件、工况等客观状态，以便为进一步分析故障原因做准备。

试车再现故障症状后，维修人员应该反复体会和观察故障症状出现时，各种状况、工况、环境、条件等细微过程，并且认真记录下来，确认故障症状。试车是维修人员感受汽车故障症状的过程，对维修人员了解掌握故障症状特征具有非常重要的意义。

3）分析研究。分析研究是在问诊试车后根据故障症状，对汽车结构和原理进行深入地研究分析，目的在于分析故障生成的机理，故障产生的条件和特点，为下一步推出故障原因做准备。分析研究通常需要借助与汽车故障相关的基础材料，了解汽车正常运行的条件和规律，并且与故障状态进行对比分析。

4）推理假设。在了解汽车故障部位的结构原理、查找对比汽车技术资料后，通常可以根据逻辑分析和经验判断，做出对故障可能原因的推理假设。推理假设是对故障原因的初步判断，是基于理论和实践两个方面的。

理论是指根据结构原理知识和故障症状，从逻辑分析出发推出导致故障症状发生的可能原因，这个推导从原理上是能够成立的逻辑推理，这是基于理论的逻辑推理。实践是指根据以往故障诊断的经验，对相同或相似结构的类似故障，做出的可能故障原因的经验推断，这个推断具有类比判断的性质，这就是基于实践的经验推断。

5）流程设计。流程设计是在推理假设环节之后，根据假设的可能故障原因，设计出实际应用的故障诊断流程。设计时要先确定应检测的项目，再确定分辨汽车各大组成部分或总成故障的检测方法，然后确定汽车各个系统和装置工作性能好坏的检测方法，最后才是部件和线路的测试方法。这些测试方法的应用目的在于逐渐缩小故障怀疑范围，最终锁定故障点。

6）测试确认。测试确认是在故障诊断流程设计完成之后，按照流程设计的步骤通过测试的手段逐一测试各个项目。测试确认是在不解体或只拆卸少数零部件的前提下完成的对汽车整体性能、系统或总成性能、机电装置性能、管线路状态以及零部件性能的测试过程，它包含检测、试验、确认三个部分，这三个部分的内容是不一样的。检测主要指通过人工直观察看和设备仪器进行的检查和测量来完成的技术检查过程，试验主要指通过对系统的模拟实验和动态分析来完成的技术诊察过程。确认主要指通过对诊断流程的逻辑分析、对检测和试验结果的判断，最后确认故障发生部位。

7）**修复验证**。修复验证是在测试确认最小故障点发生部位后，对故障点进行的修复以及对修复后的结果进行验证。它分为 修复方法的确定 和 修复后的验证 两个部分。

8）**最终原因确定**。在对前面环节中找到的最小故障点进行修复验证后，故障现象可能消除了，但是这时不能认为故障诊断工作到此可以结束了，因为导致这个最小故障点发生故障的最终原因还没有认定，如果不继续追究下去，就此结束维修，让汽车出厂继续行驶，很有可能导致故障再次发生。对故障点的最终故障原因进行分析，找到其产生的内部原因和外部原因，彻底消除故障发生的根本原因，杜绝故障再次发生，这就是汽车故障诊断基本流程的最后一个环节。

三、练习题

（一）单选题

1. ACC 的目的是通过对车辆（　　）运动进行自动控制，以减轻驾驶员的劳动强度。

A. 横向　　　　B. 纵向　　　　C. 泊车　　　　D. 变道

2. 自适应巡航控制系统不能通过控制（　　）实现与前车保持适当距离的目的。

A. 发动机　　　B. 传动系统　　C. 制动器　　　D. 转向

3. 车间距是指（　　）。

A. 前车尾部与本车头部之间的距离

B. 前车尾部与本车尾部之间的距离

C. 前车头部与本车尾部之间的距离

D. 前车头部与本车头部之间的距离

4. 以下不属于倒车雷达结构组成的是（　　）。

A. 超声波传感器　B. 控制器　　　C. 蜂鸣器　　　D. 图像传感器

5. 自动紧急制动的简称为（　　）。

A. AEB　　　　B. EBA　　　　C. ESA　　　　D. LKA

6. 盲区监测的简称为（　　）。

A. LCW　　　　B. BSD　　　　C. FCW　　　　D. AVM

7. 激光雷达以激光作为载波，激光是光波段电磁辐射，波长比微波和毫米波（　　）。

A. 长　　　　　B. 短　　　　　C. 一样长　　　D. 以上均不对

8. 关于汽车多路传输技术的优点描述错误的是（　　）。

A. 简化布线 \ 降低成本

B. 控制模块之间通信更加简单和快捷

C. 因通信复杂使汽车的运行可靠性变差

D. 多路传输可以实现资源共享

9. CAN 总线网络传输的帧中用于接收单元向发送单元请求主动发送数据的帧为（　　）。

A. 数据帧　　　　B. 远程帧　　　　C. 过载帧　　　　D. 错误帧

10. 关于汽车 CAN 总线特点描述错误的是（　　）。

A. 高总线速度　　B. 高抗电磁干扰性

C. 高传输可靠性　D. 价格便宜

11. 关于汽车 ACC 系统说法错误的是（　　）。

A. 汽车 ACC 系统可以自动控制车速

B. ACC 系统工作过程中，驾驶员踩制动踏板，ACC 系统会终止巡航控制

C. ACC 系统工作过程中，驾驶员踩加速踏板，ACC 系统会终止巡航控制且不再起动

D. 汽车 ACC 系统可以减轻驾驶员的疲劳度

12. 汽车 ACC 系统起动车速一般大于（　　）。

A. 5km/h　　　　B. 10km/h　　　C. 15km/h　　　D. 25km/h

13. 安装车道偏离预警系统的乘用车，当车辆最迟报警线位于车道边界处外侧（　　）时，系统自动发出报警提醒驾驶员。

A. 0.3m　　　　B. 0.5m　　　　C. 0.8m　　　　D. 1m

14. 汽车 CAN 总线采用（　　）作为传输介质，是一种（　　）总线。

A. 双绞线，多主　　　　　　　B. 双绞线，单主多从

C. 单线，多主　　　　　　　　D. 单线，单主多从

15. 快速以太网（Fast Ethernet）的传输速率为（　　）。

A. 100Mbit/s　　B. 10Mbit/s　　C. 1Gbit/s　　　D. 10Gbit/s

16. 以太网的传输介质可以是双绞线、同轴电缆和光纤，其中数据传输速率最高的是（　　）。

A. 光纤　　　　　B. 同轴电缆　　C. 双绞线　　　D. 一样高

17. 汽车网络中大多采用（　　）拓扑结构的局域网。

A. 总线型　　　　B. 星形　　　　C. 环形　　　　D. 树形

18. 对于 LIN 总线故障描述错误的是（　　）。

A. 当 LIN 网络出现故障后相关的功能会失效

B. 从节点故障或支路断路不会影响主节点与其他节点的通信

C. LIN 网络没有容错功能

D. 从节点故障或支路断路会影响主节点与其他节点的通信

19. LIN 总线本身不能进行诊断，因此无法使用诊断仪等设备对其通过网络测试来进行故障诊断，但可以通过读取模块参数的方法来进行故障判断。LIN 网络总线的

常用诊断方法包括节点（　　）测量、总线电压测量、总线波形测量等。

　　A. 电流　　　　B. 电阻　　　　C. 电容　　　　D. 电荷

20. 传感器的输出量通常为（　　）。

　　A. 非电量信号　B. 电量信号　　C. 位移信号　　D. 光信号

21. 车道保持辅助（　　）系统属于智能驾驶辅助系统中的一种。它可以在车道偏离预警系统的基础上对制动的控制协调装置进行控制。如果车辆识别到接近标记线并可能脱离行驶车道，会通过（　　）的振动或者声音来提醒驾驶员注意。

　　A. 转向盘　　　B. 发动机　　　C. 车辆　　　　D. 轮胎

22. 疲劳驾驶预警系统（Biological Aerosol Warning System，英文缩写 BAWS）是利用驾驶员的（　　）、眼部信号、头部运动性等推断驾驶员的疲劳状态，并进行提示报警和采取相应措施的装置，是对行车安全给予主动智能的安全保障。

　　A. 面部特征　　B. 心理特征　　C. 生理特征　　D. 健康特征

23. 车道偏离预警（LDW）是一种通过报警的方式辅助驾驶员减少汽车因车道偏离而发生交通事故的系统。车道偏离预警系统由抬头显示、摄像头、图像处理芯片、控制器以及传感器等组成，当系统检测到汽车偏离车道时，传感器会及时收集车辆数据和驾驶员的操作状态，然后由（　　）发出警报信号。

　　A. 控制器　　　　　　　　　　B. 图像处理芯片
　　C. 发动机　　　　　　　　　　D. 传感器

24. 车道保持辅助系统的简称为（　　）。

　　A. LKA　　　　B. BSD　　　　C. FCW　　　　D. AVM

25. 车道居中控制的简称为（　　）。

　　A. LDW　　　　B. LCC　　　　C. FCW　　　　D. AVM

26. 目前，电子节气门已经大量应用，凡具备（　　）功能的车辆都配备有电子节气门。

　　A. 自动紧急制动　　　　　　　B. 定速巡航
　　C. 盲区监视　　　　　　　　　D. 抬头显示

27. 自适应巡航控制系统的英文缩写是（　　），又可称为智能巡航控制系统，它将汽车自动巡航控制系统（CCS）和车辆前向撞击报警（FCW）系统有机结合起来，自适应巡航控制不但具有自动巡航的全部功能，还可以通过车载雷达等传感器监测汽车前方的道路交通环境。

　　A. ACC　　　　B. FCW　　　　C. LDW　　　　D. AEB

28. 自适应巡航控制系统的英文缩写是 ACC，又可称为智能巡航控制系统，它将汽车自动巡航控制系统（CCS）和车辆前向撞击报警（FCW）系统有机结合起来，自适应巡航控制不但具有自动巡航的全部功能，还可以通过车载雷达等传感器监测（　　）的道路交通环境。

A. 汽车后方　　　B. 汽车前方　　　C. 汽车上方　　　D. 汽车下方

29. 自动泊车辅助系统的简称为（　　）。

A. EBD　　　　　B. APA　　　　　C. LDW　　　　　D. AEB

30. 前车防撞预警（FCW）是一种高级安全辅助系统，它通过（　　）系统时刻监测前方车辆，感应和计算行驶过程中车辆与前车的距离来判断潜在的碰撞风险，并发出警示。

A. 雷达　　　　　B. 红外线　　　　C. 紫外线　　　　D. 摄像头

31. 关于 AEB 工作条件的描述错误的是（　　）。

A. 车辆无其他相关功能信号故障

B. 驾驶员未踩下制动踏板或未打转向灯

C. 车辆行驶速度≥10km/h

D. 该功能处于开启状态

32. 关于 IMMO（发动机防盗锁止系统）中防盗系统的工作原理描述错误的是（　　）。

A. IMMO 通过识读线圈与钥匙中的射频芯片进行通信

B. 点火开关上的识读线圈会读取钥匙芯片的 ID 信息与车上防盗系统 ID 进行对比

C. IMMO 的作用是可以有效防止汽车在未被授予的情况下靠自身的动力被开走

D. IMMO 是锁止车辆的供电系统

33. CAN 控制器与物理总线间的接口是（　　）。

A. CAN 收发器　　　　　　　　B. 网控器

C. 网桥　　　　　　　　　　　D. 网关

34. 使用万用表测量实车上正在通信的 LIN 总线电压，以下选项正确的是（　　）。

A. 0V　　　　　B. 2.5V　　　　C. 9.5V　　　　D. 14.5V

35. 汽车 MOST 技术是指（　　）。

A. 无源光学星形网络　　　　　B. 多媒体定向传输系统

C. 线控技术　　　　　　　　　D. 多路传送系统

36. 若出现系统误动作，则从车载网络上考虑，故障可能是（　　）。

A. 节点故障　　　　　　　　　B. 链路故障

C 电源电路问题　　　　　　　D. 以上答案均不对

37. MOST 总线主要应用于汽车网络中的（　　）。

A. 动力、传动系统　　　　　　B. 车身系统

C. 娱乐及多媒体系统　　　　　D. 故障诊断系统

38. 汽车防盗装置的功能是（　　）。

A. 可以避免汽车在未被授权的情况下开走

B. 保护电路

C. 减小工作电流

D. 防止电路干扰

39. 点火开关接通时，防盗系统的识读线圈把能量用（　　）的方式传送给脉冲转发器。

A. 导线传输　　　B. 互感　　　C. 感应　　　D. 放电

40. 关于汽车故障诊断基本流程描述错误的是（　　）。

A. 不用问诊试车　B. 分析结构原理　C. 推理假设　D. 流程设计

（二）多选题

1. 关于超声波说法正确的是（　　）。

A. 频率大于 20kHz 的声波　　　B. 沿直线传播

C. 穿透力弱　　　　　　　　　D. 遇到障碍物会产生反射波

2. 下列关于车载以太网的描述错误的是（　　）。

A. 2010 年由博通、恩智浦以及宝马公司发起成立 OPEN 产业联盟

B. 以太网只可以采用星形连接

C. 以太网只可以采用总线型连接

D. 车载以太网的传输速率是 10Mbit/s

3. 激光雷达的重要测评参数包含（　　）。

A. 最大测距　　　　　　　B. 检测距离

C. 最佳分类测距　　　　　D. 激光的波长

4. 下列属于 ACC 主要设定参数的是（　　）。

A. 最高车速　　B. 最小距离　　C. 运行模式　　D. 最小离地间隙

5. CAN 总线网络传输的帧主要包括错误帧和（　　）。

A. 传输帧　　　B. 过载帧　　　C. 数据帧　　　D. 远程帧

6. 自适应巡航控制系统的主要功能是基于特定的信息控制车速与前方车辆运动状况相适应，这些信息包括（　　）。

A. 与前车间的距离　　　　B. 本车的运动状态

C. 驾驶员的操作指令　　　D. 相邻车道车辆距离

7. 以下对 CAN 总线描述正确的是（　　）。

A. 可连接节点多　　　　　B. 传输距离远

C. 可与计算机直接相连　　D. 抗干扰能力强

8. 如果防盗系统出现故障，可通过读取数据流的方式来确定（　　）。

A. 故障码　　　　　　　　B. 故障现象

C. 故障大致部位　　　　　D. 故障原因

9. 装配有自适应巡航的车辆，在（　　）时需要对雷达进行标定。

A.更换雷达感应器 B.更换轮胎
C.更换雷达传感器固定架 D.车辆底盘位置发生变动

10.汽车故障诊断基本流程包括（   ）。
A.验证故障症状 B.分析结构原理
C.推理假设、流程设计 D.测试确认、修复验证

（三）判断题

1.智能电源管理系统可以通过对蓄电池状态的监控和负载的管理，改善车辆的起动性能。（   ）

2.带转发器的汽车钥匙，是一种不需要电池驱动的感应和发射元件。（   ）

3.ACC电子控制单元根据驾驶员所设定的安全车距及车速，结合信息感知部分传送来的信息确定主车的实际行驶状态，决策出汽车的具体控制策略，并输出节气门开度和制动压力信号给执行单元。（   ）

4.CAN总线通信协议是目前汽车车载网络系统的主流标准之一。（   ）

5.汽车诊断通信协议是车载诊断终端通过诊断总线与网关和CAN总线进行通信的协议。（   ）

6.在CAN总线系统中两条线上的电压值是一个常数，当CAN-H线的电压值上升时，相应的CAN-L线的电压值就会下降。（   ）

7.LIN总线主控制单元连接在CAN数据总线上，在LIN数据总线系统的LIN控制单元与CAN总线之间起翻译作用。（   ）

8.在CAN网络系统内所有控制单元内安装的终端电阻都是一个固定阻值的电阻，阻值大概在120Ω。（   ）

9.车载网络系统的出现，减少了导线和传感器的数量，达到了信息资源共享的目的。（   ）

10.防盗控制单元通过识读线圈将能量感应后传送给钥匙中的脉冲转发器。（   ）

（四）简答题

1.简述CAN总线系统节点内微控制器、CAN控制器、CAN收发器及光耦的功能。

2.简述汽车智能电源管理系统的功能。

3.简述汽车防盗止动系统基本工作原理。

4.简述汽车自适应巡航控制系统的基本工作原理。

5.简述何为汽车车载网络、多路传输、并行数据传输、串行数据传输。

（五）论述题

1.分析车辆自适应巡航系统失灵的可能原因和标定时的注意事项。

2.分析无钥匙进入系统失灵的故障原因和检测方法。

四、参考答案及解析

（一）单选题

1. B

解析：本题主要考核的是自适应巡航基本原理知识。汽车 ACC 系统的工作原理是，驾驶员起动 ACC 系统后，汽车在行驶过程中，安装在汽车前部的车距传感器根据发送信号与接收信号之间的频率差获取与前方车辆的距离，利用多普勒效应获取前方车辆的位置，根据信号发射角度获取前方车辆的位置，同时轮速传感器采集车速信号。如果主车前方没有车辆或与前方目标车辆距离很远且速度很快时，控制模式选择模块就会激活巡航控制模式，ACC 系统将根据驾驶员设定的车速和轮速传感器采集的本车速度自动调节节气门开度等，使得主车达到设定的车速并巡航行驶；如果目标车辆存在且离主车较近或速度很慢，控制模式选择模块就会激活跟随控制模式，ACC 系统将根据驾驶员设定的安全车距和轮速传感器采集的本车速度计算出期望车距，并与车距传感器采集的实际距离比较，自动调节制动压力和节气门开度等，使得汽车以一个安全车距稳定地跟随前方目标车辆行驶。

2. D

解析：本题主要考核的是自适应巡航知识。ACC 起着定速巡航装置的作用，可以将车速持续保持在设定的水平。如果接近前车，则自适应巡航控制系统自动制动到与前车车速相同，然后保持设定的距离。一旦识别到前方没有行驶中的汽车，自适应巡航控制系统便加速到设定的速度。

3. A

解析：本题主要考核的是自适应巡航信息感知部分知识。信息感知部分的作用是向电子控制单元（ECU）提供 ACC 所需要的各种信息，主要由控制开关、测距传感器、车速传感器、转向角传感器、节气门位置传感器、制动踏板传感器、档位信息等组成。控制开关用于起动系统和目标车距设定；测距传感器用来获取主车与前方目标车辆之间（前车尾部与本车头部之间）的距离信号，一般使用激光雷达或毫米波雷达，也有使用视频传感器的；车速传感器用于获取实时车速信号，一般使用霍尔式转速传感器；转向角传感器用于获取汽车转向信号；节气门位置传感器用于获取节气门开度信号；制动踏板传感器用于获取制动踏板动作信号。

4. D

解析：本题主要考核的是驻车辅助系统基础知识。倒车雷达由以下几个部分组成：超声波传感器（俗称探头）、控制器、显示器（或蜂鸣器）等。

5. A

解析：本题主要考核自动紧急制动系统基础知识。自动紧急制动（Advanced/Automatic Emergency Braking，AEB）系统能够实时监测车辆前方行驶环境，并在可能发生碰撞时自动起动车辆制动系统使车辆减速，以避免碰撞或减轻碰撞损坏。

6. B

解析：本题主要考核的是盲区监测系统基础知识。盲区监测（Blind Spot Detection，BSD）系统也称汽车并线辅助（Lane Change Assist，LCA）系统，是汽车上驾驶员辅助系统的一项安全配置。它通过超声波、摄像头、探测雷达等车载传感器对相邻车道进行监测，消除驾驶员视线盲区，当监测到有来车靠近时，探测传感器将信号传输到控制单元上，由控制器经过处理后转化为光信号传输到后视镜，点亮盲区灯进行预警，提高行车安全。

7. B

解析：本题主要考核的是激光雷达与其他电磁波的区别。无论是光还是狭义的电波，其广义上都是电磁波，传播速度都是光速，只是频率存在差异。按频率由低到高排序依次为：无线电、微波、红外线、可见光、紫外线、X射线、γ射线。

8. C

解析：本题主要考核的是多路传输的基础知识。随着汽车电子装置和控制单元的不断增多，利用数据总线构建车载网络系统，实现多路传输已经成为必然趋势。在汽车上采用多路传输技术，从信息共享角度分析，车载的多种电控系统为满足其相互之间通信的实时性要求，有必要对公共数据实行共享。在采用了多路传输技术的车辆中，各个控制模块之间建立了网络，实现了信息共享通道。只要CKP的信号输送给了PCM，PCM就可以将此信号共享至任何需要的模块。由此可知，多路传输技术有以下优点：简化布线，降低成本；控制模块之间通信更加简单和快捷；减少传感器数量，实现资源共享；提高汽车运行可靠性。

9. B

解析：本题主要考核的是CAN总线数据传输原理。远程帧是接收单元向发送单元请求发送数据所用的帧，如图3-3-14所示为远程帧的构成，它由6个区组成，分别为：帧起始：表示帧开始的区；仲裁区：表示该帧优先级的区，可请求具有相同ID的数据帧；控制区：表示数据的字节数及保留位的区；CRC区：检查帧的传输错误的区；ACK区：表示确认正常接收的区；帧结束：表示远程帧结束的区。

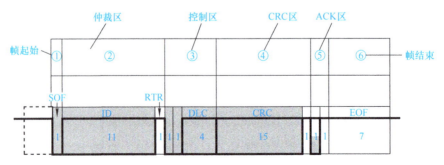

图3-3-14 远程帧的构成

10. D

解析：本题主要考核的是CAN总线基础知识。CAN总线的优点是减少了线束的数量和线束的容积，提高了电子系统的可靠性和可维护性；采用通用传感器，达到数据共享的目的；改善了系统的灵活性，即通过系统的软件可以实现系统功能的变化。

11. C

解析：本题主要考核的是自适应巡航基础知识。自适应巡航控制系统也被称为主动巡航系统，英文缩写ACC（Adaptive Cruise Control），是一种智能化的自动控制系统，它是由早已存在的定速巡航（CCS）控制技术发展而来的。在汽车行驶过程中，通过安装在汽车前部的车距传感器持续扫描汽车前方道路，同时轮速传感器采集车速信号；当前汽车与前方车辆之间的距离小于或大于安全车距时，ACC控制单元通过与制动系统、发动机控制系统协调动作，改变制动力矩和发动机输出功率，对汽车行驶速度进行控制，以使主车与前方车辆始终保持安全车距行驶，避免追尾事故发生，同时提高通行效率。

12. D

解析：本题主要考核的是自适应巡航基础知识。自适应巡航控制系统一般在车速大于25km/h时才会起作用，而当车速降低到25km/h以下时，就需要驾驶员进行人工控制。

13. A

解析：本题主要考核的是车道偏离预警基础知识。车道偏离预警系统是通过前向摄像头采集并识别行车道路线，计算自车与左右车道线距离，实时分析车辆位置是否在车道线内和距离车道线的偏移程度。当车辆最迟报警线位于车道边界处外侧0.3m时，系统自动发出报警提醒驾驶员，所以答案选A。

14. A

解析：本题主要考核的是CAN总线系统特点。CAN主要负责车辆内的数据交换，即各控制模块之间的信息共享。CAN网络的数据传输具有如下基本特点：总线访问采用基于优先权的多主方式；非破坏性的基于线路竞争的仲裁机制；利用接收滤波对帧实现了多点传送；支持远程数据请求；配置灵活；容错特性；双绞线总线结构。

15. A

解析：本题主要考核的是以太网基础知识。快速以太网（Fast Ethernet）的数据传输速率为100Mbit/s。Fast Ethernet保留着传统的10Mbit/s速率Ethernet的所有特征，即相同的帧格式、相同的介质访问控制方法中的CSMA/CD、相同的接口与相同的组网方法，而只是把Ethernet每个比特发送时间由100ns降低到10ns，故传输速率增大10倍。

16. A

解析：本题主要考核的是以太网的基础知识。以太网的传输介质可以是双绞线、同轴电缆和光纤，其中双绞线和同轴电缆传输数据时使用的是电信号，而光纤传输数据时使用的是光信号。光纤支持的传输速率包括10Mbit/s、100Mbit/s、1Gbit/s、10Gbit/s，甚至更高。所以答案为光纤。

17. A

解析：本题主要考核的是车载网络结构知识。根据网络的结构，常见的车载网络系统局域网主要有总线型网络、环形网络与星形网络三大类。总线型网络通常采用单线或双线作为传输媒介，所有的电子控制单元（通常又称为节点或站点）都通过相应的硬件接口直接连接到传输媒介（或称总线）上。总线型网络中的任何一个节点发送的信息，都可以沿着总线传输，总线上其他任何一个节点几乎同时收到，它的传输方向是从发送节点向两端扩散传送，是一种辐射式结构。由于总线型网络的结构简单、电缆长度要求最短、造价低廉且便于维护，节点接入灵活，如果某个节点失效不会影响其他节点的工作，所以汽车网络中大多采用总线型拓扑结构的局域网。

18. D

解析：本题主要考核的是LIN网络诊断。LIN网络因为没有容错功能，所以当LIN网络出现故障后相关的功能会失效。但如果是从节点故障或支路断路，则不会影响主节点与其他节点的通信。一般而言，引起LIN网络故障的原因有节点的供电或搭铁故障，节点本身硬件故障，总线短路或断路故障。

19. B

解析：本题主要考核的是LIN网络诊断。LIN总线本身不能进行诊断，因此无法使用诊断仪等设备对其通过网络测试来进行故障诊断，但可以通过读取模块参数的方法来进行故障判断。LIN网络总线的常用诊断方法包括节点电阻测量、总线电压测量、总线波形测量等。

20. B

解析：本题主要考核的是传感器输入信号知识。传感器是将非电学量转换为电学量的元件，传感器的输出量通常为电量信号，所以选B。

21. A

解析：本题主要考核的是驾驶辅助系统基础知识。车道保持辅助转向盘系统属于智能驾驶辅助系统中的一种。它可以在车道偏离预警系统的基础上对制动的控制协调装置进行控制。如果车辆识别到接近标记线并可能脱离行驶车道，会通过转向盘的振动或者声音来提醒驾驶员注意。

22. A

解析：本题主要考核的是驾驶辅助系统基础知识。疲劳驾驶预警系统（Biological

Aerosol Warning System，英文缩写 BAWS）是利用驾驶员的面部特征、眼部信号、头部运动性等推断驾驶员的疲劳状态，并进行提示报警和采取相应措施的装置，是对行车安全给予主动智能的安全保障。

23. A

解析：本题主要考核的是驾驶辅助系统基础知识。车道偏离预警（LDW）是一种通过报警的方式辅助驾驶员减少汽车因车道偏离而发生交通事故的系统。车道偏离预警系统由抬头显示、摄像头、图像处理芯片、控制器以及传感器等组成，当系统检测到汽车偏离车道时，传感器会及时收集车辆数据和驾驶员的操作状态，然后由控制器发出警报信号。

24. A

解析：本题主要考核的是驾驶辅助系统基础知识。车道保持辅助（Lane Keeping Assist，LKA）系统是一种能够主动检测汽车行驶时的横向偏移量，并对转向和制动系统进行协调控制的系统。该系统是在车道偏离预警系统的基础上发展起来的，能够实现主动对车道偏离现象进行纠正，帮助驾驶员将车辆保持在预定的车道上行驶，从而减轻驾驶员的负担，减少交通事故的发生。

25. B

解析：本题主要考核的是驾驶辅助系统基础知识。车道居中控制（LCC）是一项舒适性的辅助驾驶功能，激活车道居中辅助（LCC）后，系统可以辅助驾驶员控制转向盘，持续将车辆居中在当前车道内。车道居中辅助（LCC）启用时，驾驶员仍需始终保持手握转向盘并在必要时接管转向盘。车道居中辅助（LCC）适用于高速公路且具有清晰车道线的干燥道路工况，在城市街道上切勿使用车道居中辅助（LCC）。

26. B

解析：本题主要考核的是驾驶辅助系统与发动机管理系统的关系。定速巡航系统（Cruise Control System，CCS），具有使车辆保持所设定的速度自动向前行驶的辅助驾驶功能。其原理是通过发动机 ECU 收集车速信息后与设定车速进行比对，再通过电信号的形式对节气门进行控制，所有有定速巡航的车辆必须装配电子节气门。

27. A

解析：本题主要考核的是驾驶辅助系统知识。自适应巡航控制系统的英文缩写是 ACC，又可称为智能巡航控制系统，它将汽车自动巡航控制系统（CCS）和车辆前向撞击报警（FCW）系统有机结合起来，自适应巡航控制不但具有自动巡航的全部功能，还可以通过车载雷达等传感器监测汽车前方的道路交通环境。

28. B

解析：本题主要考核的是 ACC 控制逻辑。自适应巡航控制系统的英文缩写是 ACC，又可称为智能巡航控制系统，它将汽车自动巡航控制系统（CCS）和车辆前向撞击报警（FCW）系统有机结合起来，自适应巡航控制不但具有自动巡航的全部功能，还可以通过车载雷达等传感器监测汽车前方的道路交通环境。

29. B

解析：本题主要考核的是驾驶辅助系统基础知识。自动泊车辅助系统（Auto Parking Assist，APA）是利用车载传感器（一般为超声波雷达或摄像头）在探测和评估车辆周围环境方面为驾驶员提供支持，并在倒车入位时自动调节转向操控。相比于传统的倒车辅助功能，如倒车影像以及倒车雷达，自动泊车辅助系统的功能智能化程度更高，有效地减轻了驾驶员的倒车困难。

30. A

解析：本题主要考核的是驾驶辅助系统基础知识。前车防撞预警（FCW）是一种高级安全辅助系统，它通过雷达系统时刻监测前方车辆，感应和计算行驶过程中车辆与前车的距离来判断潜在的碰撞风险，并发出警示。

31. C

解析：本题主要考核的是驾驶辅助系统基础知识。AEB 基本原理是通过雷达、摄像头、激光雷达等传感器检测道路上的车辆、摩托车、行人、自行车，根据碰撞时间的计算来判断是否进行报警或者制动，来提醒驾驶员制动，或者主动制动来避免或减轻碰撞。该功能工作车速为 4～70km/h。

32. D

解析：本题主要考核的是汽车防盗系统。IMMO（发动机防盗锁止系统）通过识读线圈与钥匙中的射频芯片进行通信，验证此钥匙是否为匹配过的合法钥匙。点火开关上的识读线圈会读取钥匙芯片的 ID 信息，只有与车上防盗系统 ID 是一致的，才是合法钥匙，才能解除防盗，允许发动机起动，否则会锁定，即使打开点火钥匙开关，发动机也无法起动。

33. A

解析：本题主要考核的是 CAN 总线结构知识。CAN 网络系统由一个控制器，一个收发器，两个数据总线终端电阻和两根数据总线导线组成。CAN 控制器：从控制单元的微处理器中获得应发送的数据。CAN 控制器把数据准备好并继续传输给 CAN 收发器。反过来，CAN 控制器也从 CAN 收发器获得数据、把数据准备好并继续传输给控制单元的微处理器。CAN 收发器：这是一个发送器和接收器。CAN 收发器把来自 CAN 控制器的数据转换为电信号并把这些电信号发送到数据总线导线中。反过来，CAN 收发器也接收数据并为 CAN 控制器转换这些数据。数据总线终端电阻：终端电阻用于防止所发送的数据从终端以回波形式返回，及防止数据失真。终端电阻是一个电阻器，每个电阻值为 120Ω，其作用是防止信号在传输过程中因回波反射造成对信号的叠加，从而使信号失真，影响数据的正常传输。数据总线导线：为了防止外界电磁波干扰和向外辐射，CAN 总线采用两条线缠绕在一起的双绞线；

两条线上的电位是相反的，如果一条线的电压是5V，另一条线就是0V，两条线的电压总和等于常值。因此，CAN总线得到保护而免受外界电磁场干扰，同时CAN总线向外辐射也保持中性，即无辐射。

34. C

解析：本题主要考核的是LIN总线诊断。在正常电源电压和正常通信下，LIN总线上的平均电压大约为7~9V。通过测量LIN总线的电压，可以作为判断LIN网络是否工作的依据。在测量LIN总线工作电压时，使用万用表的直流电压档，测量结果约为7~9V（存在小范围的波动）。

35. B

解析：本题主要考核的是MOST基础知识。MOST（Media Oriented Systems Transport）是多媒体定向传输系统。该系统将符合地址的信息传送到某一接收器上，在这一点上，与CAN数据总线是不同的。通过采用MOST总线，不仅可以减小连接各部件的线束的质量，降低噪声，而且可以减轻系统开发技术人员的负担，最终在用户处实现各种设备的集中控制。

36. A

解析：本题主要考核的是CAN网络的故障诊断。CAN网络的故障，包括网络部分失效和整体失效。即CAN网络的故障可能表现为部分控制模块无法与其他模块进行通信，或者任一模块之间均失去通信，当节点出现故障时可能会导致系统误动作。所以该题选A。

37. C

解析：本题主要考核的是MOST网络的应用。MOST总线可连接汽车音响系统、视频导航系统、车载电视、高保真音频放大器、车载电话、多碟CD播放器等模块，其数据传输速率最高可达150Mbit/s，而且没有电磁干扰。因此，目前高端汽车上大多采用MOST总线连接其车载影音娱乐系统。所以该题选C。

38. A

解析：本题主要考核的是防盗系统的基础知识。防盗止动系统也称之为发动机防盗锁止系统（IMMO），是通过控制车辆起动，实现防止车辆被盗的系统。只有将已经编程的IMMO钥匙放置在点火开关上，才可以起动发动机。

39. C

解析：本题主要考核的是防盗系统工作原理。大多数汽车防盗止动系统芯片的识别，其工作原理基本都是一样的，在打开点火开关时，收发器通过环形线圈将交流射频信号发送给应答器线圈，应答器产生交流感应电压，通过内部电路转换成直流电压为电容充电，同时依靠此电能驱动芯片电路工作，将认证编码转换成交流电压脉冲信号通过环形天线发送给收发器，收发器将此编码转换成数字信息传送给防盗控制单元，防盗控制单元产生一个随机数，随同应答器与防盗系统最后一次通信所存储的值一起进行编码。这个数据编码通过收发器传送给应答器，应答器对这个编码进行解码，还原出随机数通过收发器返还给防盗控制单元，防盗系统将产生的随机数与应答器传递回来的计算结果进行比较，如果二者一致，则钥匙认证通过，发动机控制单元允许发动机起动。如果二者不一致，则认证不通过，发动机控制单元将不允许发动机起动。

40. A

解析：本题主要考核的是故障诊断基本逻辑。汽车故障诊断基本流程包括故障症状确认、问诊试车（验证故障症状）、分析研究（分析结构原理）、推理假设（推出可能原因）、流程设计（提出诊断步骤）、测试确认（测试确认故障点）、修复验证（排除故障后验证）、最终原因确定。

（二）多选题

1. ABC

解析：本题主要考核的是超声波传感器的工作原理知识。当有 40kHz 的脉冲电信号从超声波传感器的两端子输入时，通过激励换能器处理以后，将其转换成机械振动的能量，其振动频率约在 20kHz 以上，由此形成超声波。该信号经锥形"辐口"处将超声波信号向外部空间发射出去。当发射出去的超声波信号遇到障碍物以后，立即被反射回来。接收器接收到反射回来的超声波信号后，通过其内部转换，将超声波变成微弱的电振荡，并将信号进行放大，从而得到所要的控制信号。利用该信号，可以控制各种报警、测量、自控电路。

2. ABC

解析：本题主要考核的是以太网基础知识。2011 年，博通为了将其在网络通信领域的优势拓展到汽车行业，开发出了汽车用的以太网芯片和整体解决方案：一是通过 BroadR-Reach 技术成功解决了车规要求的 EMC 问题，二是革命性地提出单对非屏蔽双绞线方案，将传统线束重量减轻 30%。随后，飞思卡尔、哈曼、宝马等一众汽车业界巨头也看到这个机会，于是组成了一个 OPEN Alliance 联盟，推广车载以太网技术标准。以太网组网非常灵活和简便，可使用多种物理介质，以不同拓扑结构组网，并且在轻载情况下具有较高的网络传输效率。

3. ABC

4. ABC

解析：本题主要考核的是 ACC 功能操作。ACC 主要有三个参数，车速、距离和运行模式。如果"前面没车"，那么可以使用驾驶员设定的期望车速来行车，这与定速巡航功能相当，如果配合车道保持 LKA 系统，可以做到沿当前车道一直行驶。如果前车很慢而导致本车不可能用期望车速来行驶，那么 ACC 可以使两车保持驾驶员设定的期望车距。在需要时，车辆会自动制动或变速，以保持设置的车速或距离。

5. BCD

解析：本题主要考核的是CAN数据结构知识。CAN网络总线上所传输的数据，包括数据帧：用于将数据传输到其他节点；远程帧：用于从其他节点请求数据；错误帧：用于错误的信号通知；过载帧：用于增加后继帧的等待时间；帧间隔：用于将数据帧及远程帧与前面的帧分离开来。

6. ABC

7. ABD

解析：本题主要考核的是CAN总线基础知识。CAN总线访问采用基于优先权的多主方式，单条CAN总线最多可以有110个节点。CAN总线通信最大的优点便是传输距离非常远，高达10km。CAN网络采用双绞线作为数据总线，以增加总线的抗干扰能力。

8. BC

9. ACD

解析：本题主要考核的是自适应巡航校准。装配有自适应巡航的车辆，当车辆底盘位置发生变动，更换雷达感应器、雷达传感器固定架，车辆前部损坏（例如在对撞事故发生后）等情况发生时，需要对自适应雷达进行标定。

10. ABCD

(三) 判断题

1. √

2. √

解析：本题主要考核的是汽车防盗钥匙信息传递原理。防盗系统结构中带转发器的汽车钥匙，在其内部装有一个脉冲转发器，它是一种不需要电池驱动的感应和发射元件。

3. √

解析：本题主要考核的是ACC控制原理。电子控制单元根据驾驶员所设定的安全车距及车速，结合信息感知部分传送来的信息确定主车的实际行驶状态，决策出汽车的具体控制策略，并输出节气门开度和制动压力信号给执行单元。

4. √

5. √

6. √

7. √

解析：本题主要考核的是LIN网络基础知识。LIN为单主多从结构，主从节点之间通过数字信号传输信息。为了实现LIN网络的信号传输功能，主节点和从节点必须按照特定的协议规范设计其硬件结构，并按照协议发送和接收数字信号。LIN总线主控制单元连接在CAN数据总线上，在LIN数据总线系统的LIN控制单元与

CAN总线之间起翻译作用。

8. √

解析：本题主要考核的是CAN故障诊断知识。终端电阻用于防止所发送的数据从终端以回波形式返回，并防止数据失真。例如：发动机控制单元会在CAN驱动数据总线的CAN-H线和CAN-L线之间形成66Ω的电阻。所有其他控制单元中的每个电阻均可在数据总线上产生2.6kΩ的阻值。根据连接的控制单元数量，所有控制单元形成的总电阻为53～66Ω。

9. √

解析：本题主要考核的是多路传输知识。在汽车上采用多路传输技术，从信息共享角度分析，车载的多种电控系统为满足其相互之间通信的实时性要求，有必要对公共数据实行共享。在采用了多路传输技术的车辆中，各个控制模块之间建立了网络，实现了信息共享通道。多路传输技术有以下优点：简化布线，降低成本；控制模块之间通信更加简单和快捷；减少传感器数量，实现资源共享；提高汽车运行可靠性。

10. √

解析：本题主要考核的是防盗系统能力转换过程。在打开点火开关时，收发器通过环形线圈将交流射频信号发送给应答器线圈，应答器产生交流感应电压，通过内部电路转换成直流电压为电容充电，同时依靠此电能驱动芯片电路工作，将认证编码转换成交流电压脉冲信号通过环形天线发送给收发器，收发器将此编码转换成数字信息传送给防盗控制单元，防盗控制单元产生一个随机数，随同应答器与防盗系统最后一次通信所存储的值一起进行编码。

（四）简答题

1. 答：

微控制器：负责CAN控制器的初始化，通过控制CAN控制器实现数据的接收和发送等通信任务。

CAN控制器：对外它提供与微控制器的物理线路接口，通过微控制器对它编程，控制它的工作状态，进行数据的发送与接收，把应用层建立在它的基础之上。

CAN收发器：是CAN控制器与物理总线间的接口，提供对总线的差动发送和接收功能。

光耦：连接于CAN控制器与收发器之间，主要是为了实现总线上各CAN节点间的电气隔离，增强CAN节点的抗干扰能力。

2. 答：

智能电源管理系统的功能主要包含蓄电池的充电状态监控、蓄电池充电电压监控、输出电流和蓄电池温度监控。当整车在极端的用电工况下，智能电源管理系统可以对使用的电气设备进行限制或切断供电，同时调整发电机的电压，使其保持最优的输出电压。

3. 答：

当打开点火开关时，收发器通过环形线圈将交流射频信号发送给应答器线圈，应答器产生交流感应电压，通过内部电路转换成直流电压为电容充电，同时依靠此电能驱动芯片电路工作，将认证编码转换成交流电压脉冲信号通过环形天线发送给收发器，收发器将此编码转换成数字信息传送给防盗控制单元，防盗控制单元产生一个随机数，随同应答器与防盗系统最后一次通信所存储的值一起进行编码。这个数据编码通过收发器传送给应答器，应答器对这个编码进行解码，还原出随机数通过收发器返还给防盗控制单元，防盗系统将产生的随机数与应答器传递回来的计算结果比较，如果二者一致，则钥匙认证通过，发动机控制单元允许发动机起动，如果二者不一致，发动机控制单元不允许发动机起动。

4. 答：

自适应巡航控制系统也被称为主动巡航系统，英文缩写 ACC，是一种智能化的自动控制系统，它由早已存在的定速巡航（CCS）控制技术发展而来。在汽车行驶过程中，通过安装在汽车前部的车距传感器持续扫描汽车前方道路，同时轮速传感器采集车速信号；当前汽车与前方车辆之间的距离小于或大于安全车距时，ACC 控制单元通过与制动系统、发动机控制系统协调动作，改变制动力矩和发动机输出功率，对汽车行驶速度进行控制，以使主车与前方车辆始终保持安全车距行驶，避免追尾事故发生，同时提高通行效率。

5. 答：

汽车上的多个控制模块相互连接、协调工作并共享信息，构成了汽车车载网络系统。车载网络系统采用一组数据线实现多节点之间的多个信号传输，这种技术称为多路传输。在数据传输技术中，有两种基本的数据传输方法，分别为并行数据传输和串行数据传输。

并行数据传输技术是指数据以成组的方式，在多条并行信道上同时进行传输。

串行数据传输是指通信双方按位进行，遵守时序的一种通信方式。

（五）论述题

1. 答：

1）自适应巡航系统失灵故障原因：

① 自适应模块的螺钉松动，或者自适应模块前面有污渍或异物。

② 自适应巡航系统存储系统未校准故障码。

③ 四轮定位进行了调整。

④ 自适应巡航传感器拆装或更换。

⑤ 自适应巡航传感器固定支架拆装或更换。

⑥ 车辆前部拆装或损坏。

当出现以上情况时,需要对自适应巡航系统进行标定。

2)自适应巡航系统标定注意事项:

① 自适应巡航系统校准必须在车辆四轮定位参数调整正确的情况下才能进行。

② 车辆悬架及转向系统状态正常、无损坏;同一车轴轮胎花纹深度相差不超过2mm。

③ 车辆处于整备质量状态(轮胎气压符合规定,车辆空载,油液、风窗清洗液、冷却液、制动液必须加满,备胎及随车工具安装到位)。

2. 答:

无钥匙进入系统失灵的可能原因:

1)智能钥匙电池电量不足,可以使用万用表对智能钥匙电池进行电压检测。

2)在车辆停放的区域内有高频无线电信号干扰,通过改变车辆停放区域,可以判断是否有高频无线电信号干扰无钥匙进入功能。

3)智能钥匙与控制单元匹配问题,利用诊断仪对智能钥匙进行重新匹配。

4)门把手触摸传感器故障,检查传感器供电、搭铁、线路。

5)智能钥匙起动授权天线故障,可以将智能钥匙放在车辆内部,靠近要检查的智能天线,关闭车门,使用另一把智能钥匙,在车外执行无钥匙锁闭功能,如果无钥匙锁闭功能失效,说明车辆内部天线正常,因为内部天线发出了寻找信号,并检测到钥匙在车内,车辆无法闭锁,如果无钥匙闭锁功能工作,说明内部天线故障。

6)智能钥匙自身故障,可以通过两把智能钥匙实验的方法,来判断是否是智能钥匙本身故障。

7)无钥匙进入控制单元故障,以上原因都排除后,最后需要对无钥匙系统控制单元进行检查,检查控制单元的供电、搭铁、总线传输,如都正常,则更换控制单元。

模块四 电力驱动及电池系统故障诊断与排除

一、考核范围

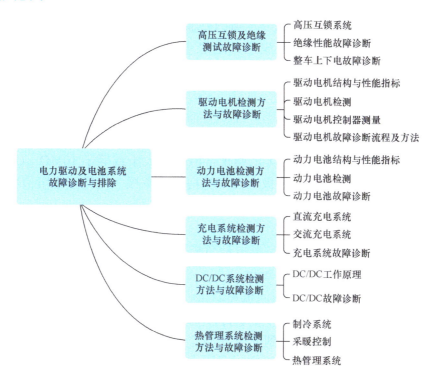

二、考核要点详解

知识点 1 高压互锁系统

1）**高压互锁**：是指通过使用低压信号来检查电动汽车上所有与高压母线相连的各分路。

2）**高压互锁系统构成**：整车高压互锁一般由整车控制模块（VCU）、车载充电机、电源管理系统（BMS）三部分完成检测。

3）**高压互锁系统工作原理**：电池内部环路互锁通常是由 BMS 单独检测，通过 CAN 发送信号至整车网络，由 VCU 根据故障等级进行相应操作。外部高压插件环路互锁由 VCU 检测，并根据故障等级进行相应操作。

4）**互锁电路测量**：高压互锁电路由监测模块触发一个直流模拟电压，也可能是一个波形，用一条线路连接所有需要监测的高压插接器，最后回到监测模块。模块监测线路的完整性，当出现断路时，模块认为高压电路也可能断路或虚接。针对某个模块测量高压互锁电路时，首先测量模块上低压插接器的两个端子之间是否导通，如果不导通，再测量高压插接器上两个互锁端子是否导通，如果不导通，说明高压线束故障，如果导通，说明模块本体内部电路故障。

知识点 2　绝缘性能故障诊断

绝缘性能要求：

1) 根据相关标准中对人体安全电流的要求（DC 10mA，AC 2mA）。GB 18384—2020《电动汽车安全要求》中规定，绝缘电阻最低要求：直流 100Ω/V，交流 500Ω/V。

2) 动力电池直流母线端子 1（正极）、端子 2（正极）与车身搭铁（负极）之间正常阻值应大于或等于 20MΩ；PTC 加热器端子 1（正极）、端子 2（正极）与车身搭铁（负极）之间正常阻值应大于或等于 20MΩ；AC 空调压缩机端子 1（正极）、端子 2（正极）与车身搭铁（负极）之间正常阻值应大于或等于 10MΩ；OBC 慢充充电器端子 1（正极）、端子 2（正极）与车身搭铁（负极）之间正常阻值应大于或等于 10MΩ。

绝缘性能技术要求：

1) 车辆整车下电后，将 12V 蓄电池负极断开，极柱与插接器保持一定安全距离，观察是否停止工作，并等待 5min。

2) 用万用表直流档分别测量直流母线正、负极之间，直流母线正、负极与车身搭铁之间的电压是否为零。检查可能影响高压配电系统的售后加装装置。

3) 检查易于接触或能够看到的系统部件（高压线束、高压接插件、电机控制器、分线盒、充电机、PTC 加热器等），以查明其是否有明显损坏或存在可能导致故障的情况。

4) 检查分线盒内部是否有水或者灰尘等异物；检查分线盒高压线束插接器是否松动，内部是否有锈蚀的迹象。

5) 对动力电池端正、负极和动力电池快充端正、负极进行绝缘性检测。

6) 对直流母线正、负极和快充线束端正、负极进行绝缘性检测。

7) 充电机正、负极（接动力电池）绝缘性检测。

8) 测量充电机侧接 PEU 控制模块、接 PTC 模块和压缩机控制单元、接交流插座的绝缘性能。

9) 测试 PEU 控制器的 U 相、V 相、W 相绝缘性。

知识点 3　整车上下电故障诊断

1) **上电策略：**动力电池上电控制，实际上由 BMS 控制模块根据整车控制模块（VCU）的要求控制正负极继电器的闭合，整车控制模块（VCU）自检完成且无故障，通过动力 CAN 总线发送信号给 BMS 进行高压电预充电，当 VCU 接收到预充电完成信号后，通过车身 CAN 总线向组合仪表发送车辆可行驶信号，组合仪表接收到信号并驱动"READY"指示灯点亮，告知驾驶员车辆处于可行驶状态。

2）下电策略：正常高压下电逻辑，钥匙关闭后，整车控制模块（VCU）发出指令：转矩清零、禁止 READY、禁止 DC/DC 输出、关闭空调等，同时命令 BMS 断开主正主负继电器，下电完成。

3）高压下电还包括以下几种情况：故障下电逻辑、充电下电逻辑、碰撞下电逻辑。

知识点 4 驱动电机结构与性能指标

1）驱动电机组成包括三相定子绕组、永磁转子、轴承、外壳冷却液道、电机温度传感器等部件。

2）驱动电机的性能参数包括额定电压、额定功率、峰值功率、额定转矩、峰值转矩、额定转速、峰值转速等。

知识点 5 驱动电机检测

1）用万用表测量三相线束 U-V、V-W、U-W 线直流电阻，相电阻正常情况下标准电阻值为 11.786~13.027MΩ；将高压绝缘检测仪的档位调至 1000V，分别用高压绝缘检测仪测量三相线束插接器三个端子与电机壳体之间的电阻，绝缘电阻正常情况下的标准电阻值应大于或等于 20MΩ。

2）关闭点火开关取下旋变传感器插头，使用万用表测量正弦线圈阻值，正常数值应为 13.5Ω±1.5Ω，余弦线圈阻值正常数值应为 14.5Ω±1.5Ω，励磁线圈阻值正常数值应为 9.5Ω±1.5Ω。

3）电动机内部的温度传感器采用的是负温度系数热敏电阻式传感器，该传感器随温度的升高其阻值会降低，用万用表的电阻档测量电动机温度传感器：-40℃时，正常电阻阻值约为 241Ω±20Ω；20℃时，正常电阻阻值约为 13.6Ω±0.8Ω；85℃时，正常电阻阻值约为 1.6Ω±0.1Ω。

4）驱动电机拆装注意事项：①电机装车后，请不要触摸电机的高压连接端。②电机壳体通过专用搭铁线搭铁，搭铁线缆截面积应不小于 U、V、W 三相高压线截面积的 0.5 倍，应确保搭铁良好。③电机为高压用电器件，维护保养时必须断电操作。④切断电源后，驱动器内仍有电压，请勿立即触摸内部电路及零件，需等待 5min；在进行高压连接插头拆装前，务必用万用表检测高压端子是否仍然有残余电压。⑤电机金属壳体在使用后温度可能较高，请勿停机后直接用手触摸，以免烫伤。⑥电机在拆装过程中，请注意三相线以及低压信号线不要被划伤；如果要拆开电机低压接线，需要首先把插头外面的机械防护拆除，不可用力拖拽电机一端的低压信号线。

知识点 6 驱动电机控制器测量

1）电机控制器是一个既能将动力电池中的直流电转换为交流电以驱动电机，也能将车轮旋转的动能转换为电能给动力电池充电的设备。

2）电机控制器总成包括顶盖组件（含密封圈和高压互锁接插件）、逆变器端壳体组件、转换器端壳体组件、水冷板、逆变器组件、DC/DC变换器组件、输入滤波组件、排线等。

3）使用绝缘电阻测试仪检测，档位选择500V，分别测量电机控制器T+、T-、U、V、W端子与电机控制器外壳之间的绝缘电阻值，测量结果应在2.5MΩ以上。

4）测量DC/DC输出端电压，正常值应为13.5V。要求DC/DC输出的电压可调，范围为10～16V。

5）控制器拆装注意事项：①电机为高压用电器件，维护保养时必须断电操作。②切断电源后，驱动器内仍有电压，请勿立即触摸内部电路及零件，需等待5min；在进行高压连接插头拆装前，务必用万用表检测高压端子是否仍然有残余电压。③脱开水管时要注意放置接住防冻液容器，以免烫伤。④控制器上盖紧固时，应采用对角紧固法。

知识点 7　驱动电机故障诊断流程及方法

1）如电机出现超速故障，需检查旋变传感器电阻和相关线路，更换驱动电机。

2）如定子温度的最大值超过阈值，需检查温度传感器阻值、传感器线路。

3）驱动电机常见故障的诊断一般通过车辆使用情况，并结合仪表指示的故障灯初步判断故障范围，使用专业诊断仪读取故障码和数据流，对数据进行对比分析，使用专业仪器对相关部位进行实时数据测试，并检查线路和接插件等情况。

知识点 8　动力电池结构与性能指标

1）动力电池的作用是接收和储存由充电机、发电机、制动能量回收装置或外置充电装置提供的高压直流电，并且为电动汽车提供高压直流电。

2）动力电池由以下部件组成：动力电池模组、结构系统、电气系统、热管理系统和电池管理系统（BMS）。

3）动力电池模组负责存储和释放能量，为汽车提供动力；结构系统起到支撑、抗机械冲击和机械振动、保护环境的作用。

4）电气系统主要由高压线束、低压线束和继电器构成，高压线束的作用是完成动力电池对其他部件的能量输送，低压线束的作用是实时传输检测信号和控制信号。

5）热管理系统的作用是让动力电池处于合理的工作温度范围内，提高电池的寿命和可靠性。

6）电池管理系统（BMS）的作用是实现智能化管理及维护各个电池单元。

7）常见的动力电池的参数包括电池容量、额定电压、工作电压范围、电池电量、能量密度等。

知识点 9　动力电池检测

1）根据 GB 38031—2020《电动汽车用动力蓄电池安全要求》中的规定，动力电池包或系统在所有测试前，要先测试电池外壳与电池正极和电池负极的绝缘电阻应不小于 100Ω/V。

2）动力电池组有高压互锁检测，不能通过断开插接器的方法测量动力电池的电压。

知识点 10　动力电池故障诊断

1）动力电池常见故障包括电压类故障、温度类故障、充电故障、绝缘故障、通信故障、SOC 异常和电流异常等。

2）进行动力电池系统故障诊断时，应利用故障诊断仪读取动力电池组数据，并对动力电池进行外观检测和漏电检测。

知识点 11　直流充电系统

1）在整个充电阶段，电池管理系统实时向直流充电桩发送电池充电需求，直流充电桩根据电池充电需求来调整充电电压和充电电流以保证充电过程正常，在充电过程中，直流充电桩和电池管理系统相互发送各自的充电状态。

2）直流充电安全保护系统包括非车载充电机控制器，电阻 R1、R2、R3、R4、R5，开关 S，供电回路 K1 和 K2，低压辅助供电回路（电压：12V+/-5%，电流：10A）K3 和 K4，充电回路 K5 和 K6 以及车辆控制器。

3）绝缘监测指的是 DC+ 与 PE 之间的电阻最小值，以及 DC- 与 PE 之间的电阻最小值。其标注如下：R > 500Ω/V，安全；100Ω/V < R ≤ 500Ω/V，报警，仍可充电；R ≤ 100Ω/V，故障，停止充电。

知识点 12　交流充电系统

1）交流充电系统主要是由交流充电设备、高压线束、交流充电口、车载充电机、高压配电箱、动力电池包、电池管理器等部件组成。

2）交流充电座有 7 芯，它们的功能为：中线 N；PE 保护接地；L 为交流电源火线；CP 线用于给 BMS 发送充电信号，当线路中断时会导致无法充电；CC 线，握手信号线，用于给充电模式发送信号，当线路断路时将无法充电。

3）车辆控制装置通过测量检测点 3 与 PE 之间的电阻值来判断车辆插头与车辆插座是否完全连接；未连接时，S3 处于闭合状态，CC 未连接，检测点 3 与 PE 之间的电阻值为无限大；半连接时，S3 处于断开状态，CC 已连接，检测点 3 与 PE 之间的电阻值为 RC + R4；全连接时，S3 处于闭合状态，CC 已连接，检测点 3 与 PE 之间的电阻值为 RC。

4）供电控制装置通过测量检测点 1 或检测点 4 的电压来判断供电插头和供电插座是否完全连接（车载充电机不适用，没有该检测）。

5）车辆控制装置通过测量检测点 3 与 PE 之间的电阻值来确认当前充电连接装置（电缆）的额定容量。

知识点 13　充电系统故障诊断

1）车辆无法充电，根据故障状态，一般可以划分为三大类：无法完成物理连接；物理连接完成已起动充电，但不能充电；充电中途停止充电。

2）交流充电故障诊断顺序为：检查插座工作和搭铁情况，检查充电枪 CC 对内部搭铁的阻值、检查充电枪口端子情况、检查车辆控制器与接口之间的 CC 线路、检查充电口 CP 电压、检查 PE 线与车身之间的电阻、检查高压线束等。

3）直流充电线路的特点是充电连接线固定在充电桩上，线路只有一个插头与车辆进行对接即可。直流充电故障诊断的顺序为：检查充电口 CC1 对内部搭铁的阻值、检查充电口 CC2 的电压，检查开关 S1 和 S2 对搭铁的电压，检查充电枪 A+ 和 A- 间的电压，检查高压线束等。

知识点 14　DC/DC 工作原理

1）DC/DC 变换器将能量从高压电池包转移至低压蓄电池中，为汽车的空调、灯光、刮水器、防盗系统、音响、导航、电动转向、安全气囊、电子仪表、故障诊断系统等提供 12～48V 的低压设备供电。

2）汽车动力电池通过 DC/DC 变换器给蓄电池供电，而必须有蓄电池才能起动整车的低压电，所以 DC/DC 变换器的工作原理就是动力电降压整流滤波后供给蓄电池充电，蓄电池低压供电，为保证电信号和低压用电器的使用。

3）DC/DC 变换器的作用相当于一个开关，车内的低压用电器是通过 12V 蓄电池供电的。

知识点 15　DC/DC 故障诊断

在 DC/DC 模块中，一般可能发生的故障有以下几种：模块在使用过程中输出电压降低、模块停止工作、模块输出电压过高、模块输入短路、模块输出电流过大。

知识点 16　制冷系统

1）制冷温度控制模块主要由室内外温度传感器、压缩机控制器等相关的电路组成。

2）空调控制模块（面板）通过 CAN 总线将压缩机目标转速信号发送至压缩机控制器，从而压缩机控制器控制空调压缩机开始运转。

3）压缩机的转速是由空调控制模块（面板）通过计算室内外温度传感器信号算出温差，温差越大，空调压缩机转速越大。温差越小，空调压缩机转速越小，甚至停机。

知识点 17　采暖控制

1）暖风系统是通过鼓风机将 PTC 加热器散发出的热量送到车厢内或风窗玻璃，用以提高车厢内的温度或除霜。

2）PTC 加热器采用恒定功率制热功能，并通过 CAN 总线调节制热功能的开启和关闭。

3）PTC 加热器在温度高于 110℃时监控电路就会发送报文给空调控制面板，空调控制面板发送 PTC 加热器停止加热工作信号，当温度降低至 90℃时恢复 PTC 供电；当电池电量过低时 VCU 发出信号，PTC 停止工作。

知识点 18　热管理系统

1）热管理系统是通过对电池、电机、控制器及充电机等车辆关键部件进行冷却或加热，使其保持在适当工作温度范围内，冷却或加热性能直接影响零部件的性能表现，对于提升动力经济性具有重要意义。

2）驱动电机冷却系统的作用是通过冷却液循环为电机控制器、车载充电机、驱动电机三大部件散热；电机控制器不但控制驱动电机的高压三相供电，还要将动力电池的高压直流电转化成低压直流电为铅酸蓄电池充电。

3）驱动系统回路热管理主要包括 PEU 和 DC/DC 变换器、充电机以及电机冷却；散热部件的进水顺序为散热器出水→电机控制器 /DC/DC 变换器→充电机→电机，电机流出的较高温度的冷却液通过散热器与空气的热交换降温，经过降温的冷却液再流经散热部件，达到冷却的目的。

4）动力电池热管理系统部件主要包括：压缩机、热交换器、动力电池、电池冷却液泵、冷凝器、控制器、充电机、驱动电机、电机冷却液泵、加热冷却液泵、PTC 加热器等。

5）根据电池不同温度点，调节冷却液泵开闭、风扇档位、压缩机开闭、三通阀切换，通过改变这四个冷却部件的工作状态，保证电池工作在适宜的温度范围内。电池进水口温度不能低于 7℃，当出现电池进水口温度低于 7℃时，调节 WV2 水阀的位置状态，保证进水口温度高于或等于 7℃。电池冷却结束，冷却液泵需延时 3min 关闭。

6）PTC 电池加热：当动力电池单体温度过低时，可以起动 PTC 给动力电池加热的功能。加热冷却液温度要求：（40±3）℃，冷却液泵流量要求：占空比 90%（TBD），电池温度测量误差：±1℃，冷却液温度测量误差：±1℃。开启加热条件：

检测到电池最低点温度 $T_{cell} \leqslant -18℃$（标定值），关闭加热条件：检测到电池最低点温度 $T_{cell} \geqslant -8℃$（标定值）。

三、练习题

（一）单选题

1. 高压互锁是指通过使用低压信号来检查电动汽车上所有与高压母线相连的各分路，针对某个模块测量高压互锁电路时，首先测量模块上（　　）的两个端子之间是否导通，如果不导通，再测量高压插接器上两个互锁端子是否导通，如果不导通，说明高压线束故障，如果导通，说明模块本体内部电路故障。

　　A. 低压插接器　　B. 高压线束　　C. 模块本体　　D. 高压插接器

2. 高压互锁线路采用波形检测的方式参与，控制模块 PEU 通过 EP11-4 端子输出一个幅值约为 3.3V 的占空比信号，波形信号通过高压互锁导线，回到控制模块 PEU EP11-20 端子，通过发出与接收约（　　）V 的占空比信号，来判断高压线路连接是否正常。

　　A. 3.3　　　　B. 6　　　　C. 9　　　　D. 12

3. 动力电池漏电检测，判定不漏电的标准：等于或高于（　　）被认为是不漏电。

　　A. 100Ω/V　　B. 500Ω/V　　C. 1000Ω/V　　D. 2000Ω/V

4. 高压系统各部位绝缘电阻要求不尽相同，动力电池直流母线端子1（正极）与车身搭铁（负极）之间正常阻值应（　　）。

　　A. ≥ 20MΩ　　B. ≥ 10MΩ　　C. ≥ 2.5MΩ　　D. ≥ 40MΩ

5. 动力电池的上电控制，实际上由（　　）根据 VCU 要求，控制正负极继电器的闭合，完成相关操作。

　　A. BMS 控制模块　　　　B. CAN 总线
　　C. 高压配电箱　　　　　D. 驱动电机控制器总成

6. 电池内部环路互锁通常是由（　　）单独检测，通过 CAN 发至整车网络，由 VCU 根据故障等级进行相应操作。

　　A. BMS　　　B. CAN　　　C. VCU　　　D. LAN

7. 绝缘监测指的是 DC+ 与 PE 之间的电阻最小值，以及 DC- 与 PE 之间的电阻最小值。其标注如下：R > 500Ω/V，表示（　　）。

　　A. 故障　　　B. 报警　　　C. 安全　　　D. 绝缘

8. 如图 3-4-1 所示为直流充电系统电路图，在直流充电系统检测中，通过检测点 1 和检测点 2 的电压数值，可以判断开关、充电枪插头与充电插座的状态，检测点 1 电压为（　　）V，S 开关断开时，充电枪插头与插座的状态是断开。

　　A. 12　　　　B. 8　　　　C. 6　　　　D. 4

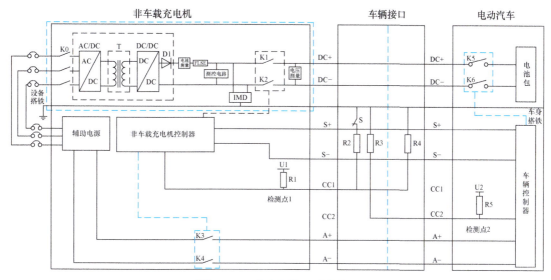

图 3-4-1 直流充电系统电路图

9. 如图 3-4-2 所示为交流充电系统电路图，交流充电系统未连接时，S3 处于闭合状态，CC 未连接，检测点 3 与 PE 之间的电阻值为（　　）。

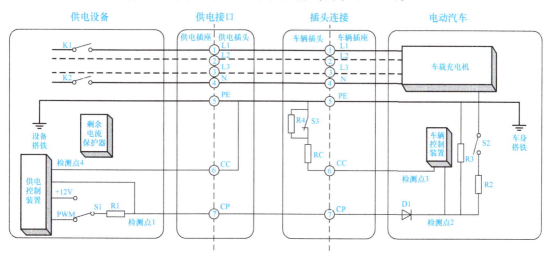

图 3-4-2 交流充电系统电路图

A. 1.5kΩ　　　　B. 680Ω　　　　C. 220Ω　　　　D. 无穷大

10. 交流充电故障诊断顺序为（　　）：①检查插座工作和搭铁情况。②检查充电枪 CC 对内部搭铁的阻值。③检查充电枪口端子情况。④检查车辆控制器与接口之间的 CC 线路。⑤检查充电口 CP 电压。⑥检查 PE 线与车身之间的电阻。⑦检查高压线束等。

A. ①②③④⑤⑥⑦　　　　　　　B. ④⑤⑥⑦①②③

C. ④⑤①②③⑥⑦　　　　　　　D. ①⑤⑥⑦②③④

11. 车辆充电时，为了避免对充电设备造成破坏，下列做法错误的是（　　）。

A. 不要用力拉或者扭转充电电缆

B. 不要使充电设备承受撞击

C. 可以在充电插座塑料扣盖打开的状态下关闭充电口盖板

D. 充电设备要远离加热器或者其他热源

12. 汽车动力电池通过（　　）给蓄电池供电，而必须有蓄电池才能起动整车的低压电，所以DC/DC变换器的工作原理就是动力电降压整流滤波后供给蓄电池充电，蓄电池低压供电，为保证电信号和低压用电器的使用。

A. 动力电池模组、电池管理系统、动力电池箱、辅助元器件

B. 动力电池模块、DC/DC 变换器、车载充电机、其他

C. 电池管理系统、电池单体、电池模块、高压电线

D. 高压控制盒、车载充电机、电池单体、DC/DC 变换器

13. 动力电池绝缘检查时，用额定电压为 1000V 的绝缘电阻测试仪测试，总正、总负继电器对搭铁电阻应不小于（　　）。

A. 200Ω/V　　　　B. 300Ω/V　　　　C. 500Ω/V　　　　D. 1000Ω/V

14. 对纯电动汽车而言，电机控制器电缆正极绝缘阻值的测量方法为：将绝缘电阻测试仪的（　　）与电机高压电缆正极内芯充分连接，将绝缘电阻测试仪的（　　）与电机控制器高压电缆负极外壳充分连接。

A. 测试表笔；负极表笔　　　　B. 负极表笔；测试表笔

C. 正极表笔；负极表笔　　　　D. 负极表笔；正极表笔

15. 对纯电动汽车而言，检修慢充系统，有时需要测量充电线的桩端 N 脚和车辆端的 N 脚之间是否导通，其阻值应小于（　　）Ω，否则应更换充电线总成。

A. 1　　　　　B. 2　　　　　C. 0.8　　　　　D. 0.5

16. PTC 的作用是（　　）。

A. 暖风加热　　　B. 冷风供给　　　C. 整车控制　　　D. 冷却液泵控制

17. 某纯电动汽车仪表盘上的制动系统故障指示灯点亮，并报整车故障，经诊断怀疑是制动助力系统工作异常。技师甲说可以先查看车辆是否上电，12V 蓄电池是否正常，再检查真空泵熔断器是否烧毁；技师乙说可以从真空泵电源端入手，检查电源输入，若无电源输入，检查压力传感器信号，最后再看控制器输入输出。上述说法正确的是（　　）。

A. 只有技师甲正确　　　　　B. 技师甲和技师乙均正确

C. 只有技师乙正确　　　　　D. 技师甲和技师乙均不正确

18. 某纯电动汽车行驶 10km 后，出现限速 9km/h 的现象，仪表盘上显示"电机过热"故障，技师甲说一定是电机过热，整车控制器为保护零部件，限制了功率的输出；技师乙说一定是冷却管道有气阻，导致电机控制器温度过高。上述说法正确的是（　　）。

A. 只有技师甲正确 　　　　　　B. 只有技师乙正确

C. 技师甲和技师乙均不正确 　　D. 技师甲和技师乙均正确

19. 动力电池高压母线连接出现故障时，（　　）操作是没必要的。

A. 用万用表测量线束两端的电压降

B. 检查 MSD（手动维修开关）是否松动

C. 插拔高压线束，看是否存在接触不良问题

D. 检查动力电池绝缘情况

20. 下列选项中，（　　）不是造成电机超速故障的原因。

A. 整车负载突然降低，电机转矩控制失效

B. 电机低压信号线插头连接松动或退针

C. 控制器损坏

D. 高压回路非正常断开

21. （　　）绝缘低时绝缘监测系统不起作用。

A. 高压控制盒 　　　　　　　　B. 空调压缩机

C. 制动真空泵 　　　　　　　　D. 车载充电机

22. PEU 包含一个隔离的 DC/DC 变换器，将电压从高压转化为车辆的 12V 低压，即降压模式，测量 DC/DC 输出端的电压，电压值应为（　　）。

A. 13.5V 　　　B. 24V 　　　C. 36V 　　　D. 20V

23. 车载充电系统故障应检查（　　）。

A. 动力电池、充电连接情况、充电唤醒情况

B. 充电机、电机控制器、充电连接情况

C. DC/DC 变换器、充电机、VCU

D. DC/DC 变换器、充电机、动力电池

24. 车辆必须能够与故障诊断仪通信，但凡故障诊断仪无法连接的车辆，应首先（　　）。

A. 使用万用表，检查 VCU 的供电是否正常，包括 ON 档电、常电

B. 检查低压电气盒中 VCU 的各个供电熔断器是否正常

C. 使用万用表，检查 OBD 诊断口与 VCU 的 CAN 总线线束连接是否牢固、正常

D. 更换全新的整车控制器

25. 车辆无法充电，根据故障状态，一般可以划分为三大类：无法完成物理连接；物理连接完成已起动充电，但不能充电；充电中途停止充电。常见的故障码不包括（　　）。

A. 控制器供电电压高 　　　　　B. CP 电压异常

C. 输出电压过高关机 　　　　　D. 电流控制不合理故障

26. 整车上下电控制由（　　）协调各个控制器，使各控制器按顺序合理地接通

或断开低压控制电和高压动力电，使得车辆能够正确完成"起动"和"关闭"动作，并进行信息交互和故障检测。

A. MCU　　　　B. VCU　　　　C. BMS　　　　D. RMS

27. 驱动电机长期运行，一些结构、部件会逐渐劣化，失去原有性能和功能，暴露出一些不正常的状态。驱动电机常见故障码不包括（　　）。

A. IGBT 上桥臂短路故障　　　　B. 电机超速故障

C. 定子温度最大值超过阈值　　　D. CP 电压异常

28. 以下选项中，不属于高压互锁设计目的的是（　　）。

A. 给整车高压上电前确保整个高压系统的完整性，使高压处于一个封闭的环境下工作，提高安全性

B. 当整车在运行过程中高压系统回路断开或者完整性受到破坏的时候，需要起动安全防护

C. 某个部件或插件，进水或破损引起绝缘阻值低

D. 防止带电插拔高压插接器给高压端子造成的拉弧损坏

29. 起动车辆时仪表报动力电池故障，动力电池高压断开故障，首先应（　　）。

A. 检查前舱电器盒内动力电池低压供电熔断器是否熔断

B. 使用专用诊断仪读取故障码，再进行下一步检查

C. 检查动力电池低压供电

D. 检测电源线是否有短路、断路现象

30. 驱动电机上安装的旋变传感器用于检测电动机的转速和旋转位置，相当于燃油车上的（　　）。

A. 凸轮轴位置传感器　　　　B. 氧传感器

C. 曲轴位置传感器　　　　　D. 进气压力温度传感器

31. 关于某品牌纯电动汽车车载充电机和充电桩连接故障，下列做法正确的是（　　）。

A. 确保充电桩状态良好，符合国标，且和该品牌车型进行过适配并通过

B. 确认充电桩提供的工作电压范围为 187～253V

C. 检测充电枪和充电口的各连接端子无烧蚀和损坏现象

D. 以上答案都正确

32. 车辆控制装置通过测量（　　）与 PE 之间的电阻值来判断车辆插头与车辆插座是否完全连接。

A. 检测点 1　　B. 检测点 2　　C. 检测点 3　　D. 检测点 4

33.（　　）是一个既能将动力电池中的直流电转换为交流电以驱动电机，也能将车轮旋转的动能转换为电能给动力电池充电的设备。

A. 电机控制器　　　　　　　B. 电池管理系统

C. 整车控制器　　　　　　　　D. 高压控制盒

34. 电池管理系统在下列（　　）情况下需要使用动力电池组的温度数据。

A. 当计算充电和放电的最大比率时

B. 当计算充电和放电的平均比率时

C. 需要作为输入数据以便恒温器能够在混合动力汽车发动机上正常工作

D. 当计算 EV 模式下汽车最大速度时

35. 电流传感器、电压传感器、温度传感器和旋变传感器均用来提供驱动电机系统的工作信息，以下选项中，表述不正确的是（　　）。

A. 电流传感器：用以检测电机工作的实际电流（包括母线电流、三相交流电流）

B. 电压传感器：用以检测供给电机控制器工作的实际电压（包括动力电池电压、12V 蓄电池电压）

C. 温度传感器：用以检测电机控制系统的工作温度（包括 IGBT 模块温度、电机控制器板载温度）

D. 旋变传感器：主要用以监测电机转子的转速和位置，并将信号反馈给整车

36. 比亚迪 e5 高压电池管理系统模块位于（　　）。

A. 行李舱备胎下方　　　　　　B. 高压电池组总成内部

C. 前机舱　　　　　　　　　　D. 仪表板下方

37. 对于直流充电的车辆接口，应在车辆插头上安装（　　）装置，防止车辆接口带载分断。

A. 气压锁止　　B. 液压锁止　　C. 电子锁止　　D. 机械锁止

38. 使用 220V/16A 交流电对动力电池进行充电时，充电功率是（　　）kW。

A. 2.5　　　　B. 3.5　　　　C. 4.5　　　　D. 5.5

39. 比亚迪 e5 车型的电机旋变传感器正弦、余弦和励磁阻值分别是（　　）。

A. 16Ω、16Ω、8Ω　　　　　　B. 25Ω、25Ω、16Ω

C. 20Ω、20Ω、18Ω　　　　　　D. 以上都不正确

40. 当电机温度传感器出现故障时车辆的动力输出会受到限制，仪表内的驱动电机过热警告灯会点亮，严重时车辆会出现无法行驶的故障。电动机内部的温度传感器采用的是负温度系数热敏电阻式传感器，该传感器随温度的升高其阻值会降低，用万用表的电阻档测量电动机温度传感器：-40℃时，正常电阻阻值约为（　　）Ω。

A. 241±20　　B. 13.6±0.8　　C. 1.6±0.1　　D. 482±40

（二）多选题

1. 尽管电源模块的可靠性比较高，但也可能发生故障，在 DC/DC 模块中，一般可能发生的故障有以下几种（　　）。

A. 模块在使用过程中输出电压降低　　B. 模块停止工作

C. 模块输出电压过高　　　　　　　　D. 模块输入短路

2.整车高压互锁一般由（　　）三部分完成检测。

A.整车控制模块（VCU）　　　　B.车载充电机

C.电源管理系统（BMS）　　　　D.电机控制器

3.动力电池常见故障包括（　　）、通信故障、SOC异常和电流异常等。

A.电压类故障　　B.温度类故障　　C.充电故障　　D.绝缘故障

4.电池冷却是根据电池不同温度点，调节（　　），通过改变这些冷却部件的工作状态，保证电池工作在适宜的温度范围内。

A.冷却液泵开闭　　B.风扇档位　　C.压缩机开闭　　D.三通阀切换

5.动力电池系统相当于电动汽车的"心脏"，它除了为整车提供持续稳定的动力，还要承担着其他作用，以下选项中属于动力电池作用的是（　　）。

A.整车电量计算和充电提醒

B.对电池进行温度、电压、湿度的检测

C.漏电检测和异常情况报警

D.完成电源的输出及分配，实现对支路用电器的保护及切断

6.空调的制冷系统检测方法和传统车辆类似。采暖系统结构稍微复杂一些，多掌握系统的工作过程和工作条件，有利于快速准确地分析出问题，常见的空调系统的故障包括（　　）。

A.鼓风机反馈电压与目标值差距过大　　B.空调系统过电压故障

C.车内温度传感器搭铁　　　　　　　　D.VCU通信丢失

7.高压不上电故障的原因包括（　　）。

A.接触器控制回路故障　　　　B.MCU故障

C.绝缘故障　　　　　　　　　D.动力电池过热

8.动力电池故障指示灯点亮的原因可能是（　　）。

A.电机控制器低压电源短路　　B.电池信息采集器CAN线断路

C.电池包负极接触器电源线断路　　D.维修开关未装

9.预充电失败的可能原因是（　　）。

A.高压电源极性反接　　　　　B.高压负载短路

C.预充电阻烧毁　　　　　　　D.电池包无输出

10.电机控制器电源断路会造成（　　）。

A.电机控制器低压插接件电源端无电　　B.所有高压电控模块无法通信

C.解码仪无法与电机控制器通信　　　　D.不能上高压电

（三）判断题

1.动力电池组有高压互锁检测，不能通过断开插接器的方法测量动力电池的电压。

（　　）

2.正常高压上电的逻辑是钥匙关闭后，整车控制模块（VCU）发出指令：转矩

清零、禁止READY、禁止DC/DC输出、关闭空调等，同时命令BMS断开主正主负继电器，上电完成。（　　）

3. 暖风系统是通过鼓风机将PTC加热器散发出的热量送到车厢内或风窗玻璃，用以提高车厢内的温度和除霜。（　　）

4. 供电控制装置通过测量检测点3或检测点4的电压来判断供电插头和供电插座是否完全连接（车载充电机不适用，没有该检测）。（　　）

5. 高压插头断开后，只需确保不带剩余电荷，便可放置一旁，进行下一步作业。（　　）

6. 动力系统故障指示灯点亮时，电力系统将被关闭，需要到维修站进行维修。（　　）

7. 更换高压元器件及线束插接件时，需对断开的插接件进行绝缘密封防护。（　　）

8. 电源管理控制器存在故障时，会使车辆失去动力并点亮故障指示灯。（　　）

9. 动力电池温度过高的原因肯定是鼓风机不能正常工作。（　　）

10. 出现车速异常等紧急情况时，应先关闭低压电源总开关，切断低压电源，再将后舱的手动维修开关拔下，切断高压电，最后检查故障原因。（　　）

（四）简答题

1. 简述绝缘电阻的检测方法。
2. 简述电机控制器的工作原理。
3. 请描述DC/DC系统的工作原理。
4. 简述交流充电故障的诊断流程。
5. 简述新能源汽车采暖系统的工作原理。

（五）论述题

1. 纯电动汽车整车上下电是如何控制的？
2. 交流不充电的原因有哪些？

四、参考答案及解析

（一）单选题

1. A

解析：高压互锁电路由监测模块触发一个直流模拟电压，可能是一个波形，用一条线路连接所有需要监测的高压插接器，最后回到监测模块。模块监测线路的完整性，当出现断路时，模块认为高压电路可能断路或虚接。针对某个模块测量高压互锁电路时，首先测量模块上低压插接器的两个端子之间是否导通，如果不导通，再测量高压插接器上两个互锁端子是否导通，如果不导通，说明高压线束故障，如果导通，说明模块本体内部电路故障。

2. D

解析：高压互锁线路采用波形检测的方式参与，控制模块 PEU 通过 EP11-4 端子输出一个幅值约为 3.3V 的占空比信号，波形信号通过高压互锁导线，回到控制模块 PEU EP11-20 端子。通过发出与接收约 12V 的占空比信号，来判断高压线路连接是否正常。

3. B

解析：根据 ISO/DIS 6469-1:2000《电动道路车辆 安全要求第 1 部分：车载储能装置》，按照标准计算方法得到的绝缘电阻值，除以动力电池组系统的标称电压，所得值要求大于 500Ω/V。

4. A

解析：高压系统各部位绝缘电阻要求不尽相同，具体数值见表 3-4-1。

表 3-4-1　高压系统各部位绝缘电阻要求

高压部件名称	测试端	正常阻值
动力电池直流母线	端子 1（正极）与车身搭铁（负极）	≥20MΩ
	端子 2（正极）与车身搭铁（负极）	≥20MΩ
PTC 加热器	端子 1（正极）与车身搭铁（负极）	≥20MΩ
	端子 2（正极）与车身搭铁（负极）	≥20MΩ
AC 空调压缩机	端子 1（正极）与车身搭铁（负极）	≥10MΩ
	端子 2（正极）与车身搭铁（负极）	≥10MΩ
OBC 慢充充电器	端子 1（正极）与车身搭铁（负极）	≥10MΩ
	端子 2（正极）与车身搭铁（负极）	≥10MΩ
电机三相线束	U 相	≥20MΩ
	V 相	≥20MΩ
	W 相	≥20MΩ
PEU 电机控制器高压输入	T+、T- 线束	≥2.5MΩ

5. A

解析：动力电池的上电控制，实际上由 BMS 控制模块根据 VCU 要求控制正负极继电器的闭合，VCU 自检完成且无故障，通过动力 CAN 总线发送信号给 BMS 进行高压电预充电，当 VCU 接收到预充电完成信号后，通过车身 CAN 总线向组合仪表发送车辆可行驶信号，组合仪表接收到信号并驱动"READY"指示灯点亮，告知驾驶员车辆处于可行驶状态。

6. A

解析：高压互锁用来检测高压供电回路的完整性。通常，由 BMS 检测动力电池内部互锁及动力电池外接电路的互锁情况。

7. C

解析：根据 ISO/DIS 6469-1:2000《电动道路车辆 安全要求第 1 部分：车载储能装置》，按照标准计算方法得到的绝缘电阻值，除以动力电池组系统的标称电压，所得值要求大于500Ω/V。所以绝缘电阻值大于500Ω/V被认为是安全的。

8. A

解析：直流充电安全保护系统包括非车载充电机控制器，电阻R1、R2、R3、R4、R5，开关S，供电回路K1和K2，低压辅助供电回路（电压：12V +/−5%，电流：10A）K3和K4，充电回路K5和K6以及车辆控制器。通过检测点1和检测点2的电压数值，可以判断开关、充电枪插头与充电插座的状态，具体状态数据见表3-4-2。

表 3-4-2　开关、充电枪插头与充电插座的状态表

检测点 1 电压	S 开关（充电枪插头）	充电枪插头与插座的状态	备注
12V	断开	断开	
6V	闭合	断开	
6V	断开	闭合	
4V	闭合	结合	完全结合

9. D

解析：交流充电系统未连接时，S3处于闭合状态，CC未连接，检测点3与PE之间的电阻值为无限大；半连接时，S3处于断开状态，CC已连接，检测点3与PE之间的电阻值为RC + R4；全连接时，S3处于闭合状态，CC已连接，检测点3与PE之间的电阻值为RC。

10. A

解析：交流充电故障诊断顺序为：检查插座工作和搭铁情况，检查充电枪CC对内部搭铁的阻值、检查充电枪口端子情况、检查车辆控制器与接口之间的CC线路、检查充电口CP电压、检查PE线与车身之间的电阻、检查高压线束等。

11. C

解析：在充电插座塑料扣盖打开的状态下关闭充电口盖板，可能会因为两者干涉导致损坏。

12. B

解析：DC/DC变换器将能量从高压电池包转移至低压蓄电池中，为汽车的空调、灯光、刮水器、防盗系统、音响、导航、电动转向、安全气囊、电子仪表、故障诊断系统等提供12～48V的低压设备供电。汽车动力电池通过DC/DC变换器给蓄电池供电，而必须有蓄电池才能起动整车的低压电，所以DC/DC变换器的工作原理就是动力电降压整流滤波后供给蓄电池充电，蓄电池为低压供电保证电信号和低压用电器的使用。DC/DC变换器的作用相当于一个开关，车内的低压用电器是通过12V蓄电池供电的。

13. C

解析：根据 ISO/DIS 6469-1：2000《电动道路车辆　安全要求第 1 部分：车载储能装置》，按照标准计算方法得到的绝缘电阻值，除以动力电池组系统的标称电压，所得值要求大于 500Ω/V。

14. A

解析：绝缘电阻测试仪也叫兆欧表，在测量电气设备绝缘电阻时，都应该将测试表笔接设备导线，负极表笔接外壳，否则会有误差。

15. D

解析：充电线的桩端 N 脚和车辆端的 N 脚之间是靠充电线连接的，正常应导通，厂家标准为电阻值应小于 0.5Ω。

16. A

解析：PTC 英文全称 Positive Temperature Coefficient，正温度系数。在汽车中解释为汽车加热器，指的是汽车中的一个加热设备，可以让车辆在低温的状态下，给汽车中的汽油快速加热。

17. B

解析：技师甲和技师乙的矛盾在于排除故障的入手点不同。

18. C

解析：电机过热时，由电机控制器限制电机功率输出，甚至电机停转。对于水冷式驱动电机系统，冷却液泵故障、冷却风扇故障、缺少冷却液或冷却系统内部堵塞，都有可能导致这种故障。

19. D

20. D

解析：因为设置的有高压互锁，高压回路非正常断开时会导致高压下电，不会引起电机超速故障。

21. C

解析：绝缘监测系统用于监控高压，而制动真空泵属于低压用电器。

22. A

解析：PEU 包含一个隔离的 DC/DC 变换器，将电压从高压转化为车辆的 12V 低压，即降压模式。测量 DC/DC 输出端的电压，电压值应为 13.5V。要求 DC/DC 输出的电压可调，范围为 10～16V。

23. A

解析：电机控制器是用来控制动力电池和电机之间能量传输的装置。DC/DC 用于将动力电池的高压电转化成低压电。这两者都和车载充电系统故障没关系。

24. A

解析：持续监控整车电控系统，进行故障诊断，并及时进行相应安全保护处理，是整车控制器功能之一。所以故障诊断仪无法连接时，首先考虑到 VCU 的供电是否正常。

25. D

解析：车辆无法充电，根据故障状态，一般可以划分为三大类：无法完成物理连接；物理连接完成已起动充电，但不能充电；充电中途停止充电。常见的故障码包括控制器供电电压高、CP 电压异常、输出电压过高关机等，电流控制不合理故障是驱动电机的常见故障码。

26. B

解析：整车上下电控制由 VCU 协调各个控制器，使各控制器按顺序合理地接通或断开低压控制电和高压动力电，使得车辆能够正确完成"起动"和"关闭"动作，并进行信息交互和故障检测。

27. D

解析：驱动电机长期运行，一些结构、部件会逐渐劣化，失去原有性能和功能，暴露出一些不正常的状态。驱动电机常见故障码包括 IGBT 上桥臂短路故障、母线电压最大值大于阈值、电流控制不合理故障、电机超速故障、初始位置标定处于加速阶段、定子温度最大值超过阈值等，CP 电压异常属于充电过程中常见故障码。

28. C

解析：高压互锁是指通过使用低压信号来检查电动汽车上所有与高压母线相连的各分路，包括整个电池系统、导线、插接器、DC/DC 变换器、电机控制器、高压盒及保护盖等系统回路的电气连接完整性（连续性）。

29. B

解析：起动车辆时仪表报动力电池故障，动力电池高压断开故障，按照先易后难的顺序，可以先使用专用诊断仪读取故障码，获取更多相关信息，再进行下一步检查。

30. C

解析：旋变传感器安装在驱动电机上，是电磁式的，用来测量驱动电机的转速和位置，并将信号传输给电机控制器。而燃油车的曲轴位置传感器是用来检测发动机曲轴的转速和位置的。所以说，两者相似。

31. D

解析：关于车载充电机和充电桩连接故障，充电桩的状态和工作电压是否和该车型适配，以及充电枪和充电口的各连接端子状态都有可能是故障原因。

32. C

解析：根据 GB/T 18487.1—2015 规定，对于慢充系统，车辆控制装置通过测量检测点 3 与 PE 之间的电阻值来判断车辆插头与车辆插座是否完全连接。

33. A

解析：电机控制器是用来控制动力电池和电机之间能量传输的装置，主要由外接控制信号接口电路、电机控制电路和驱动电路组成。

34. A

解析：温度不同，将影响动力电池的安全、寿命、功能、性能等，温度过高或过低，动力电池都可能出现热失控、寿命严重衰减、充放电限制等问题。

35. D

解析：旋变传感器安装在驱动电机上，是电磁式的，用来测量驱动电机转子的转速和位置，并将信号传输给电机控制器。

36. C

解析：比亚迪e5的动力电池管理控制器位于前机舱。

37. C

解析：根据GB/T 18487.1—2015规定，直流充电时，车辆接口应具有锁止功能，车辆插头应安装电子锁止装置。

38. B

解析：充电功率等于充电电压乘以充电电流。

39. A

解析：根据维修手册，比亚迪e5车型的电机旋变传感器正弦绕组电阻值是16Ω、余弦绕组电阻值是16Ω、励磁绕组电阻值是8Ω。

40. A

解析：当电机温度传感器出现故障时车辆的动力输出会受到限制，仪表内的驱动电机过热警告灯会点亮，严重时车辆会出现无法行驶的故障。电动机内部的温度传感器采用的是负温度系数热敏电阻式传感器，该传感器随温度的升高其阻值会降低，用万用表的电阻档测量电动机温度传感器：-40℃时，正常电阻阻值约为（241±20）Ω；20℃时，正常电阻阻值约为（13.6±0.8）Ω；85℃时，正常电阻阻值约为（1.6±0.1）Ω。

（二）多选题

1. ABCD

解析：电源模块的可靠性比较高，但也可能发生故障，在DC/DC模块中，一般可能发生的故障有以下几种：模块在使用过程中输出电压降低；模块停止工作；模块输出电压过高；模块输入短路；模块输出电流过大。前两种DC/DC故障一般不会带来很大危险，可以通过故障诊断电路检测并报警。

2. ABC

解析：高压互锁是用低压信号线来检测高压供电回路连接的完整性和可靠性。整车高压互锁一般由整车控制模块（VCU）、车载充电机、电源管理系统三部分完成检测。

3. ABCD

解析：动力电池常见故障包括电压类故障、温度类故障、充电故障、绝缘故障、通信故障、SOC异常和电流异常等。

4. ABCD

解析：电池冷却：根据电池不同温度点，调节冷却液泵开闭、风扇档位、压缩机开闭、三通阀切换，通过改变这四个冷却部件的工作状态，保证电池工作在适宜的温度范围内。电池进水口温度不能低于7℃，当出现此情况时，调节WV2水阀的位置状态，保证进水口温度高于或等于7℃。电池冷却结束，冷却液泵需延时3min关闭。

5. ABC

解析：动力电池管理系统需要保证高压供电系统绝缘安全；防止电池热失控；实现电池对外部负载上下电控制；实现制动能量回馈；保证电池充放电过程安全、合理；实现电池信息与仪表和远程控制终端的交流通信等。由此分析下来，ABC三个答案是正确的。

6. ABCD

空调的制冷系统检测方法和传统车辆类似。采暖系统结构稍微复杂一些，多掌握系统的工作过程和工作条件，有利于快速准确地分析出问题，常见的空调系统的故障包括鼓风机反馈电压与目标值差距过大、混合电机搭铁、混合电机电源断路、模式电机搭铁、车内温度传感器搭铁、蒸发器温度传感器搭铁、室外温度传感器搭铁、阳光传感器对搭铁短路、VCU通信丢失、空调系统欠电压故障、空调系统过电压故障、冷却液泵过电压、加热器高压端过电流、加热器LIN通信故障及水阀线圈短路等。

7. ABCD

解析：高压上电前，全车高压系统各个控制器初始化、自检、完成CAN通信；当动力电池对内部电芯电压和温度检查合格、母线绝缘检测合格、各接触器正常时，才能上电。所以选择ABCD。

8. BCD

解析：动力电池故障指示灯在动力电池相关问题出现时点亮，常见的故障有电池信息采集器CAN线断路、电池包负极接触器电源线断路、维修开关未装等。很显然，电机控制器低压电源短路和动力电池关系不大。

9. ABC

解析：上电过程主要分四步：①动力电池为外部负载所有电容器充电，当充电电压与动力电池电压差值小于5V时，预充电结束。②闭合主正继电器，对外部负载上电。③主正继电器闭合10ms后，预充继电器断开。④仪表屏幕显示READY，上电结束。由此可以分析出，ABC三个选项可能会导致预充电失败。

121

10. ACD

解析：电机控制器电源断路会造成电机控制器低压插接件电源端无电、解码仪无法与电机控制器通信、不能上高压电。

（三）判断题

1. √

解析：动力电池组有高压互锁检测，不能通过断开插接器的方法测量动力电池的电压。

2. ×

解析：正常高压下电逻辑，钥匙关闭后，整车控制模块（VCU）发出指令：转矩清零、禁止READY、禁止DC/DC输出、关闭空调等，同时命令BMS断开主正主负继电器，下电完成。

3. √

解析：暖风系统是通过鼓风机将PTC加热器散发出的热量送到车厢内或风窗玻璃，用以提高车厢内的温度和除霜。

4. ×

解析：供电控制装置通过测量检测点1或检测点4的电压来判断供电插头和供电插座是否完全连接（车载充电机不适用，没有该检测）。

5. ×

解析：高压插头需要做好绝缘防护处理。

6. √

解析：动力系统故障指示灯点亮时，电力系统将被关闭，需要到维修站进行维修。

7. √

解析：更换高压元器件及线束插接件时，需对断开的插接件进行绝缘密封防护。

8. √

解析：电源管理控制器存在故障时，会使车辆失去动力并点亮故障指示灯。

9. ×

解析：动力电池温度过高的原因有可能是鼓风机不能正常工作，也可能是电池老化或者损坏、单体电池短路等。

10. √

解析：出现车速异常等紧急情况时，应先关闭低压电源总开关，切断低压电源，再将后舱的手动维修开关拔下，切断高压电，最后检查故障原因。

（四）简答题

1. 答：当车辆发生高压电路绝缘失效故障时，高电压和大电流将会危及车上乘客的人身安全，同时还会影响低压电器和车辆控制器的正常工作，针对电动汽车高压系统的绝缘监测和自动诊断功能的设置具有极其重要的意义。监测目的是为了使车辆能够检测整个高压车载电气系统中的绝缘故障。如果系统监测到高压车载电气系统绝缘电阻值低于设定值，则控制单元会切断高压系统，并直接在仪表上显示车辆绝缘故障和点亮绝缘故障指示灯，提醒驾驶员和维修人员注意安全，同时车辆也无法起动。根据 GB 38031—2020《电动汽车用动力蓄电池安全要求》中的规定，动力电池包或系统在所有测试前，要先测试电池外壳与电池正极和电池负极绝缘的电阻应不小于 100Ω/V。按照维修手册要求进行断电操作，使用万用表测量确认高压总线上没电后执行以下操作：使用绝缘电阻测试仪分别测量高压总线接口两端子与电池外壳间的绝缘电阻，绝缘电阻值应大于国家标准 500Ω/V；使用绝缘电阻测试仪分别测量接口两端子与电池外壳间的绝缘电阻，绝缘电阻值应大于国家标准 500Ω/V。

2. 答：电机控制器是驱动电机系统的控制中心，又称智能功率模块（IPM），以 IGBT（绝缘栅双极型晶体管）模块为核心，辅以驱动集成电路和主控制集成电路。通过把微电子器件和功率器件集成到同一芯片上，形成智能功率模块。对所有的输入信号进行处理，并将驱动电机控制系统运行状态的信息通过 CAN 2.0 网络发送给整车控制器。驱动电机控制器内含故障诊断电路，当诊断出异常时，驱动电机控制器将激活一个故障码，发送给整车控制器，同时也会存储该故障码和数据。

3. 答：新能源汽车 DC/DC 变换的功能原理就是通过斩波电路的调压作用来实现电压的改变。斩波电路就是将一种电压固定的直流电压改变为另一种电压固定的直流电压。就是将汽车上的动力电池的高压直流电改变为低压直流 14V 电压，为整车用电器和蓄电池进行充电，这种将高压直流电变为低压直流电的电路，叫作降压斩波电路。由 DC/DC 斩波电路工作原理图可知，斩波电路有四个部分构成：DC/AC、变压器、整流、滤波电路。斩波电路的整个功能原理也是分为四个步骤，第一步，DC/AC 部分就是通过高频电路控制四个功率晶体管的导通与截止，将高压直流电转变为高压高频的 PWM 电源，输出电压正比于功率晶体管的导通时间，也就是取决于占空比。第二步，高频高压的电源经过高频变压器的降压，将原来的高频高压电源转变为高频低压电源，这个电源是 PWM 电源。第三步，高频低压电源经过整流二极管的整流，变成低压直流电源。第四步，低压直流电源经过滤波电路，变成稳定、平顺的低压直流电源，给低压电池和整车用电器供电。

4. 答：一般来说，交流充电故障诊断流程为：检查插座工作和搭铁情况，检查充电枪 CC 对内部搭铁的阻值、检查充电枪口端子情况、检查车辆控制器与接口之间的 CC 线路、检查充电口 CP 电压、检查 PE 线与车身之间的电阻、检查高压线束等。具体诊断流程如图 3-4-3 所示。

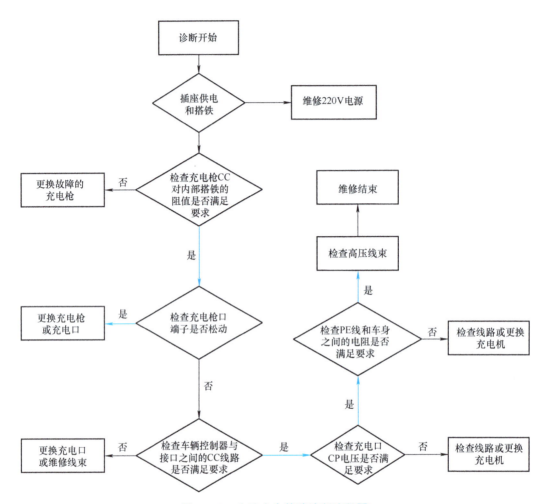

图 3-4-3　交流充电故障诊断流程图

5. 答：暖风系统是通过鼓风机将 PTC 加热器散发出的热量送到车厢内或风窗玻璃，用以提高车厢内的温度和除霜；PTC 加热器采用恒定功率制热功能，并通过 CAN 总线调节制热功能的开启和关闭；PTC 加热器在温度高于 110℃时，监控电路就会发送报文给空调控制面板，空调控制面板发送 PTC 加热器停止加热工作信号，当温度降低至 90℃时恢复 PTC 供电；当电池电量过低时 VCU 发出信号，PTC 停止工作。

（五）论述题

1. 答：①上电过程控制策略。

a. 初始化：VCU 上电后的准备阶段，该时间段包含 VCU 的基本配置和自检，VCU 自检完成之后，若 Chargeline = 0 且 Keyon = 1，则进入下一个过程。

b. 唤醒 BMS：BMS 由 VCU 控制唤醒，唤醒 BMS 后，等待与 BMS 的通信；

BMS通信连接后，若CANCom_E = 0（BMS通信无故障）并且电池允许上电，则进入下一个判断过程。若BMS报故障，则终止上电过程，整车进入BMS故障模式。

c. 唤醒MCU：MCU由VCU直接发布命令，随后MCU等待与CAN通信连接，与CAN通信正常连接后，接收MCU上报的故障状态，若MCU允许上电，则完成高压电上电前的准备过程，进入高压电上电控制。在上面三个过程中，实时监控驾驶员的钥匙请求，当Keyon = 0后，进入低压电的下电流程。

d. 上高压：VCU发送高压上电命令，BMS来执行预充继电器指令，完成电量总正和总负的控制。VCU通过CAN信息实时监控电池状态，当高压电状态为连接、电池单体电压差在允许范围内、电池允许放电三个条件同时满足后进入高压电准备完毕状态。在这个阶段，如果监控到Keyon = 0，则进入高压电的下电流程。当DC/DC正常工作，气泵正常工作，且气压达到一定值时，KeyStart = 1，进入车辆正常运行模式，完成整车上电过程。在这个阶段，如果Keyon = 0，则进入下电流程。

② 下电过程控制策略。

a. 负载下降阶段：DC/DC和气泵disable同时驱动电机转矩降低，当驱动电机转速小于某个值后，进入高压电下电流程。

b. 高压电下电阶段：VCU监控判断满足条件之后，发送命令给BMS进行下电，同时VCU监控高压电状态，当高压电下电完成后，进入低压下电阶段。

c. 低压下电阶段：VCU向BMS、MCU发送下电请求，等待BMS、MCU进行数据保存，当BMS、MCU允许下电后，状态为BMS disable，MCU disable后对VCU进行下电。

电动汽车整车上下电控制策略的核心就是对动力系统高压电路通断的控制，在此过程中要准确高效地对上下电进行控制，达到既能快速响应驾驶员动作，又可以保证整车在上下电过程中的安全性。

2. 答：交流不充电的故障原因如图3-4-4所示。

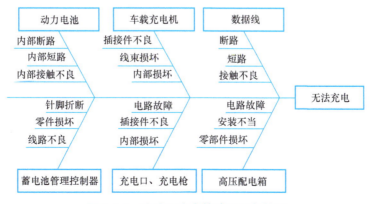

图3-4-4　交流不充电故障原因鱼骨图

模块五　车间技术管理与技术培训

一、考核范围

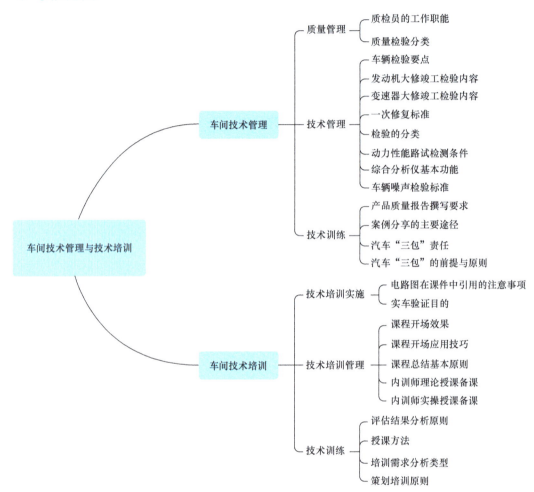

二、考核要点详解

知识点 1　质检员的工作职能

根据质检员的工作职责，赋予了质检员以下三个工作职能：

1）保证职能：即把关职能，通过对零配件、维修零件或总成进行检验，保证汽车维修质量。

2）预防职能：通过检验处理，将获得的数据及时反馈，以便及时发现问题，找出原因，采取措施，预防车辆维修不合格现象的产生。

3）报告职能：将质量检验的情况及时向企业主管部门报告，为加强质量管理和监督提供依据。

知识点 2　质量检验分类

1）进厂检验：指对送修车辆的状况进行鉴定，以便确定维修方案。维修车辆进厂后，检验员应记录驾驶员对车况的反映和报修项目，查阅车辆技术档案，了解车辆技术状况，检查车辆整车装备情况，然后按照《汽车维护、检测、诊断技术规范》（GB/T 18344—2016）的要求，选择项目进行维修前的检测，确定附加作业项目，并把检验、检测的结果填写在检验签证单上，未经检验签证的车辆，作业人员应拒绝作业。

2）维修过程检验：指汽车维修过程中，对某一工序的检验包括工人自检、互检和专职检验员在生产现场的重点检验。在维修作业的全过程中，都要进行过程检验。过程检验实行维修工自检、班组内部互检以及厂内检验员专检等相结合的办法。过程检验的主要内容是零件磨损、变形、裂纹等情况；配合间隙大小；有调整要求的调整数据；重要螺栓螺母拧紧力矩。对涉及转向、制动等的安全部件更须严格地检查。对不符合技术要求的部件，应进行修复、更换，以确保过程作业的质量。过程检验的数据由检验员在检验签证单上完整记录，未经过程检验签证的车辆，厂检验员有权拒绝进行竣工检验。

3）汽车竣工检验：指送修的汽车经过解体、清洗、修理、总成装配调试和整车装配以后对整车进行静态和动态的检查验收。竣工检验由检验员专职进行，必须严格按照《汽车二级维护竣工出厂技术条件》逐项进行检验签证，必要时进行路试。竣工检验的结果应逐一填写在检验签证单上，未经竣工检验合格的车辆不得送检测站检测，不得出厂。

知识点 3　车辆检验要点

汽车常规保养是车间最常见的维修作业，检验技术标准遵照维修手册中油液更换容量和周期的标准，其中检验员在对完工的保养车辆检验时，应该关注的要点如下：

1）检查油液添加量。检查防冻液、制动液、转向助力油等的添加量，添加到最高和最低刻度线之间。

2）机油添加量在最高刻度线下方 1mm 处，同时还应该在检验时仔细观察油液颜色，间接判断技师是否完全更换。

3）特别要注意检查可能出现泄漏的部位，如油底螺栓、机油滤芯等。

4）润滑部位清洁检查，维修部位不能残留油液，机舱内机件表面干净，铰链等润滑部位不能有多余油脂。

5）车间维修中的部件更换、调试，都属于小修范围，对于这部分维修的检验，主要是维修操作规范，包括维修流程规范、工具使用规范，检验时可以通过观察维修部位是否安装到位，检查螺栓拧紧力矩是否符合维修手册要求。

知识点 4 发动机大修竣工检验内容

发动机大修竣工检验内容通常包括以下 6 个方面：

1）尾气合格。
2）机油压力合格。
3）无"四漏"（机油、冷却液、燃油、气）。
4）无异响。
5）加速性能优良。
6）油耗符合厂家规定值。

知识点 5 变速器大修竣工检验内容

变速器大修竣工检验的标准主要有以下内容：

1）挂档轻松。
2）档位清晰。
3）无异响。
4）行驶时不脱档。
5）行驶一段里程后，变速器温度不高于 80℃。
6）无漏油现象。
7）自动变速器油温达到正常温度后，原地挂 R 位和 D 位无冲击、异响。
8）路试升、降档应平顺，无顿挫、冲击现象。

知识点 6 一次修复标准

通常一次修复有三个衡量标准：

1）是否一次修好。
2）是否在承诺的时间内。
3）承诺的时间是否合理。

知识点 7 检验的分类

检验是维修过程中很重要的工序，严格而完善的检验制度可以有效避免不合格车辆出厂。是保证一次修复率的最后一道屏障。检验可分为四种：

1）自检是维修技师完工后的首要检测内容，车辆修复后，对于维修的项目，在交付前进行自我检验是技师最基本的职业素养。

2）班组长的互检，是维修质量第一次监督的实施，班组长不管维修技师的技术水平高还是低，从业时间长还是短，都要对维修后的车辆进行互检，防止维修技师在维修过程中的遗漏、维修不彻底、维修过度等问题的存在，避免问题没有解决就交车。

3）技术总监或者质检员的终检，是交付给服务顾问前的第二次监督的实施，技术总监和质检员的技术能力相对较强，在进行终检时，对于涉及的电器类维修、性能维修、发动机维修等，要进行试车检测，确保问题处理完毕，才能盖章和签字放行。

4）过程检验对于保证维修质量也很重要，有些维修项目在完工后短时间内无法检验出维修效果，这就需要做好过程检验工作，比如大修，必须有过程检验单。

知识点 8　动力性能路试检测条件

进行动力性能路试检测的条件有：

1）试验车辆的装载质量为规定的最大装载质量，且装载物均匀分布，装载物质量不会因为外部因素而变化。

2）轮胎气压符合试验车技术条件规定。

3）试验车辆所使用的燃料、油液、润滑等材料符合车辆规格以及国家标准规定。

4）试验场所要求在无雨无雾的天气环境下，相对湿度小于95%，气温为0～40℃，风速不大于3m/s。

5）试验道路应该是清洁、干燥、平坦的，且用混凝土或沥青铺成的品质路面，纵向坡度在0.1%以内。

6）试验用的仪器、设备符合精度要求。

知识点 9　综合分析仪基本功能

发动机综合分析仪的基本功能有：

1）无外载测功功能即加速测功法。

2）点火系统。初级与次级点火波形的采集与处理，平列波、并列波与重叠和重叠角的处理与显示，断电器闭合角和开启检测点角、点火提前角的测定等。

3）机械和电控喷油过程中各参数（压力、波形、喷油、脉宽、喷油提前角等）的测定。

4）进气歧管真空度波形的测定与分析。

5）各缸工作均匀性测定。

6）起动过程参数（电压、电流、转速）测定。

7）各缸压缩压力判断。

8）电控供油系统各传感器的参数测定。

9）万用表功能。

10）排气分析功能。

知识点 10　车辆噪声检验标准

噪声的主要物理参数有声压与声压级、声强与声强级、声功率与声功率级。其中声压与声压级是表示声音强弱的最基本参数。GB 7258—2017《机动车运行安全技术条件》对客车车内噪声级、汽车驾驶员耳旁噪声级和机动车喇叭声级作了规定，GB 1495—2002《汽车加速行驶车外噪声限值及测量方法》对车外最大噪声级及其测量方法作了规定。

1）车外最大允许噪声级：汽车加速行驶时，车外最大允许噪声级不应超过表 3-5-1 的规定。表中所列各类机动车辆的变型车或改装车（消防车除外）加速行驶时车外最大允许噪声级，应符合其基本型车辆的噪声规定。

2）车内最大允许噪声级：客车车内最大允许噪声级不大于 82dB。

3）汽车驾驶员耳旁噪声级应不大于 90dB（A）。

4）机动车喇叭声级：在距车前 2m、离地高 1.2m 处测量时，其值应为 90～115dB。

表 3-5-1　汽车加速行驶车外噪声限值

汽车分类	噪声限值 /dB（A）	
	第一阶段	第二阶段
	2002.10.1～2004.12.30 期间生产的汽车	2005.1.1 以后生产的汽车
M_1	77	74
M_2（GVM ≤ 3.5t），或 N_1（GVM ≤ 3.5t）：GVM ≤ 2t	78	76
2t＜GVM ≤ 3.5t	79	77
M_2（3.5t＜GVM ≤ 5t），或 M_3（GVM＞5t）：P＜150kW	82	80
P ≥ 150kW	85	83
N_2（3.5t＜GVM ≤ 12t），或 N_3（GVM＞12t）：P＜75kW	83	81
75kW ≤ P＜150kW	86	83
P ≥ 150kW	88	84

注：1. GVM 表示最大总质量，P 表示发动机额定功率。
　　2. M_1、M_2（GVM ≤ 3.5t）和 N_1 类汽车装用直喷式柴油机时，其限值增加 1dB（A）。
　　3. 对于越野汽车，其 GVM＞2t 时：
　　　　如果 P＜150kW，其限值增加 1dB（A）；
　　　　如果 P ≥ 150kW，其限值增加 2dB（A）。
　　4. M_1 类汽车，若其变速器前进档多于四个，P＞140kW，P/GVM 之比大于 75kW/t，并且用第三档测试时其尾端出线的速度大于 61km/h，则其限值增加 1dB（A）。

知识点 11　产品质量报告撰写要求

产品质量报告每个厂家都有自己的具体格式要求，一般都是在线填写，填写过程中有以下要求：

1）收集详细的维修信息：维修历史、故障现象、维修过程记录、维修结果等。资料的形式可以是文字、录音录像或照片。

2）车架号（VIN）必须正确，否则无法识别车辆。

3）行驶里程数必须准确，部件的性能与车辆行驶的里程直接相关。

4）客户描述栏中请记录客户对故障的描述，故障发生的过程以及客户的诉求（注意：在这里仅记录或判断客户的诉求，而尽量不主动询问客户，以避免为得到客户明确表述而刻意询问，有可能因沟通不畅造成不必要的客户投诉），如果涉及发动机（变速器）问题还需要在此处填写发动机（变速器）的序列号。

5）技师应客观地描述故障并尽量做到精简准确，重点描述维修过程，在没有足够数据和证据的情况下避免直接下结论。

知识点 12　案例分享的主要途径

技术主管应将整理后的维修案例及时地与车间维修技师分享，案例分享的主要途径有：

1）晨会：针对现阶段车间经常出现的一些维修案例，技术主管在进行归类整理后，利用第二天晨会时间，将案例与车间技师进行分享，这样既能给技师一定的维修借鉴，同时又有利于提高车间对此类故障的处理速度。

2）公告栏：只通过晨会进行案例分享可能会造成有的技师记忆不深，还可以通过公告栏的张贴进行分享，进一步加深技师的记忆。

3）内训：在经销商内训过程中，技术主管可以根据培训的内容把相关的案例提炼出来进行分享。

4）档案盒：有些维修案例虽然不能马上与车间的维修对应上，但是可以把它归纳到相应的文档盒中，并将资料的更新情况通知车间技师，以便车间技师在有空时借阅或查阅。

知识点 13　汽车"三包"责任

《家用汽车产品修理更换退货责任规定》第三条规定："三包责任由销售者依法承担"。汽车三包责任实行的是"谁销售谁负责"的原则。

1）三包责任由直接向消费者销售家用汽车产品的销售者承担，这是因为三包责任的产生是源于销售者与消费者之间订立的汽车买卖合同，所以销售者是三包责任的法定直接承担者。

2）销售者承担的三包责任，一般是指承担《家用汽车产品修理更换退货责任规定》责任范围内的修理、更换、退货的责任，还包括三包争议中的协商以及因三包问题引起的诉讼中的责任赔偿主体等。

3）考虑到消费者享受日常售后服务的便利性，三包维修则由经营者（包括生产者、销售者、修理者）之间约定的修理者提供。

知识点 14 汽车"三包"的前提与原则

在汽车三包规定中，严重的安全性能故障是汽车产品更换、退货的重要条件之一。家用汽车产品存在危及人身、财产安全的产品质量问题，致使消费者无法安全使用家用汽车产品，包括出现安全装置不能起到应有的保护作用或者存在起火等危险情况时可更换或退货。判断一个故障是否为严重安全性能故障，需考虑其是否符合三个前提条件、三个基本原则以及七类故障模式。

1）三个前提条件：故障必须是质量问题；故障必须已经实际发生；故障导致或可能导致危及人身、财产安全的事故。

2）三个基本原则

① 故障的突发性：故障发生前，驾驶员或乘员无法预见将要发生的故障。

② 危险的不可控性：故障发生时，驾驶员或乘员难以采取措施，防止事故发生。

③ 后果严重性：故障的后果将危及人身、财产安全。如果故障发生之前驾驶员或者乘员可以预期到或被提示，可以采取控制措施规避事故或伤害的发生，可以认为不属于严重安全性能故障。但对于燃油泄漏，而且能够看到明显液滴的，虽然驾驶员能够发现并采取预防措施，但该问题具有不可预见性、突发性和危险不可控性（一旦发生自燃），属于严重安全性能故障。

知识点 15 电路图在课件中引用的注意事项

电路图是课件制作过程中经常引用的内容，电路图的引用如何对课件有增色，不是随意截取一张电路图就可以实现的。电路图的引用要注意以下几点：

1）不要求大、求全。

2）不能断章取义，不能截取的部分看起来不清楚。

3）截取的电路图不要拉伸变形。

4）由于电路图比较大，建议在 PPT 中插入时设置一个链接，这样可以看到电路图全貌，当然，若截取部分的电路图能够充分说明要表达的内容，可以将电路图插入 PPT。

知识点 16 实车验证目的

实车验证是技术培训课程必不可少的环节，通过实车验证可以达到以下目的：

1）验证控制策略。

2）验证故障解决方法。

3）熟悉总成或车辆结构。

4）了解部件位置，线路等。

5）采集课件制作所需的照片。

6）采集测量数据。

知识点 17　课程开场效果

内训师开始讲解时，需要有一个好的开场来吸引学员的注意力，使学员能够以最大的热情更好地投入课程的学习中，提升教学效果。理想的课程开场，能起到以下效果：

1）使技师感到舒适放松。

2）活跃课堂气氛、提高学员注意力。

3）使技师尽快融入课程。

4）自然切入将要讲解的主题。

5）引起学员的好奇心，制造积极的气氛。

6）建立内训师的正面形象，有效掌控课堂。

知识点 18　课程开场应用技巧

课程开场常用的技巧有关系法、幽默法、就地取材法、提问法和故事法等，具体内容如下：

1）关系法：利用与学员的关系创建融洽轻松的课堂环境，并展开课程主题。

2）幽默法：通过幽默的语言或行为来活跃现场气氛，并展开本次课程。

3）就地取材法：借助课堂现场的某件事或某个物体，以此为话题展开本次课程，也可以此引出将要讲解的内容。

4）提问法：以提问的方式，引出将要讲解的内容。

5）故事法：通过讲故事的方式，引出将要讲解的内容。

知识点 19　课程总结基本原则

课程总结应遵循的基本原则有以下七方面：

1）总结要为全课教学目标服务，紧扣教材的重点。

2）总结时要对重要的知识点、概念的阐述深化和提高，切忌简单地重复，总结应比讲新课再深化一步。

3）总结时要注意培养学员的思维能力。

4）总结时要注意反馈，及时了解学员掌握的情况。

5）总结时要力求简明扼要，总结要突出重点，不要面面俱到。

6）总结内容要精简、系统，重点突出，条理清楚，语言简洁。

7）总结时间要结合整体课程时间合理分配。

知识点 20　内训师理论授课备课

对于理论授课，内训师一般以 PPT 为主进行课程的展示，内训师通过对 PPT 的讲解，使参训学员了解本次课程的相关知识。

1）清楚本次授课的课程目标，可以通过一张 PPT 展示。

2）清楚每个目标对应的知识内容。

3）内训师要知道每张 PPT 要传授给学员的知识点有哪些。

4）每张 PPT 的知识点应该运用哪种手段讲解，例如：通过提问方式、结合动画方式讲解等。

知识点 21　内训师实操授课备课

在进行培训时，内训师只用 PPT 的方式是无法让参训学员真正了解到所讲知识点的含义或作用的，最实用的方式就是结合实际操作，让学员在实操过程中，对所学知识点进行巩固理解，那么对实操授课我们也需要准备。

1）内训师在实操之前要清楚安全注意事项，并到实操车间确认安全设施能够正常使用。

2）清楚在实操时所需要的车辆、工具、资料等，并根据学员的特点预先设置好分组的方案。

3）内训师在带领学员实操之前要清楚实操具体步骤，并且在带领学员操作之前自己要先操作一遍。

4）内训师在做准备的过程中应该总结出一些规范、技巧和要点，在实操的时候传达给学员，这样也会增进师生关系。

知识点 22　评估结果分析原则

通过对参训学员理论测评结果的分析，可以帮助内训师发现问题，确定问题的点在哪里，在分析时，建议遵从以下原则：

1）先将理论测评试题分类，并通过 Excel 表，将知识点和试题的数量一一对应。

2）通过试题评判，对学员错误答案进行归类。

3）统计学员答卷中错误出现的频率，对高频率错误进行统计和分析。

4）分析学员答错可能的原因：知识点没有掌握、对知识点认识有误、对知识点理解有误、根本没有认识、对内训师讲述的知识不理解、内训师授课方式不对。

通过对参训学员实操测评结果的分析，可以帮助内训师发现问题，确定问题的点在哪里，在分析时，建议遵从以下原则：

1）学员对培训中所讲的操作规范是否掌握。

2）学员对培训中所讲的检测方法是否掌握。

3）学员是否能将理论知识与实际维修相结合。

4）实操过程中还暴露了哪些不足。

知识点 23　授课方法

通过对评估结果的分析，可以从中发现学员对哪部分知识理解得不清楚，除了学员的问题外，内训师也要考虑是否是授课方式造成的学员对知识点理解不够。

1）根据理论测评结果，调整对知识点的讲解方法，或者换一种方式进行授课。

2）增加一些授课方法，充实现有授课方法，使知识点讲解更能让学员接受，例如：增加视频资料的讲解方式。

3）授课中增加一些学员讨论或复述环节，加深学员对知识点的理解。

4）授课中，内训师对知识点进行故障模拟分析，强化学员对知识点的认识。

知识点 24　培训需求分析类型

1）理论知识：对于汽车维修技术人员，对其专业知识进行培训的需求分析至关重要。汽车专业知识的丰富，对于提高维修技术人员的技术水平至关重要，当然不止限于汽车专业知识，还包括法律法规知识、办公软件应用知识等。

2）操作技能：对于高级维修技术人员，培训需求技能分析至关重要。这种类型的分析不仅包括完成工作的实用技能，还包括客户关系和与他人合作等软技能，有时还涵盖了新的或不熟悉的技术。

知识点 25　策划培训原则

1）以公司战略与员工需求为主线。

2）以素质提升、能力培养为核心。

3）以针对性、实用性、价值性为重点。

4）项目式培训和持续性培训相互穿插进行。

5）坚持理论与实践相结合、学习与总结相结合。

6）坚持以公司内部培训为重点、内部培训与外部培训相结合。

7）坚持理论培训与实操培训相结合。

8）实现由点、线式培训向全面系统性培训转变。

三、练习题

（一）单选题

1．质检员的三个工作职能是（　　）。

A. 监督职能、报告职能、预防职能　　B. 保证职能、预防职能、报告职能

C. 检验职能、保证职能、监督职能　　D. 保证职能、预防职能、管理职能

2．汽车竣工检验指送修的汽车经过（　　）以后对整车进行静态和动态的检查验收。

A. 解体、修理、总成装配调试、整车装配、清洗

B. 清洗、解体、修理、整车装配、总成装配调试

C. 解体、修理、清洗、整车装配、总成装配调试

D. 解体、清洗、修理、总成装配调试、整车装配

3. 机油添加量在最高刻度线下方1mm处，同时还应该在检验时仔细观察（　　），间接判断技师是否需要完全更换。

A. 油液颜色　　　B. 油液余量　　　C. 油液沉淀　　　D. 以上答案都不对

4. 试验场所要求在无雨无雾的环境时，相对湿度小于（　　）。

A. 95%　　　B. 85%　　　C. 75%　　　D. 65%

5. 以下不属于一次修复衡量标准的是（　　）。

A. 是否一次修好　　　　　　B. 是否在承诺的时间内

C. 维修的价格是否合理　　　D. 承诺的时间是否合理

6. 检验是维修过程中很重要的工序，严格而完善的检验制度可以有效避免不合格车辆出厂，是保证一次修复的最后一道屏障。以下不属于检验的是（　　）。

A. 班组长的互检　　　　　　B. 技术总监或者质检员的终检

C. 过程检验　　　　　　　　D. 第三方机构检验

7. 服务顾问要熟知（　　）。

A. 故障问题点　　　　　　　B. 维修案例

C. 历史维修问题点　　　　　D. 以上都正确

8. 试验道路应该是清洁、干燥、平坦的，且用混凝土或沥青铺成的品质路面，纵向坡度在（　　）以内。

A. 1%　　　B. 0.5%　　　C. 0.3%　　　D. 0.1%

9. 在维修作业的全过程中，都要进行过程检验，过程检验的主要内容包括（　　）。

A. 零件磨损、变形、裂纹等情况；配合间隙大小

B. 有调整要求的调整数据

C. 对更换部件的价格进行监督

D. 对涉及转向、制动等的安全部件更须严格地检查

10. 发动机大修竣工包括（　　）。

A. 机油压力合格；无"三漏"（机油、冷却液、燃油）；无异响；加速性能优良

B. 尾气合格；机油压力合格；无异响；加速性能优良；油耗符合厂家规定值

C. 尾气合格；机油压力合格；无"四漏"（机油、冷却液、燃油、气）；无异响；加速性能优良；油耗符合厂家规定值

D. 尾气合格；机油压力合格；无"三漏"（机油、冷却液、燃油）；无异响；加速性能优良；油耗符合厂家规定值

11. 客车车内最大允许噪声级不大于（   ）。
   A. 62dB   B. 72dB   C. 82dB   D. 92dB

12. 汽车驾驶员耳旁噪声级应不大于（   ）。
   A. 100dB   B. 90dB   C. 80dB   D. 70dB

13. 机动车喇叭声级在距车前_____、离地高_____处测量时，其值应为_____。（   ）
   A. 1m，2.2m，80～120dB   B. 1m，3.2m，70～115dB
   C. 2m，1.2m，90～115dB   D. 1m，4.2m，60～120dB

14. 车辆行驶一段里程后，变速器油温应不高于（   ）。
   A. 90℃   B. 80℃   C. 70℃   D. 60℃

15. 发动机综合分析仪的基本功能中起动过程测量参数包括（   ）。
   A. 电压、电流、转速   B. 电阻、电流、频率
   C. 电压、电流、频率   D. 电阻、电流、转速

16. 技师应客观地描述故障并尽量做到精简准确，重点描述维修过程，在没有足够数据和证据的情况下避免直接下结论。描述建议包含（   ）。
   A. 确认客户反映的问题是否存在
   B. 做了哪些测试来判断此故障存在以及测试的数据合理
   C. 维修是否有效
   D. 以上都正确

17. 家用汽车产品自三包有效期起算之日起_____日内或者行驶里程_____千米之内，因发动机、变速器、动力蓄电池、行驶驱动电机的主要零部件出现质量问题的，消费者可以凭三包凭证选择更换发动机、变速器、动力蓄电池、行驶驱动电机。修理者应当免费更换。（   ）
   A. 30，3000   B. 60，3000
   C. 30，6000   D. 60，6000

18. 技术主管应将整理后的维修案例及时地与车间维修技师分享，案例分享的主要途径有（   ）。
   A. 晨会、公告栏、内训、档案盒   B. 晨会、车间现场讲解、内训、档案盒
   C. 晨会、公告栏、外训、档案盒   D. 晨会、车间现场讲解、外训、档案盒

19. 在试验道路上任意两点之间的纵向坡度不应超过（   ）。
   A. +4%   B. +3%   C. +2%   D. +1%

20. 满载检验时，气压制动系统气压表的指示气压值应小于（   ）。
   A. 650kPa   B. 750kPa   C. 850kPa   D. 950kPa

21. 关于课件评审说法错误的是（   ）。
   A. 课件评审是课程开发非常重要的环节

B. 课件评审主要看开发的课程是否有不足

C. 错别字、内容错误（原理，参数，方法等）只要不是大问题不影响培训

D. 内训师自己要扮演评审的角色，课件制作完成后，自己要先结合评审要点进行自我检查，这样可以避免出现大的漏洞

22. 实车验证的目的包括（   ）。

A. 验证故障解决方法   B. 熟悉总成或车辆结构

C. 了解部件位置，线路等   D. 以上都正确

23. 关于电路图的引用，说法正确的是（   ）。

A. 电路图必须全面

B. 截取的电路图拉伸变形没有太大影响

C. 截取的电路图若不清楚就坚决不用

D. 以上都正确

24. 关于实操授课备课说法错误的是（   ）。

A. 内训师在实操之前要清楚安全注意事项，并到实操的车间确认安全设施能够正常使用

B. 内训师在带领学员实操之前要清楚实操具体步骤，在带领学员操作之前无须先自己操作一遍

C. 内训师在做准备的过程中应该总结出一些规范、技巧和要点，在实操的时候传达给学员，这样也会增进师生关系

D. 清楚在实操时所需的车辆、工具、资料等，并根据学员的特点预先设置好分组的方案

25. 通过对参训学员实操测评结果的分析，可以帮助内训师发现问题，确定问题的点在哪里，在分析时，建议遵从的原则包括（   ）。

A. 学员对培训中所讲的操作规范是否掌握

B. 学员对培训中所讲的检测方法是否掌握

C. 学员是否能将理论知识与实际维修相结合

D. 以上都正确

26. 通过对评估结果的分析，可以从中发现学员对哪部分理解得不清楚，除了学员的问题外，内训师也要考虑是否是授课方式造成的学员对知识点理解不够。以下选项中属于授课方式的是（   ）。

A. 根据理论测评结果，调整对知识点的讲解方法，或者换一种方式进行授课

B. 增加一些授课方法，充实现有授课方法，使知识点讲解更能让学员接受，例如：增加视频资料的讲解方式

C. 授课中增加一些学员讨论或复述环节，加深学员对知识点的理解

D. 以上都属于授课方式

27. 在一部分内容要结束时，内训师可以用简单明了、准确简练的语言和图表等方法，对整个内容进行归纳总结，关于总结说法错误的是（   ）。

A. 概括出知识的脉络与主线

B. 总结过程无须详细

C. 总结过程可由内训师完成

D. 总结过程可由内训师引导学员共同完成，使学员的思维能力、动手能力得到训练，真正成为学习的主体

28. 内训师对评估结果分析后，接下来就是要制订培训改善或调整的方案和计划，以便在日后的培训中，能够更好地做好店内的培训，其中关于课件改善说法错误的是（   ）。

A. 对理论测试中错误率高的知识点，在下次培训的课件中再次强化

B. 实操评估中没有掌握的知识点，可以调整一下实操练习单的设计，针对这类知识点着重练习

C. 满意度调查中，涉及课程内容方面的意见，只需在讲述中改进，无需对现有课件进行调整

D. 满意度调查中，针对学员的需求或建议，设计新的课程，或在日后培训课件中，添加相应的内容

29. 关于考核课程档案管理，说法正确的是（   ）。

A. 公司建立培训档案，内容包括培训的时间、地点、内容、培训对象、培训内训师等

B. 公司开展的各类培训课程，参加者签到记录、课程考核试卷等由人力资源部进行分类登记、保管

C. 每次培训的归档资料应包括的内容：培训通知、培训教材或讲义、考核试卷、学员名单及签到表、培训效果评估、学员书面考核成绩或心得总结等

D. 以上都正确

30. 通过对参训学员理论测评结果的分析，可以帮助内训师发现问题，确定问题的点在哪里，在分析时，建议遵从的原则是（   ）。

① 先将理论测评试题分类，并通过 Excel 表，将知识点和试题的数量一一对应

② 通过试题评判，对学员的错误答案进行归类

③ 统计学员答卷中错误出现的频率，对高频率错误进行统计和分析

④ 分析学员答错可能的原因：知识点没有掌握、对知识点认识有误、学员对知识点理解有误、根本没有认识、对内训师讲述不理解、内训师授课方式不对

A. ①②　　　　B. ③④　　　　C. ①②③④　　　　D. ②③④

31. 关于培训效果评估，说法正确的是（   ）。

A. 效果评估可以在课堂中随时进行，也可以阶段性开展，例如在某个知识要点

的讲解过程中，完成了一个知识点或一个章节的学习后，完成了一次实操练习后，结束了一门课程的学习后，都可以进行效果评估

B．效果评估的形式有很多，如：知识问答、内容复述、元件识别、作业练习、理论测试、实操考核

C．在众多的评估形式中，知识问答、内容复述、作业练习都可以在培训过程中进行，而理论测试、实操考核则需要在培训后进行

D．以上都正确

32．关于培训效果评估，说法正确的是（　　）。

A．培训后，公司可不对培训的内训师、培训的组织、总体效果等做出评估

B．1个小时以上的培训（包括外训），受训者学习结束后应写出《培训心得总结》，经部门负责人审阅后交人力资源部存入个人培训档案

C．参加短训班，受训员工学习结束后，无须扩大培训效果

D．培训获得相关证书的员工，证书原件无须交由人力资源部存档

33．通过对培训效果进行评估，可能发现一些知识点用现有培训方式不足以让学员掌握，那就要考虑换一种培训方式，以下说法正确的是（　　）。

A．培训改善是要根据评估结果进行的，同时改善只能在下次培训中或日后再有此类培训中进行

B．通过制订培训改善的方案，能够让内训师进行自我总结，这样对内训师的成长是非常有帮助的

C．内训师就应该在这种"培训—评估—改善—培训"闭环工作中，快速成为真正的内训师

D．以上都正确

34．关于课程总结的基本原则，说法错误的是（　　）。

A．总结要为教学目标服务，紧扣教材的重点

B．总结可以简单地重复，只需起到复习作用，没必要比讲新课再深化一步

C．总结时要注意培养学员的思维能力

D．总结时要注意反馈，及时了解学员掌握的情况

35．关于课程总结的基本原则，说法正确的是（　　）。

A．总结时要力求简明扼要，总结要突出重点，不要面面俱到

B．总结内容要精简、系统，重点突出，条理清楚，语言简洁

C．总结时间要结合整体课程时间合理分配

D．以上都正确

36．以下关于培训需求分析方法的描述，说法正确的是（　　）。

A．问卷：结合参训人员实际工作的需求，制作相应内容的调研问卷，通过网络或是现场沟通等方式，调研学员实际需求，使培训更有针对性，能够很好地落地

B. 观察：这种方法的关键是随着时间的推移进行多次观察学员的弱项，使它们成为非正式的和未宣布的。员工应该知道，这些观察结果不是惩罚性的，而只是出于培训目的

C. 检查工作：通过对参训人员工作成果的检验，能够比较真实地反映出工作能力欠缺的点，是知识不足，还是技能不够，还是工作态度问题

D. 以上都正确

37. 培训师在完成培训准备工作后，内容准备自查表包括（　　）。

① 在准备课程的时候是否清楚地知道课程包括哪些文件
② 是否清楚地知道这部分课程的课程目标
③ 是否清楚针对这个课程目标所设置的授课方法
④ 是否清楚地知道课后测试每道题的正确答案

A. ①②　　　B. ①②③④　　　C. ③④　　　D. ②③④

38. 培训师在进行准备工作自查后，课程演练自我评价表包括（　　）。

① 开场技巧的应用是否达到了"吸引人"的效果
② 是否说明了支持学习目标的主要课程内容
③ 是否说明了授课时间计划
④ 是否说明了学习本课程需要技师具备的基本的知识储备和技能要求

A. ①②　　　B. ③④　　　C. ①②③④　　　D. ②③④

39. 关于素材加工，说法正确的是（　　）。

A. 素材加工的形式很多，只要善于发挥自己的主观能动性就可以开发出优秀的课件
B. 维修手册如要引用图表，一定要注意整洁、完整
C. 在对图片加工时，应避免图片的拉伸变形，注意保证图中图形的比例合理
D. 以上都正确

40. 理想的课程开场，能起到的效果有（　　）。

① 活跃课堂气氛、提高学员注意力
② 使技师尽快融入课程
③ 引起学员的好奇心，制造积极的气氛
④ 学员能完全掌握培训内容

A. ①②③　　　B. ③④　　　C. ①②③④　　　D. ②③④

（二）多选题

1. 汽车的常规保养是车间最常见的维修作业，检验技术标准应遵照维修手册中油液更换容量和周期标准。检验员在对完工的保养车辆检验时，应关注的是（　　）。

A. 检查油液添加量。检查防冻液、制动液、转向助力油等的添加量，添加到最高和最低刻度线之间

B.特别要注意检查可能出现泄漏的部位，如油底螺栓、机油滤芯等

C.润滑部位清洁检查，维修部位不能残留油液

D.检验时可以通过观察维修部位是否安装到位，检查螺栓拧紧力矩是否符合维修手册要求

2.进行动力性能路试检测的条件有（　　）。

A.试验车辆的装载质量为规定的最大装载质量，且装载物均匀分布，装载物质量不会因为外部因素而变化

B.试验车辆所使用的燃料、油液、润滑等材料符合车辆规格以及国家标准规定

C.试验场所要求在无雨无雾的环境时，相对湿度小于85%，气温为0~35℃，风速不大于3m/s

D.试验道路应该是清洁、干燥、平坦的，且用混凝土或沥青铺成的品质路面，纵向坡度在0.1%以内

3.关于国六A、B标准具体情况说法正确的是（　　）。

A.一氧化碳：A（800mg/km）；B（400mg/km）

B.非甲烷烃：A（68mg/km）；B（35mg/km）

C.氮氧化物：A（60mg/km）；B（35mg/km）

D.PM细颗粒物：A（5.5mg/km）；B（4mg/km）

4.维修案例的收集一般包括（　　）等几种方式。

A.车间维修技师根据自己的工作经历编写提交

B.技术总监在日常的车间疑难故障支持中，收集并编写的维修案例

C.车间未解决故障，在通过厂家技术支持解决后，技术主管编写的维修案例

D.厂家定期分享的其他经销商的维修案例

5.关于汽车加速度性能检验，以下描述正确的是（　　）。

A.测试前确保汽油发动机节气门能够全开

B.对于轿车速度应该达到80km/h以上

C.使用五轮仪记录汽车的初速度和加速行驶的全过程

D.往返只需进行一次试验

6.下面选项中，（　　）是实车验证的目的。

A.验证控制策略　　　　　　　　B.验证故障解决方法

C.熟悉总成或车辆结构　　　　　D.了解车辆价值

7.课程开场常用的应用技巧包括（　　）。

A.关系法　　　　B.幽默法　　　　C.就地取材法　　　　D.提问法

8.关于理论授课备课要求描述正确的是（　　）。

A.清楚本次授课的课程目标，可以通过一张PPT展示

B.清楚每个目标对应的知识内容

C. 每张PPT的知识点不用特别明确

D. 清楚每张PPT的知识点应该运用哪种手段讲解，例如：通过提问方式、结合动画方式讲解等

9. 培训建议包括（　　）。

A. 学员是否有新的需求　　　　B. 学员对本次培训课件内容的建议

C. 学员对组织、安排的建议　　D. 学员对内训师授课方式和技巧的建议

10. 以下选项属于课程总结基本原则的是（　　）。

A. 总结要为全课教学目标服务，紧扣教材的重点

B. 总结时对重要知识点、概念的阐述要注意深化和提高，切忌简单地重复，应比讲新课再深化一步

C. 总结时要注意培养学员的思维能力

D. 总结时要注意反馈，及时了解学员掌握的情况

（三）判断题

1. 过程检验的数据由检验员在检验签证单上完整记录，未经过程检验签证的车辆，厂检验员无权拒绝进行竣工检验。（　　）

2. 润滑部位清洁检查，维修部位不能残留油液，机舱内机件表面干净，铰链等润滑部位不能有多余油脂。（　　）

3. 三包责任的产生是源于销售者与消费者之间订立的汽车买卖合同，所以消费者是三包责任的法定直接承担者。（　　）

4. 车辆返修是不可避免的，返修由多重原因造成，但是不管什么因素造成的，都会造成一次修复率下降。从技术层面如何控制好车辆返修是技术总监的一项重要工作。（　　）

5. 如涉及更换发动机总成、中缸、长缸，须在客户描述处填写发动机序列号。如果涉及变速器的问题，无论是否更换零件，变速器外部或内部的问题，无须在客户描述处填写变速器序列号。（　　）

6. 引用电路图时，电路图由于比较大，可以在PPT中设置一个链接，这样可以看到电路图全貌，当然，若截取部分的电路图能够充分说明要表达的内容，可以将电路图插入PPT。（　　）

7. 总结时对重要的知识点、概念的阐述，为了提高课堂效率，可以简单地重复，不需要深化。（　　）

8. 汽车专业知识的丰富，对于提高维修技术人员的技术水平至关重要，当然不止限于汽车专业知识，还包括法律法规知识、办公软件应用知识等。（　　）

9. 通过对参训学员理论测评结果的分析，可以帮助内训师发现问题，确定问题的点在哪里，分析学员答错的可能原因。主要原因包括：知识点没有掌握、对知识点认识有误、学员对知识点理解有误、根本没有认识、对内训师讲述的知识不理解、

内训师授课方式不对。   (   )

10. 内训师在分析实操测评结果时，只需考虑学员对培训中所讲的操作规范和检测方法是否掌握，对培训中所讲的理论知识能否与实际维修相结合可以不用过多考虑。   (   )

（四）简答题

1. 简述变速器大修竣工检验标准。
2. 简述进行动力性能路试检测的条件。
3. 发动机大修竣工检验一般通过哪些方面进行？
4. 实车验证的目的是什么？
5. 简述培训原则的主要内容。

（五）论述题

1. 车辆因发动机渗油问题，进行了 8 次维修，消费者以同一产品质量问题累计修理超过 5 次为由，要求换车。维修企业仅向消费者开具了 4 次维修的修理记录，4 次维修未开具修理记录，故称有记录的维修仅为 4 次，不符合换车条件。请结合汽车三包规定对该案例进行分析。

2. 培训需求分析方法包括哪些？结合实际工作，请论述一下它们的具体含义。

四、参考答案及解析

（一）单选题

1. B

解析：本题主要考核质检员的工作职责，质检员的三个工作职能：①保证职能：即把关职能，通过对零配件、维修零件或总成进行检验，保证汽车维修质量。②预防职能：通过检验处理，将获得的数据及时反馈，以便及时发现问题，找出原因，采取措施，预防车辆维修不合格现象的产生。③报告职能：将质量检验的情况及时向企业主管部门报告，为加强质量管理和监督提供依据。

2. D

解析：本题主要考核汽车竣工检验标准，指送修的汽车经过解体、清洗、修理、总成装配调试和整车装配的流程之后，对整车进行静态和动态的检查验收，同时竣工检验由检验员专职进行。

3. A

4. A

5. C

解析：本题主要考核一次修复的三个衡量标准：是否一次修好；是否在承诺的时间内；承诺的时间是否合理。

6. D

解析：本题主要考核检验工序，检验包括自检、班组长的互检、技术总监或者质检员的终检、过程检验。

7. D

解析：本题主要考核对服务顾问的要求，服务顾问和客服专员一样，都要熟知品牌车辆常见的故障问题点、维修案例、主动整改内容等，以及客户上次维修故障点、历史维修问题点，才能有效在接车环节，解决客户问题，减少客户进入车间维修的项目和次数，控制一次修复率的下滑。

8. D

9. C

解析：本题主要考核过程检验的主要内容，包括：零件磨损、变形、裂纹等情况；配合间隙大小；有调整要求的调整数据；重要螺栓螺母拧紧力矩。对涉及转向、制动等的安全部件更须严格地检查。对不符合技术要求的部件，应进行修复、更换，以确保过程作业的质量。

10. C

解析：本题主要考核发动机大修竣工检验标准，一般按照以下6个方面进行检验：尾气合格；机油压力合格；无"四漏"（机油、冷却液、燃油、气）；无异响；加速性能优良；油耗符合厂家规定值。

11. C

12. B

13. C

14. B

15. A

解析：本题主要考核发动机综合分析仪的基本功能中起动过程参数（电压、电流、转速）的测定。

16. D

17. B

解析：《家用汽车产品修理更换退货责任规定》第二十条规定："家用汽车产品自三包有效期起算之日起60日内或者行驶里程3000千米之内（以先到者为准），因发动机、变速器、动力蓄电池、行驶驱动电机的主要零部件出现质量问题的，消费者可以凭三包凭证选择更换发动机、变速器、动力蓄电池、行驶驱动电机。修理者应当免费更换。"

18. A

解析：本题主要考核维修案例分享途径：晨会：针对现阶段车间经常出现的一些维修案例，技术主管在进行归类整理后，利用第二天晨会时间，将案例与车间技师进行分享，这样既能给技师一定的维修借鉴，同时又有利于提高车间对此类故障的处理速度。公告栏：只通过晨会进行案例分享可能会造成有的技师记忆不深，还可以通过公告栏的张贴进行分享，进一步加深技师的记忆。内训：在经销商内训过程中，技术主管可以根据培训的内容把相关的案例提炼出来进行分享。档案盒：有些维修案例虽然不能马上与车间的维修对应上，但是可以把它归纳到相应的文档盒中，并将资料的更新情况通知车间技师，以便车间技师在有空时借阅或查阅。

19. C

20. B

21. C

解析：本题主要考核课件评审的要求，课件评审是课程开发非常重要的环节，课件评审主要看开发的课程是否有不足。内训师自己要扮演评审的角色，课件制作完成后，自己要先结合评审要点进行自我检查，这样可以避免出现大的漏洞。通常审查的方向有错别字、图片（不清楚，不适当等）、内容错误（原理，参数，方法等）、版面错误（文字叠加，文字图片叠加等）、前后衔接不当。

22. D

23. C

解析：本题主要考核电路图的引用，其中A、B选项错误，电路图不要求大，求全。同时截取的电路图不要拉伸变形。

24. B

25. D

26. D

27. B

28. C

29. D

解析：本题主要考核课程档案管理，根据要求：每次培训结束后，公司建立培训档案，内容包括培训的时间、地点、内容、培训对象、培训内训师等。公司展开的各类培训课程，参加者签到记录、课程考核试卷等由人力资源部进行分类登记、保管。每次培训的归档资料应包括的内容有：培训通知、培训教材或讲义、考核试卷、学员名单及签到情况表、培训效果评估、学员书面考核成绩或心得总结等。

30. C

31. D

32. B

解析：本题主要考核培训效果评估。培训后，公司必须对培训的内训师、培训的组织、总体效果等做出评估。1个小时以上的培训（包括外训），受训者学习结束后应写出《培训心得总结》，经部门负责人审阅后交人力资源部存入个人培训档案。参加短训班，受训员工学习结束后，应将受训所学的内容，对公司内部其他相关员工进行培训，以扩大培训效果。培训获得相关证书的员工，应将证书原件交由人力资源部存档。人力资源部对当年的培训工作进行总的评价，并写出评估报告。在进行年度评估时，应将年内每一次评估的结果作为依据。

33. D

34. B

解析：本题主要考核课程总结的基本原则，总结时对重要的知识点、概念的阐述要注意深化和提高，切忌简单地重复，应比讲新课再深化一步。

35. D

36. D

37. B

38. C

39. D

40. A

(二) 多选题

1. ABCD

2. ABD

解析：本题主要考核进行动力性能路试检测的条件，其中试验场所要求在无雨无雾的环境时，相对湿度小于95%，气温为0～40℃，风速不大于3m/s。

3. BC

解析：本题主要考核机动车污染物排放标准。其中国六 A 在 2019 年 7 月 1 日首先对燃汽车辆实施，到 2021 年 7 月 1 日逐步对所有车型实施。国六 B 标准将在 2021 年 1 月 1 日—2023 年 7 月 1 日对所有车型实施。对于国六标准，很多车友都比较关心排放限值的变化，国六 A、B 标准具体情况如下：

① 一氧化碳：A（700mg/km）；B（500mg/km）

② 非甲烷烃：A（68mg/km）；B（35mg/km）

③ 氮氧化物：A（60mg/km）；B（35mg/km）

④ PM 细颗粒物：A（4.5mg/km）；B（3mg/km）

4. ABCD

5. AC

解析：本题主要考核汽车加速度性能检验，其中包括：汽车最高档或次高档加速性能试验，在试验路段上选取合适的长度，作为加速性能的测试路段，在两端放置标杆作为记号。汽车在变速器预定档位，以稍高于该档最低车速起作等速行驶，用五轮仪监测初速度，当车辆稳定后驶入试验路段，迅速将加速踏板踩到底，使汽车加速行驶至该档最高车速的 80%；对于轿车应该达到 100km/h 以上；使用五轮仪记录汽车的初速度和加速行驶的全过程。往返各进行一次试验。

6. ABC

解析：本题主要考核实车验证的目的，包括：验证控制策略；验证故障解决方法；熟悉总成或车辆结构；了解部件位置、线路等；采集课件制作所需的照片；采集测量数据。

7. ABCD

8. ABD

解析：本题主要考核理论授课备课，对于理论授课，我们一般以PPT为主进行课程的展示，通过内训师对PPT的讲解，使参训学员了解本次课程的相关知识。内训师要知道每张PPT要传授给学员的知识点有哪些。

9. ABCD

10. ABCD

（三）判断题

1. ×

解析：本题主要考核维修过程检验，过程检验的数据由检验员在检验签证单上完整记录，未经过程检验签证的车辆，厂检验员有权拒绝进行竣工检验。

2. √

3. ×

解析：本题主要考核三包责任的概念，三包责任由直接向消费者销售家用汽车产品的销售者承担，主要是因为三包责任的产生是源于销售者与消费者之间订立的汽车买卖合同，所以销售者是三包责任的法定直接承担者。

4. √

5. ×

解析：本题主要考核产品质量报告撰写要求，涉及更换发动机总成、中缸、长缸，须在客户描述处填写发动机序列号。如果涉及变速器的问题，无论是否更换零件，变速器外部或内部的问题，须在客户描述处填写变速器序列号。

6. √

7. ×

解析：本题主要考核课程总结的基本原则，总结时对重要的知识点、概念的阐述要注意深化和提高，切忌简单地重复，应比讲新课再深化一步。

8. √

解析：本题主要考核培训需求分析的类型，对于汽车维修技术人员，对其专业知识库进行培训需求分析至关重要。汽车专业知识的丰富，对于提高维修技术人员的技术水平至关重要，当然不止限于汽车专业知识，还包括法律法规知识、办公软件应用知识等。

9. √

10. ×

解析：本题主要考核通过对参训学员实操测评结果的分析，可以帮助内训师发现问题，确定问题的点在哪里，在分析时，建议遵从的原则是：对培训中所讲的操作规范是否掌握；对培训中所讲的检测方法是否掌握；对培训中所讲的理论知识能否与实际维修相结合；实操过程中还暴露了哪些不足。

（四）简答题

1. 答：

1）挂档轻松。

2）档位清晰。

3）无异响。

4）行驶时不脱档。

5）行驶一段里程后，变速器油温不高于80℃。

6）无漏油现象。

7）自动变速器油温达到正常温度后，原地挂R位和D位有无冲击、异响。

8）路试升、降档应平顺，无顿挫、冲击现象。

2. 答：

1）试验车辆的装载质量为规定的最大装载质量，且装载物均匀分布，装载物质量不会因为外部因素而变化。

2）轮胎气压符合试验车技术条件规定。

3）试验车辆所使用的燃料、油液、润滑等材料符合车辆规格及国家标准规定。

4）试验场所要求在无雨无雾的环境时，相对湿度小于95%，气温为0～40℃，风速不大于3m/s。

5）试验道路应该是清洁、干燥、平坦的，且用混凝土或沥青铺成的品质路面，纵向坡度在0.1%以内。

6）试验用的仪器、设备符合精度要求。

3. 答：

1）尾气合格。

2）机油压力合格。

3）无"四漏"（机油、冷却液、燃油、气）。

4）无异响。

5）加速性能优良。

6）油耗符合厂家规定值。

4. 答：

1）验证控制策略。

2）验证故障解决方法。

3）熟悉总成或车辆结构。

4）了解部件位置，线路等。

5）采集制作课件所需的照片。

6）采集测量数据。

5. 答：

1）以公司战略与员工需求为主线。

2）以素质提升、能力培养为核心。

3）以针对性、实用性、价值型为重点。

4）项目式培训和持续性培训相互穿插进行。

5）坚持理论与实践相结合、学习与总结相结合。

6）坚持以公司内部培训为重点、内部培训与外部培训相结合。

7）坚持理论培训和岗位培训相结合。

8）实现由点、线式培训向全面系统性培训转变。

（五）论述题

1. 答：

《家用汽车产品修理更换退货责任规定》：

第十七条：修理者应当建立修理记录存档制度。修理记录保存期限不得低于6年。

第二十一条：家用汽车产品在包修期内因质量问题修理时间累计超过30日的，或者因同一质量问题累计修理超过4次的，消费者可以凭购车发票、三包凭证，由销售者负责更换或退货。

案例解析：

本案例中，车辆因为发动机渗油故障累计进行了8次维修，虽其中有4次维修企业未开具维修工单，但消费者可以要求维修企业为其补充并提供修理记录。如确认为同一产品质量问题导致故障的发生，那么维修企业应为消费者更换车辆。

2. 答：

培训需求分析方法包括：问卷、观察、采访、检查工作。

1）问卷：结合参训人员实际工作需求，制作相应内容的调研问卷，通过网络或是现场沟通等方式，调研学员实际需求，使培训更有针对性，能够很好地落地。

2）观察：如果可能的话，定期观察可以是一个很好的训练需求分析的方法。这种方法的关键是随着时间的推移进行多次观察学员的弱项，使它们成为非正式的和未宣布的。员工应该知道，这些观察结果不是惩罚性的，而只是出于培训目的。

3）采访：实际接触参训学员，通过谈话沟通交流，获取学员真正需求，是一个比较贴合实际的方法。比调研问卷具有更高的灵活性，收集的信息更全面。

4）检查工作：通过对参训人员工作成果的检验，能够比较真实地反映出工作能力欠缺的点，是知识不足，还是技能不够，还是工作态度问题。

第四部分 操作技能考核指导

Chapter 4

模块一 发动机系统故障诊断与排除

技能训练一 发动机失火故障诊断与排除

1. 训练准备

【故障排除所用工具设备清单】

序号	名称	型号与规格	单位	数量	备注
1	诊断仪	通用型	个	1	
2	整车	考试车辆	辆	1	
3	常用工具箱	通用	套	1	
4	万用表	汽车专用万用表	个	1	
5	火花塞	考试车辆	个	1	
6	继电器	考试车辆	个	1	
7	气缸压力表	考试车辆	个	1	
8	点火线圈	考试车辆	个	1	
9	电路图	维修手册	本	1	
10	白纸	A4	张	1	
11	防护套装	脚垫、变速杆套、座椅套、转向盘套	套	1	

2. 训练要求

在规定的时间内完成失火故障的诊断与排除。

3. 训练时间

40min。

4. 操作步骤

（1）发动机失火的原因　发动机失火主要表现为某缸（或多缸）不工作或工作不良。导致气缸失火故障的原因主要有以下几个方面：

1）点火系统故障（点火正时错乱，火花塞间隙不正常、积炭、击穿，高压线漏电，点火线圈断路、短路，点火模块及线路故障等）。

2）供油系统故障（燃油压力过低、过高，喷油器线圈断路、短路、机械卡滞等）。

3）进气系统故障（空气滤清器堵塞，进气系统漏气等）。

4）气缸压力不足（配气机构故障，活塞、活塞环与气缸壁之间密封不严，气缸垫损坏等）。

5）发动机电控系统其他故障。

（2）发动机失火的故障排除方案

1）确定哪个气缸或哪几个气缸存在失火现象。连接故障诊断仪，在发动机运转的情况下，查询有无失火故障码，并结合诊断仪的动态数据流功能，监测具体失火情况。

说明：如果不能通过诊断仪得到基本的有效信息，可采用"断缸法"，即在发动机工作时，人为地停止某个气缸的工作（如暂时停止某缸的喷油或点火），若断缸后发动机转速明显下降或抖动加剧，则可判断所断的气缸工作情况良好，若断缸后发动机转速下降不明显或抖动不明显，则可判断此缸工作不正常或不工作。

2）检查失火气缸的火花塞是否正常。主要检查火花塞间隙是否合适，有无积炭、击穿、漏电等现象。

说明：如火花塞自身存在故障，更换后即可解决问题；若火花塞无问题，可做失火气缸的高压跳火试验（图4-1-1）；若火花弱或无火花，可检修点火系统的供电电源、高压线、点火线圈等部件，根据检修结果更换故障部件即可。

3）检查喷油器工作性能。

说明：若点火系统正常，可在发动机工作时，用听诊工具抵在喷油器体上（图4-1-2），检查喷油器有无"嗒嗒"的振动声，如未听到工作声音，可本着由简到繁的原则检查喷油器电阻、插接器、线路及ECU；若能听到工作声，也不代表喷油器工作完全正常，因为喷油器仍可能存在堵塞、滴漏、雾化不良、喷油量

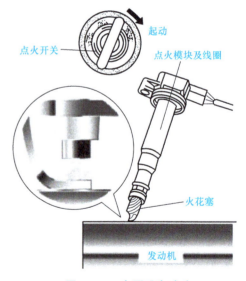

图4-1-1 高压跳火试验

异常等机械故障，从而导致发动机出现失火，此时可利用喷油器清洗机对喷油器进行清洗、检查，如清洗后效果仍不明显，应更换喷油器。另外，在拆检喷油器前采用喷油器免拆清洗法，也是一种不错的尝试。

4）检测气缸压力。

说明：若点火及供油系统均正常，可按照检测缸压的标准流程对气缸压力进行检测，若检测的缸压低于规定数值，应检查发动机换气系统有无堵塞、积炭，正时

传动机构有无跳齿，必要时对发动机进行深入拆检、修理。

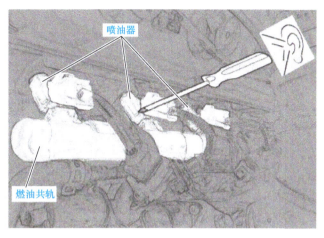

图 4-1-2　喷油器性能检查

5）读取数据流。

说明：某些时候失火故障是轻微的、不连续的，这就给诊断带来了一定的困难。此时可借助诊断仪对影响混合气形成及燃烧的各参数（如喷油量、进气量、点火正时、燃油压力、氧传感器、冷却液温度等）进行检查，必要时借助示波器对影响供油及点火的相关传感器、执行器、线路等进行深入检测，通过数据分析、结合经验，最终找出故障所在。

6）有时失火故障并不是真的存在，而是监控部分出了问题，从而导致发动机故障指示灯点亮。如采用曲轴转速波动监测法的发动机失火监测系统，可利用诊断仪的"齿讯学习"功能进行学习，以消除误报现象。

5. 评分标准

序号	考核内容	考核要点	评分标准	配分	得分
1	正确使用工具、诊断仪	能够正确使用工具、诊断仪	① 使用错误一次扣1分 ② 扣完本项分数为止	5分	
2	① 根据故障现象分析故障原因 ② 分析点火系统电路图，找出故障点	① 能够确认故障现象 ② 正确分析故障原因 ③ 分析点火系统电路图，找出故障点	① 未确认故障现象扣5分 ② 故障原因分析错误扣5分 ③ 电路图分析错误扣5分 ④ 不能描述故障点扣5分 ⑤ 扣完本项分数为止	40分	
3	明确故障部位（口述）	能够正确描述故障部位的名称和检查方法	① 不能明确故障部位的扣5分 ② 扣完本项分数为止	10分	

（续）

序号	考核内容	考核要点	评分标准	配分	得分
4	排除发动机失火故障	① 正确检查点火系统连接及老化情况 ② 正确连接诊断工具和设备，判断失火的气缸 ③ 正确排除点火系统线路故障 ④ 正确排除点火系统电控故障	① 检查方法错误1次扣5分 ② 故障排除不彻底扣5分 ③ 不能排除故障扣5分 ④ 扣完本项分数为止	30分	
5	验证故障排除效果	正确验证故障排除效果	① 故障排除效果验证不完整的扣5分 ② 扣完本项分数为止	10分	
6	遵守安全操作规程，正确使用工量具，操作现场整洁	① 遵守安全操作规程 ② 正确使用工量具 ③ 操作现场整洁	每项扣1分，扣完为止	5分	
	安全用电、防火，无人身、设备事故		因违规操作发生重大人身或设备事故，此题按0分计		
备注		总计	合计	100分	

评分人： 　　　年　月　日　　　核分人： 　　　年　月　日

技能训练二　尾气（HC）排放超标故障诊断与排除

1. 训练准备

【故障排除所用工具设备清单】

序号	名称	型号与规格	单位	数量	备注
1	尾气分析仪	通用型	个	1	
2	整车	考试车辆	辆	1	
3	万用表	汽车用12V	个	1	
4	诊断仪	专用或通用	个	1	
5	氧传感器	故障	个	1	
6	气缸压力表	专用或通用	个	1	
7	真空表	通用	个	1	
8	排气装置	通用	套	1	
9	防护套装	脚垫、变速杆套、座椅套、转向盘套	套	1	

2. 训练要求

在规定的时间内完成尾气检测分析并找到故障点。

3. 训练时间

40min。

4. 操作步骤

（1）尾气排放超标（HC的排放量过大）原因分析　HC的排放量比正常值高可能由下列条件中的一个或多个引起：

1）点火系统失火或点火能量不足，造成混合气燃烧不充分，应检查点火系统。

2）点火时间不准确，检查或调整点火正时。

3）混合气过浓或过稀，用CO和O_2的含量来判定混合气过浓还是过稀。电控系统的传感器有故障或ECU有故障均可能导致混合气过浓或过稀。

4）气缸密封性不良，检查气缸的压缩压力是否正常。

5）配气相位不正确，检查并调整配气相位。

6）三元催化转化器有故障，必要时进行修理或更换。

7）二次空气喷射控制系统存在故障，检查并排除故障。

8）燃油蒸发控制系统不能正常工作，造成混合气过浓，检查并排除故障。

（2）尾气（HC）排放超标故障排除步骤

1）如图4-1-3所示，用尾气分析仪检测发动机尾气排放，初步分析排放超标的故障原因，如混合气浓、混合气稀、气缸失火等。

2）进行故障码读取，检查ECU是否存储有与排放超标的相关故障码。如有，按提示进行检查。

3）用专用诊断仪读取动态数据流，进一步分析故障原因。

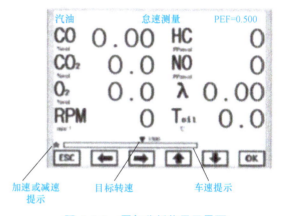

图4-1-3 尾气分析仪显示界面

说明：用专用诊断仪检测发动机电控系统的工作状况，包括怠速转速、点火提前角、空燃比、喷油脉宽、进气压力传感器或空气流量传感器信号、冷却液温度传感器信号、氧传感器信号等，若发现异常，则应予以排除。

4）测量并评定氧传感器好坏，观察氧传感器电压信号（图4-1-4），并与尾气排放分析结果对比，分析故障原因。

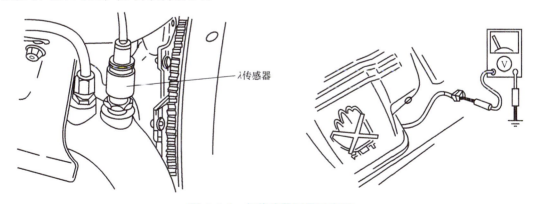

图4-1-4 氧传感器测量示意图

5）对各执行器进行动作试验，并对其性能进行进一步检查，如检查喷油器的喷油量、密封性等。

6）检查发动机机械部分，如是否存在积炭、气缸密封性能是否良好等。

说明：用真空表检查发动机怠速时的进气管负压（图4-1-5），压力值应不低于60kPa，否则应检测气缸压力（图4-1-6）。若气缸压力过低，则需检查气缸密封性；若气缸磨损严重，则需进行发动机大修。

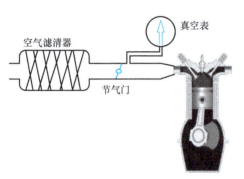

图4-1-5　进气管压力测试图　　　　图4-1-6　气缸压力测试图

5. 评分标准

序号	考核内容	考核要点	评分标准	配分	得分
1	正确使用工具、仪表	能够正确使用工具、仪表	① 使用错误一次扣1分 ② 扣完本项分数为止	5分	
2	① 根据故障现象分析故障原因 ② 分析电路图，找出故障点	① 能够确认故障现象 ② 正确分析故障原因 ③ 分析电路图，找出故障点	① 未确认故障现象扣2分 ② 原因分析错误扣5分 ③ 分析电路图错误扣5分 ④ 不能描述故障点扣5分 ⑤ 扣完本项分数为止	30分	
3	① 正确使用专用仪器 ② 读取故障码及数据流并分析检测结果	① 专用仪器的使用方法 ② 读取故障码 ③ 读取数据流 ④ 分析检测结果	① 专用仪器使用错误扣5分 ② 读取故障码错误扣5分 ③ 读取数据流错误扣5分 ④ 检测结果分析错误扣5分 ⑤ 扣完本项分数为止	40分	
4	氧传感器检测	① 元件检测 ② 输出信号电压测量 ③ 供电与搭铁测量	① 元件检测错误1次扣5分 ② 测量电压信号错误扣5分 ③ 测量供电电压错误扣5分 ④ 测量搭铁错误扣5分 ⑤ 扣完本项分数为止	15分	
5	验证故障排除效果	正确验证故障排除效果	① 不验证的扣5分 ② 扣完本项分数为止	5分	
6	遵守安全操作规程，正确使用工量具，操作现场整洁	① 遵守安全操作规程 ② 正确使用工量具 ③ 操作现场整洁	每项扣1分，扣完为止	5分	
	安全用电，防火，无人身、设备事故		因违规操作发生重大人身或设备事故，此题按0分计		
备注	总计		合计	100分	

评分人：　　　年　月　日　　　核分人：　　　年　月　日

模块二 底盘系统故障诊断与排除

技能训练 ABS/ESC 警告灯点亮故障诊断与排除

1. 训练准备

【故障排除所用工具设备清单】

序号	名称	型号与规格	单位	数量	备注
1	整车	考试车辆	辆	1	
2	诊断仪	通用型	台	1	
3	万用表	汽车专用万用表	个	1	
4	示波器	双通道示波器	个	1	
5	车型维修手册	考试车辆	册	1	
6	电路图	考试车辆	套	1	
7	探针	考试车辆	套	1	
8	手持照明灯	考试车辆	个	1	
9	白纸	A4	张	10	
10	车辆防护套件	脚垫、变速杆套、座椅套、转向盘套、翼子板护垫	套	1	

2. 训练要求

在规定时间内完成 ABS/ESC 警告灯点亮故障诊断与排除。

3. 训练时间

40min。

4. 操作步骤

（1）ABS/ESC 警告灯点亮原因分析　ABS/ESC 警告灯点亮会导致 ABS/ESC 系统功能失效，车辆只能保持常规液压制动系统功能。仪表警告灯点亮有以下原因：

1）ABS/ESC 机械部件故障（车轮轮速传感器信号盘缺失或脏污、轮速传感器与信号盘间隙不均匀、轮速传感器外表有铁屑）。

2）ABS/ESC 系统电气元件故障（偏航率传感器故障、转向角度传感器故障、轮速传感器故障）。

3）ABS/ESC 系统电气线路（ABS/ESC 电源熔丝、轮速传感器线路、ABS/ESC 液压泵、ABS/ESC 模块电路、ABS/ESC 模块搭铁线）故障。

4）ABS/ESC 系统其他故障。

（2）ABS/ESC 警告灯点亮故障排除方案

1）确定 ABS/ESC 警告灯点亮现象。通过 5W2H 问询法，确定客户抱怨 ABS/ESC

警告灯点亮时其功能是否失效，ABS 功能是否缺失。

2）故障码解读。使用诊断仪读取 ABS/ESC 系统故障码，查看是否存在历史或当前故障信息。记录并尝试删除故障码，查看 DTC 是否能够彻底消除。查看 DCT 冻结数据帧，记录车辆出现故障时车辆的状态。并结合诊断仪的动态数据流功能，查看轮速传感器异常数据，初步判断故障码产生的原因。

解读故障码含义，查阅维修手册，查找该故障码产生的设定条件及排查方法。查阅电路图，找到故障码关联的电气元件及线路，写出排除故障的检查及维修方法。

3）车轮轮速传感器检查。根据维修手册及电路图，判断车轮轮速传感器的结构和类型。目视检查四轮轮速传感器及信号盘是否脏污或有铁屑，间隙是否均匀。

使用合适的工具和设备测量轮速传感器的性能是否良好。

断开该车轮轮速传感器插接器，打开点火开关，使用万用表测量其端子两根线路是否正常，一个是电源线，另一个是搭铁线。并记录测量数据。

断开点火开关，连接好 ABS 轮速传感器插接器，使用双通道示波器检查轮速传感器的波形，规范使用示波器，根据轮速传感器的波形，判断轮速传感器性能是否良好。

4）更换轮速传感器。拆卸轮速传感器插头，更换轮速传感器。恢复车辆，使用诊断仪读取 DTC，并尝试删除轮速传感器故障码。查阅 ABS 动态数据流，观察四轮轮速传感器数据值是否一致。

5）车辆交付。执行工具、设备、场地 5S，路试复查 DTC，验车并交付车辆。

5. 评分标准

序号	考核内容	考核要点	评分标准	配分	得分
1	① 故障现象确认，查看仪表警告灯信息 ② 路试或询问警告灯点亮后相关功能是否失效	① 故障现象确认 ② 询问或验证功能	① 未验证故障现象扣 5 分 ② 未询问或验证功能失效扣 5 分	10 分	
2	① 车辆正常防护 ② 正常使用工具、诊断仪	规范操作	① 未铺设三件套、翼子板护垫的扣 5 分 ② 使用诊断仪错误扣 5 分	10 分	
3	① 使用诊断仪读取 DTC 并记录 ② 读取 DTC 冻结数据帧 ③ 读取动态数据流 ④ 初步分析警告灯点亮故障原因	① 能够利用 DTC 识别故障码信息 ② 能够利用动态数据流初步分析故障原因	① 未读取 DTC 扣 5 分 ② 未读取冻结数据帧扣 5 分 ③ 未读取动态数据流查阅数据异常的扣 5 分	15 分	

（续）

序号	考核内容	考核要点	评分标准	配分	得分
4	故障检查测量与排除	① 利用维修资料分析故障原因 ② 使用合适的工具设备检查与测量	① 原因分析错误扣 5 分 ② 电路图分析错误扣 5 分 ③ 未能目视检查传感器外表是否存在异物扣 5 分 ④ 万用表使用错误扣 5 分 ⑤ 示波器使用错误扣 5 分 ⑥ 未使用探针测量插接器扣 5 分 ⑦ 未打开关闭点火开关扣 5 分 ⑧ 未能正确判断传感器性能好坏的扣 10 分 ⑨ 扣完本项分数为止	50 分	
5	验证故障排除效果	正确验证故障排除效果	① 未验证故障排除效果扣 5 分 ② 未复查故障 DTC 扣 5 分	10 分	
6	安全操作规范与 5S	① 遵守安全操作规程 ② 正确使用工量具 ③ 操作现场整洁	每项扣 1 分，扣完为止	5 分	
	安全用电、防火、无人身或设备事故		因违规操作发生重大人身或设备事故，此题按 0 分计		
备注		总计	合计	100 分	

评分人：　　　年　月　日　　　核分人：　　　年　月　日

模块三　电气系统故障诊断与排除

技能训练一　CAN 网络系统故障诊断与排除

1. 训练准备

【故障排除所用工具设备清单】

序号	名称	型号与规格	单位	数量	备注
1	整车	考试车辆	辆	1	
2	诊断仪	专用或通用	台	1	
3	示波器	通用	台	1	
4	普通工具箱	通用	套	1	
5	充电器	通用	个	1	
6	车辆五件套	通用	套	1	
7	车轮挡块	通用	个	4	

2. 训练要求

1）正确调试示波器。

2）正确识别 CAN 总线波形并解释波形含义。

3）识别 CAN 总线不同故障波形并解释故障原因。

3. 训练时间

60min。

4. 操作步骤

操作步骤描述：通过示波器对 CAN 总线正常与非正常波形进行检测。

步骤 1　幅度和频率的测量方法（以测试示波器的校准信号为例）

1）将示波器探头插入通道 1 插孔，并将探头上的衰减置于 1 档。

2）将通道选择置于 CH1，耦合方式置于 DC 档。

3）将探头的探针插入校准信号源小孔内，此时示波器屏幕出现光迹。

4）调节垂直旋钮和水平旋钮，使屏幕显示的波形图稳定，并将垂直微调和水平微调置于校准位置。

5）如图 4-3-1 所示，一般校准信号的频率为 1kHz，幅度为 0.5V，用以校准示波器内部扫描振荡器频率，如果不正常，应调节示波器（内部）相应电位器，直至相符为止。

步骤 2　舒适 CAN 总线正常波形测量

1）打开示波器，调节亮度和聚焦旋钮，使屏幕上显示一条亮度适中、聚焦良好的水平亮线。

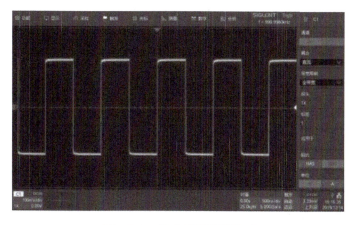

图 4-3-1 校准后示波器波形

2）按上述方法校准好示波器，然后将耦合方式置于 DC 档。

3）将示波器探头的搭铁夹在车身的搭铁点，分别将示波器探针插在舒适 CAN 总线 CAN-H 和 CAN-L 端子上（根据具体车型电路图）。

4）打开点火开关，调节示波器幅值旋钮和频率旋钮，如图 4-3-2 所示，观察屏幕上是否出现稳定的波形。注意：当 CAN 总线电压为 2.5V 时无信号传递"隐性"，当 CAN-H 信号电压大于 3.5V、CAN-L 信号电压小于 1.5V 时有信号传递"显性"，CAN 总线正常波形呈镜像。

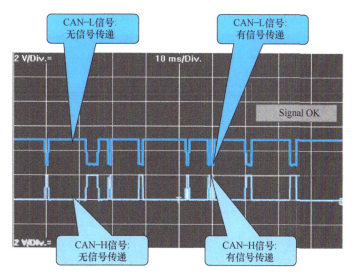

图 4-3-2 舒适 CAN 总线正常波形

步骤 3　舒适 CAN 总线故障波形测量

1）舒适 CAN 总线 CAN-H 与 CAN-L 彼此之间短路。

打开点火开关，调节示波器幅值旋钮和频率旋钮，如图 4-3-3 所示，观察屏幕上是否出现舒适 CAN 总线 CAN-H 与 CAN-L 彼此之间短路故障波形，此时，CAN-H 与 CAN-L 波形出现重叠波形，读取故障存储器会出现单线模式故障码，但电气功能正常。

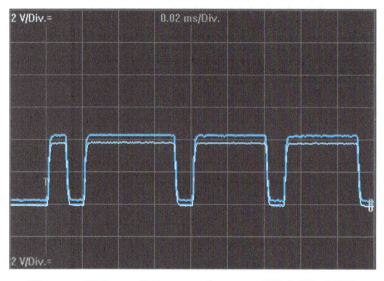

图 4-3-3　舒适 CAN 总线 CAN-H 与 CAN-L 彼此之间短路波形

2）舒适 CAN 总线 CAN-H 对搭铁短路。

打开点火开关，调节示波器幅值旋钮和频率旋钮，如图 4-3-4 所示，观察屏幕上是否出现舒适 CAN 总线 CAN-H 对搭铁短路故障波形。

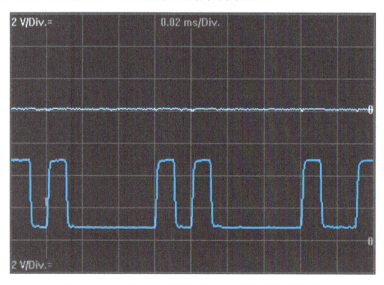

图 4-3-4　舒适 CAN 总线 CAN-H 对搭铁短路波形

3）舒适 CAN 总线 CAN-H 对正极短路。

打开点火开关，调节示波器幅值旋钮和频率旋钮，如图 4-3-5 所示，观察屏幕上是否出现舒适 CAN 总线 CAN-H 对正极短路故障波形。

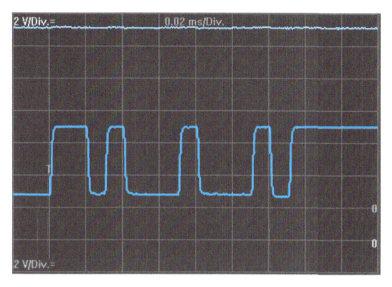

图 4-3-5　舒适 CAN 总线 CAN-H 对正极短路波形

4）舒适 CAN 总线 CAN-H 与某一控制单元之间断路。

打开点火开关，调节示波器幅值旋钮和频率旋钮，如图 4-3-6 所示，观察屏幕上是否出现舒适 CAN 总线 CAN-H 与某一控制单元之间断路波形。

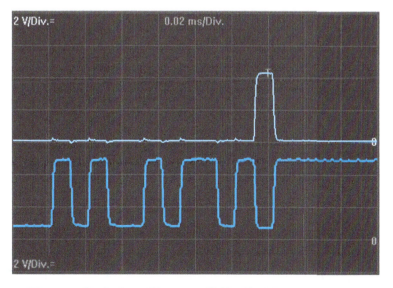

图 4-3-6　舒适 CAN 总线 CAN-H 与某一控制单元之间断路波形

5. 评分标准

序号	作业项目	考核内容及要求	配分	评分标准	考核记录	扣分	得分
1	劳动防护	劳保用品穿戴齐全	5分	穿戴不齐全不得分			
2	车辆防护	五件套铺设，车轮挡块、尾气管安装	5分	少做一项扣1分，扣完为止			
3	工作准备	选用工具、量具、材料、设备准确	5分	缺一件扣1分，选错一件扣1分，扣完为止			
4	示波器校准	正确完成示波器校准	10分	校准参数选择不正确扣2分，校准波形不正确扣3分			
5	CAN总线正常波形测量	正确测量出CAN总线正常波形并描述波形含义	30分	CAN总线端子选择不正确扣5分，示波器参数调整不正确扣5分，不能解释CAN波形含义扣10分			
6	CAN总线故障波形测量	正确测量出CAN总线故障波形并描述故障波形原因	25分	不能测出CAN总线故障波形不得分，不能正确解释CAN总线不同故障波形原因每次扣10分，扣完为止			
7	工具、用具使用	正确使用工具、用具	5分	一种工具使用不正确扣1分，扣完为止，损坏或丢失工具、用具不得分			
8	操作与安全	操作规程与安全执行情况	10分	违反操作规程和出现安全事故不得分			
9	6S执行	车辆清洁，工具和用具清理、擦洗并回收	5分	车辆清洁不到位扣1分，工具、用具少收1件扣1分，扣完为止			
10	分数总计：		100分				

否定项说明：出现重大安全事故按0分计

评分人：　　　年　月　日　　　核分人：　　　年　月　日

技能训练二　无钥匙进入系统失灵故障诊断与排除

1. 训练准备

【故障排除所用工具设备清单】

序号	名称	型号与规格	单位	数量	备注
1	整车	考试车辆	辆	1	
2	诊断仪	专用或通用	台	1	
3	万用表	通用	台	1	
4	普通工具箱	通用	套	1	
5	充电器	通用	个	1	
6	车辆五件套	通用	套	1	
7	车轮挡块	通用	个	4	

2. 训练要求

1）正确检查钥匙电池。
2）正确判断车辆是否有高频信号干扰。
3）正确检查传感器供电、搭铁、线路。
4）正确完成智能钥匙起动授权天线检查。

3. 训练时间

60min。

4. 操作步骤

操作步骤描述：通过不同的方法排除无钥匙进入系统失灵故障。

步骤1　检查钥匙电池（奥迪 A4L 钥匙电池为例）

1）如图4-3-7所示，按住钥匙后部小按钮拉出机械钥匙。

图 4-3-7　拆下机械钥匙

2）拉出机械钥匙后，如图4-3-8所示，按住钥匙上的电池托架，取出电池。

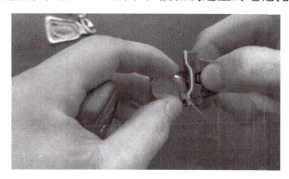

图 4-3-8　取出钥匙电池

3）利用万用表对钥匙中的电池进行电压测量，一般电池电压应大于3V，如电压不符合标准，则需更换钥匙电池。

步骤2　判断车辆是否有高频信号干扰

通过改变车辆停放区域，判断是否有高频信号干扰无钥匙进入功能。

步骤3　检查传感器供电、搭铁、线路（左前门为例）

1）如图4-3-9所示为无钥匙天线故障码，一般无钥匙进入系统天线出现故障时会同时有故障码出现。那么首先就要利用诊断仪对故障存储器进行故障读取。

图 4-3-9　无钥匙天线故障码

2）对左前门无钥匙天线各插头进行检测，然后根据电路图（以实际训练车电路图为准）对左前门天线供电、搭铁、线路进行检测，如图 4-3-10 所示为奥迪 A4L 无钥匙进入系统天线电路图。

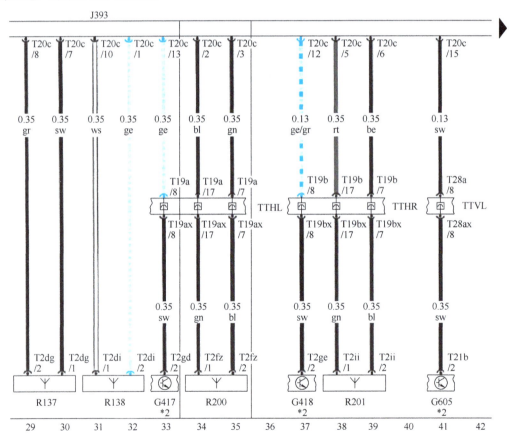

图 4-3-10　无钥匙进入系统天线电路图

G417—左后车门外把手接触传感器　G418—右后车门外把手接触传感器　G605—左前车门外把手接触传感器　J393—舒适／便捷系统中央控制单元　R137—行李舱内的进入及起动系统天线　R138—车内空间的进入及起动系统天线 1　R200—进入及起动许可驾驶员侧天线　R201—右侧进入及起动许可天线

步骤4 智能钥匙起动授权天线检查

1）将智能钥匙放在车辆内部,靠近要检查的智能天线。

2）关闭车门,使用另一把智能钥匙,在车外执行无钥匙锁闭功能,如果无钥匙锁闭功能失效,说明车辆内部天线正常,因为内部天线发出了寻找信号,并检测到钥匙在车内,车辆无法锁闭,如果无钥匙锁闭功能工作,说明内部天线故障。

5. 评分标准

序号	作业项目	考核内容及要求	配分	评分标准	考核记录	扣分	得分
1	劳动防护	劳保用品穿戴齐全	5分	穿戴不齐全不得分			
2	车辆防护	五件套铺设、车轮挡块、尾气管安装	5分	少做一项扣1分,扣完为止			
3	工作准备	选用工具、量具、材料、设备准确	5分	缺一件扣1分,选错一件扣1分,扣完为止			
4	钥匙电池检测	钥匙分解、电池电压测量正确	10分	钥匙不能分解,电池电压测量不正确不得分			
5	高频信号干扰检查	正确检查无钥匙进入系统高频信号干扰	10分	无钥匙进入系统高频信号干扰源排查出现一次错误扣10分			
6	天线功能检查	正确执行故障码读取、维修手册识读、电路图识读、供电回路检查	35分	每出现一次错误扣10分			
7	起动授权天线检测	正确执行起动授权天线检测	10分	每出现一次错误扣5分			
8	工具、用具使用	正确使用工具、用具	5分	一种工具使用不正确扣1分,扣完为止,损坏或丢失工具、用具不得分			
9	操作与安全	操作规程与安全执行情况	10分	违反操作规程和出现安全事故不得分			
10	6S执行	车辆清洁,工具和用具清理、擦洗并回收	5分	车辆清洁不到位扣1分,工具、用具少收1件扣1分,扣完为止			
11	分数总计:		100分				

否定项说明:出现重大安全事故按0分计

评分人:　　　年　月　日　　　核分人:　　　年　月　日

模块四　电力驱动及电池系统故障诊断与排除

技能训练一　充电系统故障诊断与排除

1. 训练准备

1）实训车辆1台：吉利帝豪EV300电动汽车。

2）新能源汽车常用修理工具1套。

2. 训练要求

1）快速、准确地进行故障现象的确认。

2）规范完成故障现象的排除。

3. 训练时间

60min。

4. 操作步骤

由于充电插座上的红色充电指示灯常亮，表明充电系统自检没有通过，使用专用诊断仪读取该车故障码，发现未连接充电枪时故障码为"P10031B——OBC充电过程中充电枪插座温度过高，当前"；当充电枪连接后，除P10031B故障码外，还新增了故障码"P1003E——充电枪插座温度无效，当前"。根据该车型资料显示，车载充电机（OBC）负责将交流充电桩或者便携式充电盒输入的交流电转换为直流电，对电池组进行充电，同时对充电插座的充电温度进行监测，避免因温度过高而引起充电插座烧结。由于故障码将故障指向了充电插座温度传感器，于是结合电路图4-4-1进行分析。从电路图中可知，车载充电机上的EP66插接器的11号和12号端子与交流充电插座相连，正是充电插座温度传感器的信号线。

将车载充电机上的EP66插接器断开，测量其11号与12号端子之间的电阻值，结果显示为0.5Ω，而这实际上应该只是2条导线的内阻。进一步拆下左后车轮罩，再断开交流充电插座的EP22插接器，测量其7号与8号端子之间的电阻，也就是温度传感器自身的电阻值，测量结果显示为0Ω，这表明温度传感器短路。

由测量结果可以确认，该车无法充电的故障正是温度传感器内部短路所引起。因为该温度传感器的核心元件是一个负温度系数电阻，其电阻值随着温度的上升而降低。当车载充电机检测到充电插座温度传感器的电阻为0Ω时，会误认为插座温度过高，进而出于热保护的原因而禁止通过交流充电插座进行充电，同时记录相应故障码并点亮红色的充电故障警告灯。

更换交流充电插座，清除故障码后重新用便携式充电盒为车辆充电，连接充电枪后，充电插座上的绿色充电指示灯闪烁，代表系统正在充电，同时组合仪表上的充电连接灯和充电指示灯均点亮，交流充电系统运行正常，故障排除。

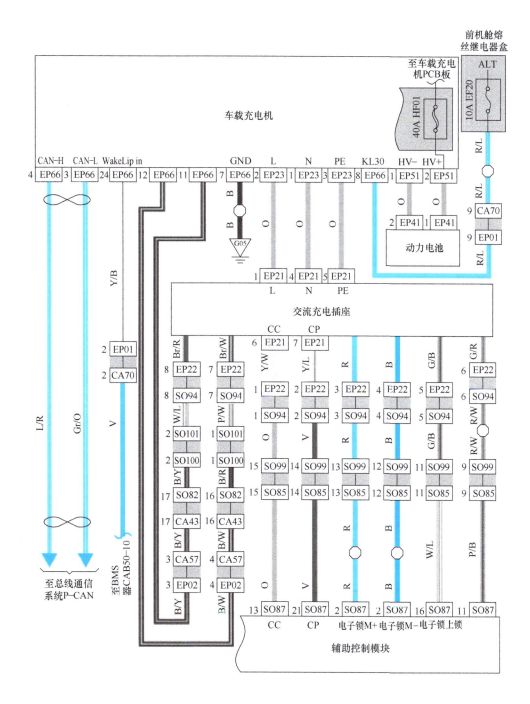

图 4-4-1 吉利帝豪 EV300 充电系统电路图

5. 评分标准

（1）填写车辆信息（10分）

作业项目	作业内容	配分	扣分
整车型号		1分	
工作电压		2分	
电池容量		2分	
车辆识别代码		2分	
电机型号		2分	
里程表读数		1分	

（2）故障诊断与排除过程记录（60分）

作业项目	作业内容	配分	扣分
故障现象确认		5分	
模块通信状态及故障码检查		5分	
正确读取数据		5分	
清除故障码并再次读取	确认故障码是否再次出现，并填写结果 □ 无 DTC □ 有 DTC	5分	
确定故障范围	结合仪表显示现象、诊断数据和电路图分析，最有可能的故障范围：	10分	
基本检查	线路/插接器外观及连接情况 □正常　□不正常_____ 零件安装等　　□正常　□不正常_____	10分	
部件/电路测试	部件/线路范围　　检查或测试后的判断结果 　　　　　　　　□正常　　□不正常 　　　　　　　　□正常　　□不正常 　　　　　　　　□正常　　□不正常	10分	
故障部位确认和排除	故障类型　　确认的故障位置　　排除处理说明 线路故障　　　　　　　　　　□更换　□维修　□调整 元件故障　　　　　　　　　　□更换　□维修　□调整	10分	

（3）最终维修结果确认（10分）

作业项目	作业内容				配分	扣分
维修后读取故障码，并填写读取结果					2分	
与原故障相关数据检查结果	项目	数值	单位	判断	4分	
维修后的功能操作确认并填写结果					4分	

（4）现场职业素养考核要点（20分）

序号	作业内容	评分要点（各竞赛环节漏项或累计最多扣相应配分）	配分	扣分
1	作业准备	□ 未设置隔离栏、安全警示牌 □ 未安装车辆挡块 □ 未安装车外三件套或安装位置不正确 □ 车内三件套少铺、未铺或撕裂 □ 未完全落下驾驶员侧车窗	2分	
2	人物安全	□ 未检查绝缘手套 □ 未检查防电池电解液酸碱性手套、护目镜、安全帽 □ 未检查确认电子驻车制动和档位	2分	
3	设备使用	□ 未进行数字绝缘测试仪检查 □ 未选择四点检测绝缘垫绝缘性 □ 未检查数字式万用表的电阻量程（校零）	2分	
4	团队协作	□ 作业时两名选手未互相配合，分工不合理，出现2条主线（各做各的） □ 未在规定时间内完成全部作业 □ 选手配合时身体发生碰撞、语言发生争执	2分	
5	作业要求	□ 未检查蓄电池电压 □ 未正确连接诊断仪与车辆诊断口 □ 故障检测仪使用方法不当 □ 未查阅维修手册或电路图 □ 未使用专用连接线 □ 测量低压部分线路未佩戴耐磨手套 □ 测量高压部分线路未佩戴绝缘手套、安全帽、护目镜 □ 测量前未断开插接器插头，未断开蓄电池负极 □ 未关闭点火开关，直接断开蓄电池负极	5分	

（续）

序号	作业内容	评分要点（各竞赛环节漏项或累计最多扣相应配分）	配分	扣分
6	现场恢复	□ 未关闭驾驶员侧车窗 □ 未拆卸翼子板布、格栅布 □ 未拆卸车内三件套并丢弃到垃圾桶 □ 未移除高压警示标识等到指定位置 □ 未恢复工位到原标准工位布置状态 □ 未将钥匙、诊断报告放至指定位置（裁判处）	2分	
7	安全与5S	□ 拆装高压组件未执行高压作业断电流程，未做安全防护 □ 烧熔丝 □ 在电路图上指出的故障点或线路范围，和设置的故障点或线路范围不一致 □ 仪器、工具、零件跌落 □ 上高压电时未提示 □ 工具零件放置在没有防护的仪表台及座椅上 □ 未按正确安全操作程序，损伤、损毁车辆或竞赛设备，视情节扣2～5分，造成特别严重安全事故的终止比赛，成绩记0分 □ 未按正确安全操作程序，造成人员伤害，视情节扣2～5分，造成特别严重安全事故的终止比赛，成绩记0分	5分	

技能训练二　驱动电机控制系统故障诊断与排除

1. 训练准备

1）实训车辆1台：吉利帝豪EV300电动汽车。

2）新能源汽车常用修理工具1套。

2. 训练要求

1）快速、准确地进行故障现象的确认。

2）规范完成故障现象的排除。

3. 训练时间

60min。

4. 操作步骤

打开前机舱盖，用手触摸控制器，发现控制器特别烫手，但冷却液温度不高。检查冷却系统外观，正常，无变形和渗漏现象。根据吉利帝豪EV300电动汽车电路手册中的冷却系统控制电路图（图4-4-2）可知，冷却液泵与冷却风扇都由整车控制器控制，电源经过EF03熔丝（20A）和冷却液泵继电器（ER08）为冷却液泵提供工作电源。操作起动开关使电源模式至OFF状态，打开前舱熔丝盒盖，拔下EF03熔丝检查，熔丝额定容量为20A且未熔断，正常。检查冷却液泵的供电电压，操作起动开关使电源模式至OFF状态，拔下冷却液泵的导线插接器EP09，在起动车辆后，用万用表测量EP09端子1与端子3之间的电压，为13.09V（标准电压为11～14V），正常，说明冷却液泵的供电线路正常。连接好导线插接器EP09，用示波器测量导线插接器 EP01 端子 5 的冷却液泵反馈信号波形，结果发现无电压信号，这说明冷却液泵没有正常运转，判定为冷却液泵自身有故障，需要更换冷却液泵。

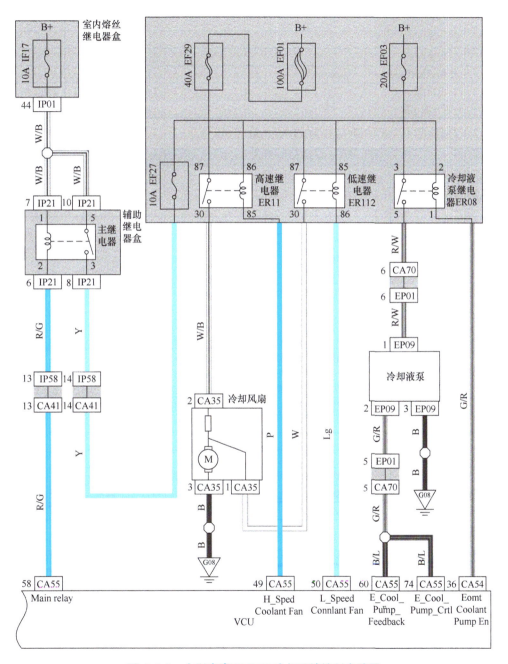

图 4-4-2 吉利帝豪 EV300 冷却系统控制电路图

电机过热故障有些是硬件原因，必须经过修理或更换相应部件。有些是在极端工况下电机超负荷工作造成高温，可以通过短暂休息，自然降温恢复。

5. 评分标准

（1）填写车辆信息（10分）

作业项目	作业内容	配分	扣分
整车型号		1分	
工作电压		2分	
电池容量		2分	
车辆识别代码		2分	
电机型号		2分	
里程表读数		1分	

（2）故障点1~6诊断与排除过程记录（60分）

作业项目	作业内容			配分	扣分
故障现象确认				5分	
模块通信状态及故障码检查				5分	
正确读取数据				5分	
清除故障码并再次读取	确认故障码是否再次出现，并填写结果 □ 无 DTC □ 有 DTC			5分	
确定故障范围	结合仪表显示现象、诊断数据和电路图分析，最有可能的故障范围：			10分	
基本检查	线路/插接器外观及连接情况 □ 正常　　□ 不正常_____ 零件安装等　　□ 正常　　□ 不正常_____			10分	
部件/电路测试	部件/线路范围	检查或测试后的判断结果		10分	
		□ 正常	□ 不正常		
		□ 正常	□ 不正常		
		□ 正常	□ 不正常		
故障部位确认和排除	故障类型	确认的故障位置	排除处理说明	10分	
	线路故障		□ 更换　□ 维修　□ 调整		
	元件故障		□ 更换　□ 维修　□ 调整		

（3）最终维修结果确认（10分）

作业项目	作业内容				配分	扣分
维修后读取故障码，并填写读取结果					2分	
与原故障相关数据检查结果	项目	数值	单位	判断	4分	
维修后的功能操作确认并填写结果					4分	

（4）现场职业素养考核要点（20分）

序号	作业内容	评分要点（各竞赛环节漏项或累计最多扣相应配分）	配分	扣分
1	作业准备	□ 未设置隔离栏、安全警示牌 □ 未安装车辆挡块 □ 未安装车外三件套或安装位置不正确 □ 车内三件套少铺、未铺或撕裂 □ 未完全落下驾驶员侧车窗	2分	
2	人物安全	□ 未检查绝缘手套 □ 未检查防电池电解液酸碱性手套、护目镜、安全帽 □ 未检查确认电子驻车制动和档位	2分	
3	设备使用	□ 未进行数字绝缘测试仪检查 □ 未选择四点检测绝缘垫绝缘性 □ 未检查数字式万用表的电阻量程（校零）	2分	
4	团队协作	□ 作业时两名选手未互相配合，分工不合理，出现2条主线（各做各的） □ 未在规定时间内完成全部作业 □ 选手配合时身体发生碰撞，语言发生争执	2分	
5	作业要求	□ 未检查蓄电池电压 □ 未正确连接诊断仪与车辆诊断口 □ 故障检测仪使用方法不当 □ 未查阅维修手册或电路图 □ 未使用专用连接线 □ 测量低压部分线路未佩戴耐磨手套 □ 测量高压部分线路未佩戴绝缘手套、安全帽、护目镜 □ 测量前未断开插接器插头，未断开蓄电池负极 □ 未关闭点火开关，直接断开蓄电池负极	5分	
6	现场恢复	□ 未关闭驾驶员侧车窗 □ 未拆卸翼子板布、格栅布 □ 未拆卸车内三件套并丢弃到垃圾桶 □ 未移除高压警示标识等到指定位置 □ 未恢复工位到原标准工位布置状态 □ 未将钥匙、诊断报告放至指定位置（裁判处）	2分	
7	安全与5S	□ 拆装高压组件未执行高压作业断电流程，未做安全防护 □ 烧熔丝 □ 在电路图上指出的故障点或线路范围，和设置的故障点或线路范围不一致 □ 仪器、工具、零件跌落 □ 上高压电时未提示 □ 工具零件放置在没有防护的仪表台及座椅上 □ 未按正确安全操作程序，损伤、损毁车辆或竞赛设备，视情节扣2~5分，造成特别严重安全事故的终止比赛，成绩记0分 □ 未按正确安全操作程序，造成人员伤害，视情节扣2~5分，造成特别严重安全事故的终止比赛，成绩记0分	5分	

模块五　车间技术管理与技术培训

技能训练一　产品质量报告撰写

1. 事件背景

某班组接到一个维修任务：一辆刚上市的新车，到店后做新车PDI，发现油管漏油。

2. 处理流程

针对本事件，应采取的处理流程：故障诊断、判断性质、维修过程、收集信息、编写报告、提交、存档。

3. 报告编写

① 收集详细信息：包括车辆型号、车架号、出厂日期、行驶里程、具体故障现象、故障发生的时间、地点、照片等。

② 故障现象描述：发动机起动后，油轨的接口处有汽油渗出，而且持续不断。

③ 故障维修措施：拆卸后发现，快插接头内密封圈损坏，如图4-5-1所示。更换燃油管后，故障排除。

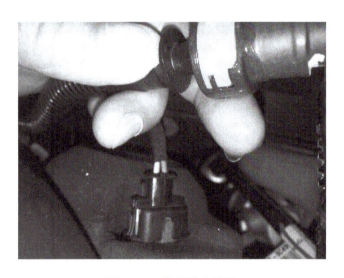

图 4-5-1　快插接头泄漏

④ 故障类别：动力系统→燃油供给系统→渗漏。

⑤ 主因零件号码：××××××××××。

⑥ 维修类型：更换。

4. 评分标准

序号	作业项目	考核内容及要求	配分	评分标准	考核记录	扣分	得分
1	收集详细信息	完成信息收集	15分	信息不全扣5~10分			
2	故障现象描述	故障现象描述准确	20分	描述不准确扣5~10分			
3	故障维修措施	维修措施正确	30分	维修措施不完整扣5~20分			
4	故障类别	正确写出故障类别	15分	故障类别出现错误扣5~10分扣完为止			
5	主因零件号码	正确写出主因零件号码	10分	零件号码出现错误扣5~10分扣完为止			
6	维修类型	正确写出维修类型	10分	维修类型出现错误扣5~10分扣完为止			
7	分数总计：		100分				

否定项说明：出现重大安全事故按0分计

评分人：　　　　年　月　日　　　核分人：　　　　年　月　日

技能训练二　技术培训实施

1. 内容准备自查

项目	结论
在准备课程的时候是否清楚地知道课程包括哪些文件？	是□　否□　NA□
是否清楚地知道这部分课程的课程目标？	是□　否□　NA□
是否清楚针对这个课程目标所设置的授课方法？	是□　否□　NA□
是否清楚每张PPT讲解的目标与内容是什么？	是□　否□　NA□
是否清楚每张PPT的授课方法是什么？	是□　否□　NA□
是否清楚每张PPT之间的逻辑关系？	是□　否□　NA□
是否使用了总结性的PPT？	是□　否□　NA□
是否清楚针对知识点所展开的内容？	是□　否□　NA□
是否清楚课后测试每道题所针对的知识点？	是□　否□　NA□
是否清楚地知道课后测试每道题的正确答案？	是□　否□　NA□

2. 课程演练

培训师在进行准备工作自查后，还要参照下表中的内容进行课程演练。演练结束后，对照下表进行自我评价。也可以找经验丰富的老师参加自己的演练，让老师给出建议。

项目	结论
开场技巧的应用是否达到了"吸引人"的效果？	是□　否□　NA□
是否说明了学习目标？	是□　否□　NA□
是否说明了支持学习目标的主要课程内容？	是□　否□　NA□
是否说明了授课时间计划？	是□　否□　NA□
是否说明了授课方法？	是□　否□　NA□
是否说明了学习本课程需要技师具备哪些基本的知识储备和技能要求？	是□　否□　NA□
内容过渡技巧应用是否合理？	是□　否□　NA□
是否围绕2W展开讲解？	是□　否□　NA□
是否围绕学习目标展开讲解？	是□　否□　NA□

3. 效果评估应用

培训师结束相关课程的培训后,可参照下表中内容进行培训效果评估,以检验此次培训的效果及目标达成情况,为后续课程的完善和改进提供参考。

培训成效评估表							
课程名称:						授课老师:	
上课时间:								
亲爱的学员: 感谢您参加本次培训!特别希望能获得您的宝贵建议,以提高授课老师培训成效和优化培训组织工作,请您依据实际情况填写下表,感谢您的合作与支持!							
××××××授课老师部分满意度调查,请客观评论。							
讲师姓名	表达能力 (20分)	课件准备 (20分)	针对性 (10分)	教课方法 (20分)	完成目标 (30分)	其余	总分

××××××课程部分满意度调查,请客观评论。
1. 您认为本次培训内容怎样　　□A 特别切合、增补得宜　□B 基本切合、简单实用　□C 不合需求、无收获
2. 您认为培训形式怎样　　　　□A 生动出色、沟通互动　□B 比较生动、有一定吸引力　□C 古板不吸引人
3. 您认为授课老师表达清楚正确吗　□A 清楚完好　　　　□B 一般　　　　　　　　□C 模糊欠完好
4. 您认为培训时间安排怎样　　□A 时间合理、长短适中　□B 较为合理　　　　　　□C 需适当调整
5. 您认为培训老师准备怎样　　□A 充足准备　　　　　□B 优异准备　　　　　　□C 仓促且常犯错
6. 您认为培训气氛成效怎样　　□A 活跃,保证学习成效　□B 不是很好,需要改良　□C 气氛很差
7. 培训达到您设定的期望了吗　□A 达到或超出预期　　□B 基本达到预期　　　　□C 没有达到预期
8. 本次培训的组织您满意吗　　□A 满意　　　　　　　□B 一般　　　　　　　　□C 不满意

9. 您认为此次培训还应增添哪些方面的课程?

10. 您认为培训师的授课还需要在哪些方面加以提高?

11. 您通过此次课程学到了哪些知识点?

12. 您能够将哪些内容应用到实际工作中?假如应用,能够提高您哪方面的工作质量?提高百分比预计是多少?

4. 评分标准

序号	作业项目	考核内容及要求	配分	评分标准	考核记录	扣分	得分
1	内容准备自查	完成自查	25 分	自查内容不全扣 5~15 分			
2	自我评价	完成自我评价	35 分	自我评价不完整扣 5~15 分			
3	培训成效评估	完成培训成效评估	40 分	成效评估不完整扣 5~20 分			
4	分数总计：		100 分				

否定项说明：出现重大安全事故按 0 分计

评分人：　　　　年　月　日　　　核分人：　　　　年　月　日

第五部分 模拟试卷样例

Chapter 5

理论知识试卷

汽车维修工（技师）理论知识试卷

注 意 事 项

1. 考试时间：90分钟。
2. 请首先按要求在试卷的标封处填写您的姓名、准考证号和所在单位的名称。
3. 请仔细阅读各种题目的回答要求，在规定的位置填写您的答案。
4. 不要在试卷上乱写乱画，不要在标封区填写无关的内容。

	一	二	三	四	五	总 分
得 分						

得 分	
评分人	

一、单项选择题（第1题~第40题。选择一个正确的答案，将相应的字母填入题内的括号中。每题1分，满分40分）

1. 诚实守信是市场经济法则，是企业的无形（　　）。
   A. 成本　　　B. 利润　　　C. 资本　　　D. 信誉
2. 不属于汽车维修工职业道德规范基本内容的选项是（　　）。
   A. 服务用户、质量第一　　　B. 遵章守纪、文明生产
   C. 团结友爱、勇于奉献　　　D. 热爱企业、勤奋节约

3. 职业道德是人们在从事职业的过程中形成的一种内在的（   ）的约束机制。

　　A. 非强制性　　　　B. 强制性　　　　C. 非自愿　　　　D. 自愿

4. 下列选项中（   ）是企业诚实守信的内在要求。

　　A. 维护企业信誉　　B. 增加职工福利　　C. 注重环境效益　　D. 开展员工培训

5. 《公民道德建设实施纲要》规定，社会主义道德建设要坚持以为人民服务为（   ）。

　　A. 原则　　　　　　B. 核心　　　　　　C. 基本要求　　　　D. 以上都对

6. 以下使用塞尺的方法，正确的是（   ）。

　　A. 塞尺使用前要抹上一层润滑油

　　B. 塞尺使用的原则是先用大尺寸后用小尺寸

　　C. 使用塞尺时应缓慢插入间隙，切忌粗暴操作

　　D. 当选用的塞尺片正好无法进入被测间隙时，该尺片的刻度即为所测间隙的数值

7. CCA 用来表示蓄电池的（   ）性能。

　　A. 在 −20℃ 的温度下令蓄电池电压维持在 7.2V 以上达 30s 所能给出的电流

　　B. 在 −17.8℃ 的温度下令蓄电池电压维持在 7.2V 以上达 30s 所能给出的电流

　　C. 在 −20℃ 的温度下令蓄电池电压维持在 10V 以上达 30s 所能给出的电流

　　D. 在 −17.8℃ 的温度下令蓄电池电压维持在 10V 以上达 30s 所能给出的电流

8. 在导线束的拆卸安装中需要特别注意的是（   ）。

　　A. 断开蓄电池负极　　　　　　　B. 插头的拆装

　　C. 记录插头位置　　　　　　　　D. 螺栓拧紧力矩

9. 对于容量为 100A·h 的蓄电池，其最大充电电流是（   ）。

　　A. 22.5A　　　　　B. 20.5A　　　　　C. 21.5A　　　　　D. 25A

10. 关于塞尺结构的描述，以下说法正确的是（   ）。

　　A. 塞尺就是一把直尺

　　B. 塞尺一般由外壳、转轴和一组具有不同厚度级差的薄钢片组成

　　C. 塞尺的测量部分一般有塑料做成

　　D. 塞尺上的刻度单位一般为厘米

11. 两个技师讨论蜂鸣档和电阻档的区别。技师甲说，使用蜂鸣档如果响了就说明线路是正常的；技师乙说，只有使用电阻档才能判断出线路中是否存在虚接的问题。以上说法正确的是（   ）。

　　A. 技师甲　　　　　B. 技师乙　　　　　C. 两个都正确　　　D. 两个都错误

12. 下面关于概念的表述中，错误的是（   ）。

　　A. 电路中产生感应电动势必有感应电流

　　B. 电路中有感应电流就有感应电动势产生

C. 自感是电磁感应的一种

D. 互感是电磁感应的一种

13. 汽油的牌号依据（　　）来确定。

　　A. 辛烷值　　　　B. 馏程　　　　C. 蒸气压　　　　D. 十六烷值

14. 以下关于光纤的维修，说法正确的是（　　）。

　　A. 光纤插接器脏污时，使用有机清洁剂清洁

　　B. 安装光纤插接器时，可以使用润滑脂润滑插头

　　C. 为了避免光纤晃动，可以将其折起并绑紧

　　D. 更换光纤时，新光纤的长度尽量保持与原光纤一致

15. LIN 网络主模块访问总线后，关于从模块的响应，以下说法正确的是（　　）。

　　A. 最多只有一个从模块能响应　　　B. 每次都有一个从模块响应

　　C. 所有从模块都需要响应　　　　　D. 从模块不能响应，只需执行指令

16. 发动机在工作过程中出现爆震，甲认为是点火提前角过大引起的；乙认为是点火提前角过小引起的。你认为（　　）。

　　A. 甲正确　　　B. 乙正确　　　C. 甲和乙均正确　　D. 甲和乙都不正确

17. Open in sequential ignite circuit 的中文意思是（　　）。

　　A. 初级点火线圈开路　　　　B. 初级点火线圈短路

　　C. 次级点火线圈断路　　　　D. 次级点火线圈短路

18. 电子点火系统与传统点火系统相比，最大特点是（　　）。

　　A. 初级电流小，次级电压高　　B. 用信号发生器控制初级电路

　　C. 点火正时更精确　　　　　　D. 用点火控制器代替断电器控制初级电路

19. 对于点火提前角的控制，下列选项中会使提前角提前的是（　　）。

　　A. 混合气变浓　　　　　　　　B. 发动机转速上升

　　C. 发动机冷却液温度上升　　　D. 发动机负荷增加

20. 起动机起动发动机时，每次起动时间限制为 5s 左右，是因为（　　）。

　　A. 蓄电池的端电压下降过快

　　B. 防止电流过大，使起动电路的线束过热起火

　　C. 防止电流过大，使点火开关烧坏

　　D. 防止起动机过热

21. 当从示波器上观察点火波形时，某一个缸的点火电压较低，可能是（　　）原因引起的。

　　A. 火花塞间隙过大　　　　　B. 次级电路电阻太大

　　C. 混合气过稀　　　　　　　D. 该气缸的压缩压力较低

22. 下面选项中可能会使发动机在加速时出现爆震的是（　　）。

　　A. 混合气太浓　　B. 单缸失火　　C. 点火正时过迟　　D. 真空泄漏

23. Three Way Catalytic Converter Failure 的中文意思是（　　）。
   A. 三元催化器失效　　　　　　B. 三元催化转化器
   C. 三通控制回路　　　　　　　D. 以上均不正确

24. 自动变速器主油路油压，在（　　）情况下应有所降低。
   A. 海拔高度下降时　　　　　　B. 节气门开度增大时
   C. 油温过低时　　　　　　　　D. 换档瞬间

25. 关于自动变速器油压力的测量，以下说法正确的是（　　）。
   A. 测量前要切断发动机燃油供应
   B. 自动变速器油测量时要先删除车辆故障码
   C. 自动变速器油测量时应始终保持档位处于P位
   D. 测量前应先暖机，使变速器达到正常工作温度并确保变速器油油位正确

26. 真空助力器在制动处于平衡状态时，真空阀和空气阀的开闭情况是（　　）。
   A. 空气阀开启，真空阀关闭　　B. 真空阀和空气阀均关闭
   C. 空气阀关闭，真空阀开启　　D. 真空阀和空气阀均开启

27. 关于自动变速器的液力变矩器具有的功能，以下描述正确的是（　　）。
   A. 只要有滑差就会耦合，只有同步之后才会增扭
   B. 锁止离合器在任意档位都有可能实现
   C. 导轮的单向离合器打滑会导致增扭效应减弱
   D. 锁止离合器在分离状态下更节省燃油消耗

28. 关于电子控制驻车制动的工作原理，以下说法正确的是（　　）。
   A. 当电动机的电流断开时，轴上的自锁螺纹会回转，以释放驻车制动
   B. 当驻车制动松开时，电动机的电流断开，在弹簧作用下释放驻车制动
   C. 当电动机的电流断开时，轴上的自锁螺纹会维持住制动压力，以实现驻车制动
   D. 由于制动片的磨损，需要定期人工检查和调整驻车制动间隙

29. 转向齿条内部磨损，会导致（　　）故障。
   A. 方向反冲　　B. 转向沉重　　C. 转向力忽大忽小　　D. 助力效果不良

30. 某车辆的转向盘自由行程偏大，且受到路面冲击时出现噪声，可能的原因是（　　）。
   A. 横拉杆弯曲　　B. 齿轮间隙过大　　C. 转向节臂变形　　D. 助力泵损坏

31. 下列选项中最不可能成为ABS出现间歇性故障原因的是（　　）。
   A. 车轮传感器电气插头损坏　　B. 电磁阀电气端子损坏
   C. 控制装置插头松动　　　　　D. 轮速传感器回路断开

32. 一辆汽车由于NO_x超标而没能通过废气排放测试。技师甲说是曲轴箱强制通风系统故障引起的。技师乙说是燃油蒸发控制系统故障引起的。以下正确的是（　　）。
   A. 技师甲对　　B. 技师乙对　　C. 两人都对　　D. 两人都不对

33. 在使用蓄电池充电器给车辆充电时，以下操作正确的是（　　）。

A. 为保证充电安全，充电时应保持场地隐蔽并尽量减小空气流通

B. 使用蓄电池充电时，充电时间必须保证不低于24h

C. 在充电时，可以起动发动机

D. 车上充电时将蓄电池充电器的正极与蓄电池的正极正确连接，负极需要连接到车身搭铁

34. 关于电动液压行李舱门系统的防夹传感器，以下描述正确的是（　　）。

A. 防夹传感器只配置在某些车型的电动液压行李舱门系统中

B. 防夹传感器装在行李舱门把手上，其内部有触点开关

C. 在行李舱门关闭过程中，即使防夹保护功能起动，也不会影响行李舱门的运行过程

D. 防夹传感器的信号线与中央电子模块相连

35. 关于风窗清洗系统的雨水传感器模块，以下描述正确的是（　　）。

A. 光电二极管只能接收可见光，不能接收红外线

B. 雨水传感器模块根据压电原理进行工作

C. 如果风窗玻璃表面有水滴，那么会导致光线向其他方向散射，反射回来的光线减少

D. 如果风窗玻璃表面有水滴，那么会导致光线向其他方向散射，反射回来的光线增多

36. 两个技师讨论电阻档和二极管档的区别，技师甲说：二极管的好坏也可以通过电阻档来进行测量。技师乙说：二极管档也可以代替电阻档来进行测量。以上说法正确的是（　　）。

A. 技师甲　　　　B. 技师乙　　　　C. 两个都正确　　　　D. 两个都错误

37. 在制冷循环系统中，被吸入压缩机的制冷剂呈（　　）状态。

A. 低压液体　　　B. 高压液体　　　C. 低压气体　　　D. 高压气体

38. 二极管测量时出现正反向电阻阻值均相等且为几十欧，说明该二极管已（　　）损坏。

A. 击穿　　　　　B. 截止　　　　　C. 烧毁　　　　　D. 正常

39. 当转子绕组通电时，说法正确的是（　　）。

A. 当绕组从水平位置旋转90°时，绕组内的电流方向会发生改变

B. 当绕组从水平位置旋转180°时，绕组内的电流方向不会发生改变

C. 当绕组从水平位置旋转270°时，绕组内的电流方向发生改变

D. 由于是直流电机，绕组内的电流方向不会发生改变

40. 纯电动汽车在充电的时候，快充的充电电流为（　　）。

A. 16A　　　　　B. 32A　　　　　C. 64A　　　　　D. 以上都不对

二、多项选择题（第41题~第50题。选择两个以上正确的答案，将相应的字母填入题内的括号中，漏选或多选不得分。每题1分，满分10分）

41. 关于多点喷射的电控燃油喷射系统控制喷油量的描述错误的是（   ）。
   A.通过控制喷油压力   B.通过控制喷油时间
   C.通过改变喷孔大小   D.通过改变针阀行程

42. 下列因素中可能导致发动机冷却液温度过高的是（   ）。
   A.点火提前角滞后   B.冷却系统有空气
   C.发动机冷却液温度传感器断路故障 D.散热器表面太脏

43. 前轮定位主要是调整前轮的定位数值，以达到（   ）。
   A.转向轻便   B.良好的自动回正
   C.减少轮胎磨损   D.减少悬架部件的损耗

44. 在ESP BOSCH 9.0电子稳定程序中，属于ABS功能管理的有（   ）。
   A.弯道制动辅助系统（CBC）
   B.坡道起步辅助系统（ADEC）
   C.卡钳式电动控制驻车制动器（FSE）
   D.车轮防滑转系统（ASR），包含EASR\BASR

45. 关于ESP BOSCH 9.0售后工作，以下描述正确的是（   ）。
   A.转向盘角度传感器的校准：在更换转向盘角度传感器或稳定性控制计算机或车桥调整之后进行校准，或在故障码"转向盘角度传感器校准错误"出现之后进行校准
   B.纵向加速传感器校准（三相传感器）：在更换或拆卸/安装稳定性控制计算机之后进行校准，或出现故障码"无法校准纵向加速传感器"时进行校准
   C.更换稳定性控制计算机：此功能可保存旧计算机的数据，以在新计算机中重新写入（两步操作）
   D.以上都不正确

46. 对于自动变速器的离合器和制动器，以下描述正确的是（   ）。
   A.从外观就可以判断，制动器是片式制动器还是带式制动器
   B.离合器由摩擦片、钢片、液压活塞、油缸、平衡室等组成
   C.根据发动机的不同，离合器和制动器的片数和面积可能会有不同
   D.离合器只起到连接元件的作用，制动器只起到固定元件的作用

47. 在车载网络中,（　　）网络的信号传递具有双向性。

A. 高速 CAN　　　　　　　　　　B. 低速 CAN

C. LIN　　　　　　　　　　　　　D. MOST

48. 针对鼓风机转速的修正控制,下列描述正确的是（　　）。

A. 除霜器开关开启时会增大鼓风机转速

B. 日照量变化时会减小鼓风机转速

C. 发动机温度上升时会增加鼓风机的转速

D. 在经济模式时会增加鼓风机转速

49. 关于车载网络,以下描述错误的是（　　）。

A. 通信协议是所有连接的节点必须遵循的通信规则

B. 曲轴位置传感器属于网络中的一个节点

C. 网关模块连接全车所有的模块

D. 作为总线,单线比双绞线的网速要高

50. 电池管理系统的主要功能是监测（　　）参数。

A. 电压　　　　　　　　　　　　B. 电流

C. 温度　　　　　　　　　　　　D. 计算 SOC 和最大功率

得　分	
评分人	

三、判断题（第 51 题～第 60 题。将判断结果填入括号中。正确的填"√",错误的填"×"。每题 1 分,满分 10 分）

51.（　　）电池管理的核心问题就是 SOC 的预估问题,SOC 的合理范围是 10%～50%。

52.（　　）永磁同步电机（PMSM）具有效率高、体积小、重量轻及可靠性高的优点。

53.（　　）Blind-spot systerm service required 中文意思为盲点系统需要维修。

54.（　　）测量发动机气缸压力之前要切断发动机燃油供应。

55.（　　）连杆变形检验通常是在连杆检验器上进行的。

56.（　　）CO_2 检测属于我国汽车安全检测规定中的在用汽车的废气检测项目。

57.（　　）我国根据不同的试验车型制订了不同的试验工况。对于总质量在 3500～14000kg 的载货汽车的燃料经济性按四工况进行试验。

58.（　　）在确定工时定额时,旧件修复工时可以按标准工时的 30% 比例计算。

59.（　　）4S 店是从事汽车大修和总成修理生产的企业。

60.（　　）汽车维修质量纠纷调解的责任部门是承修方所在地的道路行政管理机构。

四、简答题（第 61 题~第 64 题。每题 5 分，满分 20 分）

61. 简述发动机总成大修的送修标志。

62. 如何读取自动变速器的失速转速？

63. 汽车修竣出厂的规定有哪些？

64. 列出并说明汽车维修成本的核算公式。

五、论述题（第 65 题~第 66 题。每题 10 分，满分 20 分）

65. 试述汽车的动力性能试验。

66. 一个完整的培训策划方案通常由培训目的、培训原则、培训计划、培训实施、效果评估、档案管理等部分组成，请你结合公司和自身实际进行详细说明。

汽车维修工（技师）理论知识试卷参考答案

一、单项选择题（第 1 题~第 40 题。选择一个正确的答案，将相应的字母填入题内的括号中。每题 1 分，满分 40 分）

1. C	2. C	3. A	4. C	5. B
6. C	7. A	8. C	9. D	10. B
11. B	12. A	13. A	14. D	15. C
16. A	17. C	18. D	19. B	20. A
21. D	22. A	23. A	24. D	25. A
26. B	27. C	28. C	29. A	30. B
31. D	32. D	33. D	34. B	35. C
36. A	37. C	38. A	39. D	40. B

二、多项选择题（第 41 题~第 50 题。选择两个以上正确的答案，将相应的字母填入题内的括号中，漏选或多选不得分。每题 1 分，满分 10 分）

41. ACD	42. ABD	43. AC	44. AB	45. ABC
46. BCD	47. ABC	48. AD	49. BCD	50. ABCD

三、判断题（第 51 题~第 60 题。将判断结果填入括号中。正确的填"√"，错误的填"×"。每题 1 分，满分 10 分）

51. ×	52. √	53. √	54. √	55. √
56. ×	57. ×	58. ×	59. ×	60. √

四、简答题（第 61 题~第 64 题。每题 5 分，满分 20 分）

61. 简述发动机总成大修的送修标志。

（1）气缸磨损　使用量具测量气缸，当气缸圆度达到 0.05~0.063mm（汽油机 0.05mm，柴油机 0.063mm），或气缸圆柱度达到 0.175~0.250mm（汽油机 0.175mm，柴油机 0.250mm）时，应大修。

（2）动力性　最大功率或气缸压力比标准低 25% 以上，应进行大修。

（3）经济性　燃料和润滑油消耗量增加大于 15% 时，应进行大修。

62. 如何读取自动变速器的失速转速？

1）选择一块宽敞平整的场地停放汽车。

2）用驻车制器或制动踏板将车轮抱死。

3）变速器杆处在 D 位或 R 位。

4）起动发动机使变速器油温在 50～80℃ 之间。

5）用三角木将四只车轮前后均堵住，防止车辆窜动。

6）发动机怠速运转，猛踩加速踏板使节气门全开，转速上升至稳定时迅速读取该转速并松开加速踏板。

63. 汽车修竣出厂的规定有哪些？

1）送修汽车或总成修竣检验合格后，承修单位应签发出厂合格证，并将技术档案、维修技术资料和合格证移交托修方。

2）汽车或总成修竣出厂时，不论送修时的装备（附件）状况如何，均应按照有关规定配备齐全。发动机应安装限速装置。

3）接车人员应根据合同规定，就汽车或总成技术状况和装备情况等进行验收，如发现有不符合竣工要求的情况，承修单位应立即查明，及时处理。

4）送修单位必须严格执行车辆走合期的规定，在保证期内因维修质量发生故障或提前损坏时，承修方应及时排除，免费维修。

64. 列出并说明汽车维修成本的核算公式。

C=M+W+A

C—产品成本；

M—材料费，包括原材料、配件及辅助材料；

W—基本工资，直接参加生产的工人的劳动报酬；

A—杂费，除前两项以外的其他成本构成费用。

五、论述题（第 65 题～第 66 题。每题 10 分，满分 20 分）

65. 试述汽车的动力性能试验。

答：动力性能试验主要包括：加速性能试验、最高车速试验、爬坡性能试验、行驶阻力试验、底盘测功等。

1）加速性能试验通常是在平坦铺装路上进行，主要是测试加速的时间、速度和距离等参数，包括一般加速试验和实际加速试验。一般加速试验包括起步加速和定速加速两项试验内容。

起步加速是在汽车怠速停止状态，踩加速踏板，提高发动机转速后，急剧接合离合器，使汽车起步，节气门全开加速，计测达到 10km/h、20km/h、30km/h……时，和50m、100m、200m、400m……时的时间。

定速加速试验通常是以3档和4档进行，初速度分别为20km/h和30km/h。试验时，节气门全开加速，计测项目与起步加速试验相同。

加速试验的最简便方法是，在试验路段上预先设置定距离标杆，用秒表测定汽车通过的时间。

实际加速试验是在各种条件和状况下，测定超越车辆的加速性能，根据加速试验曲线求出超越车辆所需要的距离和时间。

2）最高车速试验一般是测定能够连续稳定行驶的最高车速。

66. 一个完整的培训策划方案通常由培训目的、培训原则、培训计划、培训实施、效果评估、档案管理等部分组成，请你结合公司和自身实际进行详细说明。

答：结合公司实际及个人的体会，对培训策划方案的各部分内容理解如下：

① 培训目的。改善公司各级各类员工的知识结构、提升员工的综合素质，提高员工的工作技能、工作态度和行为模式，满足公司的快速发展需要，更好地完成公司的各项工作计划与工作目标。

加强公司各级各类员工职业素养与敬业精神，增强员工服务意识与服务水平，打造高绩效团队，减少工作失误，提高工作效率。

② 培训原则。培训原则一般都以公司战略与员工需求为主线；以素质提升、能力培养为核心；以针对性、实用性、价值性为重点；项目式培训和持续性培训相互穿插进行；坚持理论与实践相结合、学习与总结相结合；坚持公司内部培训为重点、内部培训与外训相结合；坚持理论培训和岗位实践培训相结合。实现由点、线式培训向全面系统性培训转变。

③ 培训计划的制订。年初就要制订全年的培训计划，包括年计划、月计划、培训人员、培训内容等。然后按照计划严格实施培训，不可随意更改，让计划真正落在实处。

④ 培训实施。根据公司年度培训计划负责具体组织实施，包括培训签到、参训人员和数量的统计反馈、培训效果评估调查和统计以及培训考核结果的审核确认等。综合部负责培训场地和设备的准备等。

外派培训员工，在培训期间公司的考勤记录为出公差，应遵守培训组织单位的培训规定，不得无故迟到、早退、旷课、缺课，否则按照公司考勤制度予以相应处理并自行承担全部培训费用。

⑤ 培训效果评估。培训后，公司必须对培训的内训师、组织、总体效果等作出评估。

1个小时以上的培训（包括外训），受训者学习结束后应写出《培训心得总结》，经部门负责人审阅后交人力资源部存入个人培训档案。

参加短训班，受训员工学习结束后，应将受训所学的内容，对公司内部其他相关员工进行培训，以扩大培训效果。

培训获得相关证书的员工，应将证书原件交由人力资源部存档。

人力资源部要对当年的培训工作进行总的评价，并写出评估报告。在进行年度评估时，应将年内每一次评估的结果作为依据。

⑥ 培训档案管理。

【个人培训档案管理】

公司建立员工培训档案，凡是公司员工所受的各种培训，应将培训记录、证书、考核结果、相关资料进行汇总，由人事专员把这些资料整理归档，进入个人档案。

【课程档案管理】

公司开展的各类培训课程，参加者签到记录、课程考核试卷等由人力资源部进行分类登记、保管。每次培训的归档资料应包括：培训通知、培训教材或讲义、考核试卷、受训人员名单及签到情况表、培训效果评估等。

汽车维修工（高级技师）理论知识试卷

注 意 事 项

1. 考试时间：90分钟。
2. 请首先按要求在试卷的标封处填写您的姓名、准考证号和所在单位的名称。
3. 请仔细阅读各种题目的回答要求，在规定的位置填写您的答案。
4. 不要在试卷上乱写乱画，不要在标封区填写无关的内容。

	一	二	三	四	五	总 分
得 分						

得 分	
评分人	

一、单项选择题（第1题~第40题。选择一个正确的答案，将相应的字母填入题内的括号中。每题1分，满分40分。）

1. 市场经济条件下，职业道德具有（　　）的社会功能。
A. 鼓励人们自由选择职业　　　　B. 遏制牟利最大化
C. 促进人们的行为规范化　　　　D. 最大限度地克服人们受利益驱动

2. 下列选项中（　　）是企业诚实守信的内在要求。

A. 维护企业信誉　　　　　　　B. 增加职工福利
C. 注重环境效益　　　　　　　D. 开展员工培训

3. 在进行 PNP 型喷油驱动器以外的喷油驱动器的波形检测时，示波器显示一条 0V 直线且喷油器供电电源正常则可判定为（　　）。

A. PCM 电源故障　　　　　　　B. EGR 阀电源故障
C. EEC 阀电源故障　　　　　　D. 喷油器线圈断路或插头损坏

4. 下列哪个信号不属于电子信号的"五要素"（　　）。

A. 频率调制　　B. 脉宽调制　　C. 幅值　　D. 串行数据信号

5 参与电动玻璃系统防夹功能工作的零部件是（　　）。

A. 遥控器　　　　　　　　　　B. 电动玻璃电机位置传感器
C. 电动玻璃开关　　　　　　　D. 电动玻璃儿童保护开关

6. 汽车空调运行后，不能通过"看"进行诊断是（　　）。

A. 看视液镜中制冷剂流动情况，有均匀透明的液体流动为正常
B. 看低压回气管的结露情况，表面有露珠为正常
C. 看制冷系统中各个管路接头处的渗油情况，干燥无油渍为正常
D. 看蒸发器是否脏污

7. 两个技师讨论线束更换问题。技师甲说，如果新的组件附带新的配线，在车辆上，同等的配线部分必须替换为新的部件。技师乙说，只要更换的线束端子是相符的，可以不用考虑接触部分的新旧问题（　　）。

A. 技师甲　　B. 技师乙　　C. 两个都正确　　D. 两个都错误

8. 当起动发动机时，每次起动时间限制为 5s 左右，是因为（　　）。

A. 蓄电池的电压下降过快
B. 防止电流过大，使起动电路的线束过热起火
C. 防止电流过大，使点火开关烧坏
D. 防止起动机过热

9. MOST 总线系统的显著特点是它的（　　）结构。

A. 双绞线形　　B. 星形
C. 环形　　　　D. 以上都是

10. 右图所示为示波器的两个信号的纪录：信号 A 的控制率为（接地控制）（　　）。

A. 75%　　　　B. 50%
C. 25%　　　　D. 不能确定

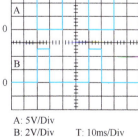

A: 5V/Div
B: 2V/Div　　T: 10ms/Div

11. 示波器记录了三元催化器前氧传感器的信号 1 和后氧传感器的信号 2，哪个记录表示催化器的状态良好：（　　）。

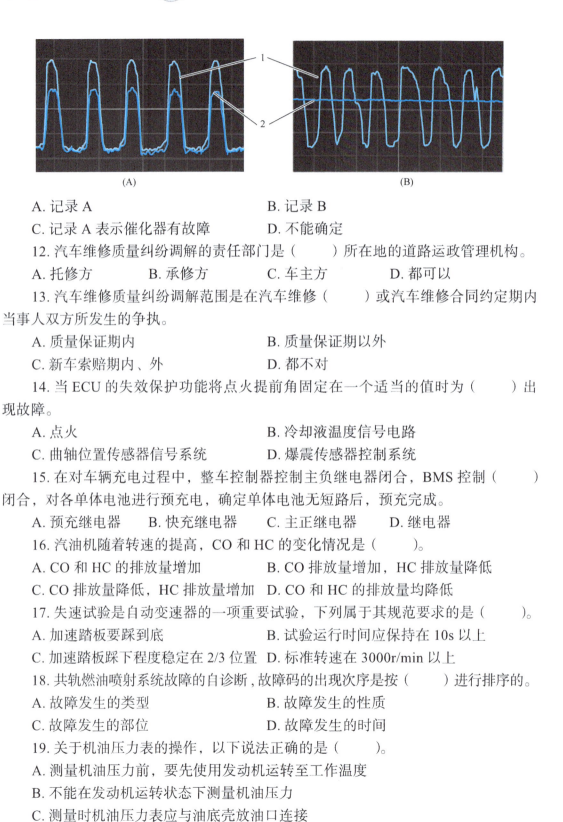

(A)   (B)

A. 记录 A   B. 记录 B

C. 记录 A 表示催化器有故障   D. 不能确定

12. 汽车维修质量纠纷调解的责任部门是（　　）所在地的道路运政管理机构。

A. 托修方   B. 承修方   C. 车主方   D. 都可以

13. 汽车维修质量纠纷调解范围是在汽车维修（　　）或汽车维修合同约定期内当事人双方所发生的争执。

A. 质量保证期内   B. 质量保证期以外

C. 新车索赔期内、外   D. 都不对

14. 当 ECU 的失效保护功能将点火提前角固定在一个适当的值时为（　　）出现故障。

A. 点火   B. 冷却液温度信号电路

C. 曲轴位置传感器信号系统   D. 爆震传感器控制系统

15. 在对车辆充电过程中，整车控制器控制主负继电器闭合，BMS 控制（　　）闭合，对各单体电池进行预充电，确定单体电池无短路后，预充完成。

A. 预充继电器   B. 快充继电器   C. 主正继电器   D. 继电器

16. 汽油机随着转速的提高，CO 和 HC 的变化情况是（　　）。

A. CO 和 HC 的排放量增加   B. CO 排放量增加，HC 排放量降低

C. CO 排放量降低，HC 排放量增加   D. CO 和 HC 的排放量均降低

17. 失速试验是自动变速器的一项重要试验，下列属于其规范要求的是（　　）。

A. 加速踏板要踩到底   B. 试验运行时间应保持在 10s 以上

C. 加速踏板踩下程度稳定在 2/3 位置   D. 标准转速在 3000r/min 以上

18. 共轨燃油喷射系统故障的自诊断，故障码的出现次序是按（　　）进行排序的。

A. 故障发生的类型   B. 故障发生的性质

C. 故障发生的部位   D. 故障发生的时间

19. 关于机油压力表的操作，以下说法正确的是（　　）。

A. 测量机油压力前，要先使用发动机运转至工作温度

B. 不能在发动机运转状态下测量机油压力

C. 测量时机油压力表应与油底壳放油口连接

D. 只能测量怠速时的机油压力

20. 关于蓄电池充电器的描述，以下说法正确的是（　　）。

A. 蓄电池充电器使用的是 380V 电源

B. 蓄电池充电器一般可以对充电电流进行调节

C. 蓄电池充电器工作时会产生高压电，所以操作时要特别小心

D. 蓄电池充电器的充电线无正负之分

21. 关于密封胶的涂抹规范，以下说法正确的是（　　）。

A. 为了确保密封性能，密封胶应该涂的越厚越好

B. 密封胶涂完后，要等待 10min 以上，待胶干后才可以安装部件

C. 涂胶的规格有严格的要求，一般可以在维修信息中查找到

D. 密封表面的涂胶规格，以部件安装后结合表面没有胶液流出为标准

22. 在拆卸气囊系统的电子元件前需要先断开蓄电池（　　）min 以上。

A. 2　　　　　　　B. 3　　　　　　　C. 4　　　　　　　D. 5

23. 关于前车门模块的故障诊断，以下描述正确的是（　　）。

A. 当进行软件下载时，中央数据库需要对车辆的硬件和软件进行识别

B. 即使 CAN 总线上的其他模块出现故障，也不会影响前车门模块的通信功能

C. 用手接触前车门模块的电器插头针脚，不会对该模块造成损坏

D. 在清除故障码之前，无须先读取故障码

24. 关于电动座椅卜电机的拆装，以下叙述正确的是（　　）。

A. 拆装电动座椅椅垫前缘高低调整电机过程中，不需要拆卸座椅侧面板

B. 拆装电动座椅靠背角度调整电机过程中，不需要拆卸座椅靠背外套

C. 拆装电动座椅整体前后位置调整电机过程中，不需要拆卸电动座椅总成

D. 拆装电动座椅整体升降位置调整电机过程中，不需要拆卸电动座椅总成

25. 关于头灯清洗系统，以下描述正确的是（　　）。

A. 电子式头灯清洗泵通过 LIN 线与中央电子模块通信

B. 中央电子模块利用一个继电器控制头灯刮水器马达和头灯清洗泵

C. 为了防止遮挡光线，头灯清洗系统交替起动两个电动式头灯喷洗器的伸缩臂

D. 电动式头灯喷洗器通过 LIN 线与中央电子模块通信

26. 两个技师讨论相同材质及长度的导线直径和电阻之间的关系，技师甲说，导线直径越大使用万用表测量的电阻越小，技师乙说，导线的直径与测得的电阻没有关系，说法正确的是（　　）。

A. 技师甲　　　　B. 技师乙　　　　C. 两个都正确　　　　D. 两个都错误

27. 如果测量用电设备的工作电流大于正常值。则说明（　　）。

A. 用电设备电路断路　　　　　　B. 用电设备问题

C. 用电设备电源虚接　　　　　　D. 用电设备接地不良

28.《公民道德建设实施纲要》规定，社会主义道德建设要坚持以为人民服务为（　　）。

　　A.原则　　　　B.核心　　　　C.基本要求　　　D.以上都是

29.关于蓄电池的容量，以下说法正确的是（　　）。

　　A.容量是以分钟作为计算的

　　B.容量是一个充足电的蓄电池能够在一段时间里提供的固定电流

　　C.容量是一个充足电的蓄电池在+25℃的温度下放电至10.5V电压所需要的时间

　　D.温度越高，容量越低

30.技师甲乙讨论关于车辆线束和端子修复的问题。技师甲说线束的修复直接使用电烙铁焊接即可，技师乙说线束和端子在修复时需要从系统中查询相关的配件信息且进行订购后，才是标准的维修，两个技师说法正确的是（　　）。

　　A.技师甲　　　B.技师乙　　　C.两个都正确　　D.两个都错误

31.当混合气处于比理论空燃比稀的范围内时，随着空燃比的增加，NO_x减少，CO的浓度变化不大，HC的浓度将（　　）。

　　A.变化不大　　B.增大　　　　C.减少　　　　　D.快速下降

32.车速传感器提供给发动机控制系统的车速信息是用来（　　）。

　　A.决定有毒气体（NO_x）的排出　　　B.改善车辆的运行状态

　　C.减少有毒气体的排出　　　　　　D.我不知道

33.下面关于概念的表述中，说法错误的是（　　）。

　　A.电路中产生感应电动势必有感应电流

　　B.电路中有感应电流就有感应电动势产生

　　C.自感是电磁感应的一种

　　D.互感电是磁感应的一种

34.测量发动机爆震传感器两个端子之间的电阻，在20℃时应该为（　　）。

　　A.大于1MΩ　　B.等于200Ω　　C.小于200Ω　　D.不确定

35.如果发动机的转速增加，点火提前角将（　　）。

　　A.减小　　　　B.增加　　　　C.不变　　　　　D.我不知道

36.用示波器测试喷油器时，喷油器波形的（　　）是一个非常有价值诊断参数。

　　A.断开尖峰电压　B.峰值高度　　C.频率　　　　　D.脉冲宽度

37.（　　）数据总线不仅能传输控制数据和传感器数据，还能传输数字音频信号和视频信号图形以及其他数据。

　　A.CAN-BUS　　B.MOST　　　　C.LIN　　　　　D.以上都不是

38.自动变速器因其变矩器的滑转，一般要比机械变速器费油，其经济性差的主要原因是在（　　）工作性能变差的缘故。

　　A.低速区锁止机构　　　　　　　B.中速区锁止机构

C. 高速区锁止机构　　　　　　　　D. 低速或高速区锁止机构

39. 混合动力车及电动汽车采用 DC/DC 转换器之后，可省去（　　）。

A. 电源控制器　　B. 逆变器　　　C. 驱动电机　　D. 交流发电机

40. 当 ESP 检测到车辆侧向滑动时，ESP 将向发动机控制模块发送一个信息，请求利用牵引力控制系统中的发动机转矩控制功能（　　）发动机的输出转矩。

A. 稳定　　　　B. 限制　　　　C. 减小　　　　D. 保持

得　分	
评分人	

二、多项选择题（第 41 题～第 50 题。选择两个以上正确的答案，将相应的字母填入题内的括号中，漏选或多选不得分。每题 1 分，满分 10 分。）

41. 关于 ESP 9.0 售后工作，以下描述正确的是（　　）。

A. 方向盘角度传感器的校准：在更换方向盘角度传感器或稳定性控制计算机或车桥调整之后进行校准，或在故障码"方向盘角度传感器校准错误"出现之后进行校准

B. 纵向加速传感器校准（三相传感器）：在更换或拆卸/安装稳定性控制计算机之后进行校准，或出现故障码"无法校准纵向加速传感器"时进行校准

C. 更换稳定性控制计算机：此功能可保存旧计算机的数据，以在新计算机中重新写入（两步操作）

D. 以上都不正确

42. LIN 网络工作时，用万用表直流电压档测量总线的电压，不可能的结果是（　　）。

A. 0V　　　　　B. 2.5V　　　　C. 10V　　　　D. 12V

43. 汽维修质量可以分为（　　）两个方面。

A. 维修服务　　B. 维修进度　　C. 维修技术　　D. 维修管理

44. 汽车动力性能实验包括哪些？（　　）

A. 加速性能　　B. 最高车速　　C. 爬坡性能　　D. 实车耐久性

45. 下面关于概念的表述中，哪些是正确的。（　　）

A. 电路中产生感应电动势必有感应电流

B. 电路中有感应电流就有感应电动势产生

C. 自感是电磁感应的一种

D. 互感电是磁感应的一种

46. 零件图上的技术要求通常是指（　　）。

A．表面粗糙度　　　B．尺寸公差　　　C．几何公差　　　D．材料及热处理

47．关于多点喷射的电控燃油喷射系统控制喷油量的描述错误的是（　　）。

A．通过控制喷油压力　　　　　　B．通过控制喷油时间

C．通过改变喷孔大小　　　　　　D．通过改变针阀行程

48．关于车载网络，以下描述错误的是（　　）。

A．通信协议是所有连接的节点必须遵循的通信规则

B．曲轴位置传感器属于网络中的一个节点

C．网关模块连接全车所有的模块

D．作为总线，单线比双绞线的网速要高

49．以下信号实例中，不属于数字信号的是（　　）。

A．手刹开关传给 CEM 的信号

B．轮速传感器传给 BCM 的信号

C．曲轴位置传感器传给 ECM 的信号

D．CEM 传给 DIM 的 MS CAN 的信号

50．如果 EVAP 通气管发生堵塞，可能会导致（　　）情况。

A．行驶一段时间后发动机熄火　　　B．油箱被吸扁

C．混合气过浓　　　　　　　　　　D．混合气过稀

得　分	
评分人	

三、判断题（第 51 题～第 60 题。将判断结果填入括号中。正确的填"√"，错误的填"×"。每题 1 分，满分 10 分。）

51．（　　）劳动合同的条款应包括劳动纪律和劳动合同终止条件等。

52．（　　）劳动者患病医疗期满后不能从事原工作，用人单位可以解除合同，但是应当提前一星期以书面形式通知劳动者。

53．（　　）高级技师培训讲义应包括职业道德、基础知识、专业知识和技能要求等。

54．（　　）OBD-Ⅱ是第二代随车自诊断系统，它的主要特征是接口有 16 脚。

55．（　　）诚实守信是市场经济法则，是企业的无形资本。

56．（　　）主动悬架可在车速很高时，使悬架的刚度和阻尼相应增大，以提高汽车高速行驶时的操纵稳定性。

57．（　　）如果发动机 ECU 检测不到曲轴转角信号，发动机将无法起动。

58．（　　）汽车维修职业尊严是属于汽车维修职业道德范畴的内容。

59.（　　）在同一节气门开度，自动变速器的升档车速高于降档车速，以减小换档冲击。

60.（　　）在 CAN 数据总线中，控制单元间所有信息的传递都不超过两条线。

得　分	
评分人	

四、简答题（第 61 题～第 64 题。每题 5 分，满分 20 分。）

61. 解释汽车维修质量管理。

62. 蓄电池补充充电有哪两个阶段？

63. 如何用万用表对二极管极性进行判别？

64. 简述识读汽车电路图的基本原则。

得　分	
评分人	

五、论述题（第65题～第66题。每题10分，满分20分。）

65. 试分析影响蓄电池容量的因素有哪些？分别是如何影响的？

66. 发动机曲轴主轴承异响有什么特点？如何利用示波器进行诊断？

汽车维修工（高级技师）理论知识试卷参考答案

一、单项选择题（第1题～第40题。选择一个正确的答案，将相应的字母填入题内的括号中。每题1分，满分40分。）

1. C	2. C	3. D	4. C	5. B
6. D	7. A	8. A	9. C	10. B
11. B	12. B	13. A	14. D	15. A
16. D	17. A	18. D	19. A	20. B
21. C	22. B	23. A	24. C	25. D
26. A	27. B	28. B	29. C	30. B
31. B	32. B	33. A	34. A	35. B
36. B	37. B	38. C	39. D	40. C

二、多项选择题（第41题～第50题。选择两个以上正确的答案，将相应的字母填入题内的括号中，漏选或多选不得分。每题1分，满分10分。）

41. ABC	42. ABD	43. AC	44. ABC	45. BCD
46. ABCD	47. ACD	48. BCD	49. ABC	50. ABC

三、判断题（第51题～第60题。将判断结果填入括号中。正确的填"√"，错误的填"×"。每题1分，满分10分。）

51. √ 52. × 53. √ 54. √ 55. √
56. √ 57. √ 58. √ 59. × 60. √

四、简答题（第61题～第64题。每题5分，满分20分。）

61. 解释汽车维修质量管理。

答：汽车维修质量管理是为保证和提高汽车维修质量所进行的调查、计划、组织、协调、控制、检验、处理及信息反馈等各项活动的总称。

62. 蓄电池补充充电有哪两个阶段？

答：第一阶段：以剩余容量1/10的电流充到冒气泡，电压到达2.4V；第二阶段：将电流减半，充到"沸腾"，单格电压到达2.7V，电压、相对密度上升到最高值，且2～3h保持不变，即充电结束。

63. 如何用万用表对二极管极性进行判别？

答：在测量二极管的正、反向阻值时，当测得的阻值较小时，与红表棒（内接表内电池的负极）相接的那个电极就是二极管的负极，与黑棒表（内接表内电池的正极）相接的那个电极为二极管的正极。反之，当测得阻值较大时，与红表棒相接的那个电极为二极管的正极，与黑表棒相接的那个电极为二极管的负极。

64. 简述识读汽车电路图的基本原则。

答：识读汽车电路图时，首先要注意电源的搭铁极性。我国标准规定汽车电气设备统一为负极搭铁，即电源负极与汽车的金属车体连接，各搭铁点均相通，各用电设备之间是相互并联的，工作电流从电源的正极→熔断丝或易熔丝→导线→开关→用电设备→搭铁（电源负极），从而形成回路。对于一张整车电路图，要善于化整为零，将其划分成各个局部（各系统）电路，再分别弄清楚各导线、用电设备、开关、继电器、控制器等的作用。现代轿车中，普遍采用了计算机控制技术，这就增加了看图和电路维修的难度。对于采用计算机控制的轿车，首先应了解各引脚的功能及各种传感器、执行器部件的作用，然后再分析电子控制系统与有关部件之间的相互联系。

五、论述题（第65题～第66题。每题10分，满分20分。）

65. 试分析影响蓄电池容量的因素有哪些？分别是如何影响的？

答：

1）极板的构造。极板面积越大，片数越多，则参加反应的活性物质越多，容量越大。

2）放电电流。放电电流越大，端电压下降的越快，越早出现终止电压而影响蓄电池的使用寿命。并且，放电电流越大，极板上用于参加电化学反应的活性物质越少，容量越低。

3）电解液温度的影响。电解液温度降低，电解液黏度增大，渗入极板的能力降低。同时，电解液内电阻增大，蓄电池内阻增加，使端电压下降，容量减小。

4）电解液密度。适当增加电解液的相对密度，可以提高电解液的渗透速度和蓄电池的电动势，并减小内阻，使蓄电池的容量增大。但相对密度超过一定数量时，由于电解液黏度增大使渗透速度降低，内阻和极板硫化速度增加，又会使蓄电池的容量减小。

66. 发动机曲轴主轴承异响有什么特点？如何利用示波器进行诊断？

答：

1）异响的特点。异响发生在发动机缸体下部曲轴箱处，异响为粗重较闷的"嗒嗒"声；突然提高发动机转速时，响声更加明显；而单缸断火时无明显变化；相邻两缸同时断火时，响声会明显减弱或消失；响声与温度无关。

2）诊断方法。把振动加速度传感器置于油底壳侧面。用抖动节气门的方法使发动机在1200～1600r/min或更高的转速范围内运转。观察示波器荧光屏，若在第2缸波形后部有明显的正弦波形出现，并在发动机熄火后异响波形消除，即可判断异响发生在第2缸相邻两道主轴承。

操作技能试卷

汽车维修工（技师）操作技能考核准备通知单

试题1　发动机失火故障诊断与排除

考场准备：

1）设备设施准备：教室一间，并配有完成考核所需的足够数量的桌椅。

2）根据要求准备相关材料。

3）计时器1支。

4）考场准备材料清单。

序号	名称	型号与规格	单位	数量	备注
1	诊断仪	通用型	个	1	
2	整车	考试车辆	辆	1	
3	普通工具箱	通用	套	1	
4	万用表	汽车专用万用表	个	1	
5	火花塞	考试车辆	个	1	
6	继电器	考试车辆	个	1	
7	气缸压力表	考试车辆	个	1	
8	点火线圈	考试车辆	个	1	
9	电路图	考试车辆	本	1	
10	白纸	A4	张	1	
11	防护套装	脚垫、变速杆套、座椅套、转向盘套	套	1	

试题 2　汽车遥控车窗工作异常故障诊断与排除

考场准备：

1）设备设施准备：教室一间，并配有完成考核所需的足够数量的桌椅。

2）根据要求准备相关材料。

3）计时器 1 支。

4）考场准备材料清单。

序号	名称	型号与规格	单位	数量	备注
1	考试用车		辆	1	
2	举升机		台	1	
3	通用工具	工具箱	个	1	
4	万用表	车用万用表	个	1	
5	解码器	专用诊断仪	台	1	
6	车窗系统电路图	维修手册	册	1	
7	胶布	绝缘	卷	1	
8	防护套装	脚垫、变速杆套、座椅套、转向盘套	套	1	

试题 3　编制电控发动机不着车故障检修工艺

考场准备：

1）设备设施准备：教室一间，并配有完成考核所需的足够数量的桌椅。

2）根据要求准备相关材料。

3）计时器 1 支。

4）考场准备材料清单。

序号	名称	型号与规格	单位	数量	备注
1	白纸	A4	张	2	
2	整车		辆	1	
3	直尺		个	1	
4	维修手册	考试车辆相符的	本	1	

汽车维修工（技师）操作技能考核试卷

试题1：发动机失火故障诊断与排除

1）本题分值　50分。

2）考核时间　40min。

3）考核形式　实操。

4）考核要求：

① 确认故障现象，分析故障原因。

② 正确识读点火系统电路图，分析故障点。

③ 规范使用专用工具及诊断仪，排除点火系统故障。

④ 安全环保操作。

试题2：汽车遥控车窗工作异常故障诊断与排除

1）本题分值　30分。

2）考核时间　30min。

3）考核形式　实操。

4）考核要求：

① 正确读取故障码及相关数据流。

② 正确拆检车窗系统各元件及数据线。

③ 正确记录检测数据。

④ 考核注意事项。

试题3：编制电控发动机不着车故障检修工艺

1）本题分值　20分。

2）考核时间　30min。

3）考核形式　实操。

4）考核要求：

① 工艺步骤合理。

② 工艺内容完整。

③ 工艺标准正确。

④ 文字图表规范。

⑤ 安全文明操作。

汽车维修工（技师）操作技能考核评分记录表

考生姓名：_____　　身份证号：_____

题号	一	二	三	合计
成绩				

试题1：发动机失火故障诊断与排除

考试时间：　时　分—　时　分

序号	考核内容	考核要点	评分标准	配分	得分
1	正确使用工具、诊断仪	能够正确使用工具、诊断仪	① 使用错误一次扣1分 ② 扣完本项分数为止	5分	
2	① 根据故障现象，分析故障原因 ② 分析点火系统电路图，找出故障点	① 能够确认故障现象 ② 正确分析故障原因 ③ 分析点火系统电路图，找出故障点	① 未确认故障现象扣5分 ② 故障原因分析错误扣5分 ③ 电路图分析错误扣5分 ④ 不能描述故障点扣5分 ⑤ 扣完本项分数为止	15分	
3	明确故障部位（口述）	能够正确描述故障部位的名称和检查方法	① 不能明确故障部位的扣5分 ② 扣完本项分数为止	5分	
4	排除发动机失火故障	① 正确检查点火系统连接及老化情况 ② 正确连接诊断工具和设备，判断失火的气缸 ③ 正确排除点火系统线路故障 ④ 正确排除点火系统电控故障	① 检查方法错误1次扣5分 ② 故障排除不彻底扣5分 ③ 不能排除故障扣5分 ④ 扣完本项分数为止	15分	
5	验证故障排除效果	正确验证故障排除效果	不验证的扣5分	5分	
6	遵守安全操作规程，正确使用工量具，操作现场整洁	① 遵守安全操作规程 ② 正确使用工量具 ③ 操作现场整洁	每项扣1分，扣完为止	5分	
	安全用电，防火，无人身、设备事故		因违规操作发生重大人身或设备事故，此题按0分计		
备注		总计	合计	50分	

评分人：　　　年　月　日　　　核分人：　　　年　月　日

试题2：汽车遥控车窗工作异常故障诊断与排除

考试时间： 时 分 — 时 分

序号	项目	考核内容	评分标准	配分	得分
1	汽车遥控车窗工作异常故障诊断与排除	5S管理	① 未完成场地、工具、零件清理、清扫，扣1分	3分	
			② 工具、仪器等摆放位置不规范，扣1分		
			③ 服装不整洁、有首饰项链等，扣1分		
		故障现象确认及原因分析	① 故障现象确认不全面，没有进行关联故障验证，扣2分	5分	
			② 故障现象确认结果不准确，扣1分		
			③ 可能的电动车窗故障原因中没有考虑到网络控制原因，扣1分		
			④ 没有用诊断仪检测故障车窗动态数据或检测结果不正确，扣1分		
		车窗控制系结构原理（网络图）	① 不能全面体现车窗系统元件及模块与开关之间的逻辑关系，扣1~2分	5分	
			② 控制系统电气元件有遗漏，扣2分		
			③ 没有LIN、CAN、FlexRay线的区分和功能描述，扣1分		
		车窗系统LIN线故障检测	① 没有绘制检测部位线路简图，扣1~2分	10分	
			② 不能正确绘制LIN线波形图，扣1~2分		
			③ 与故障点相关线路信号参数测量不准确，扣1~2分		
			④ 故障点判断及描述不准确，扣1~2分		
			⑤ 测量方法及测量步骤不合理，扣1分		
			⑥ 相关测量部件的拆装不规范，扣1分		
			⑦ 未进行修复结果验证，扣1分		
		诊断仪的使用	① 诊断仪安装、使用不正确，扣1分	4分	
			② 数据流读取不正确，扣1分		
2	安全文明生产	遵守操作规程，正确使用工量具	每项扣1分，扣完为止	3分	
		安全用电，防火，无事故	因违规操作发生重大人身或设备事故，此题按0分计		
3	总计		合计	30分	

评分人： 年 月 日　　核分人： 年 月 日

试题3：编制电控发动机不着车故障检修工艺

序号	考核内容	考核要点	评分标准	配分	得分
1	5S管理	操作符合安全文明生产规范	① 未完成场地、工具、零件清理、清扫，扣1分 ② 服装不整洁、有首饰项链等，扣1分 ③ 本项目分数扣完为止	2分	
2	工艺步骤	工艺步骤是否合理	工艺步骤不合理，错1处扣2分，扣完为止	6分	
3	工艺内容	工艺内容是否完整	工艺内容不完整，错1处扣2分，扣完为止	8分	
4	工艺标准	工艺标准是否掌握	① 工艺标准不正确，错1处扣2分 ② 参阅车型维修手册或相关材料错误，扣2分 ③ 本项目分数扣完为止	2分	
5	文字图表规范	文字、图表是否规范	① 文字不规范，视情况扣1~2分 ② 图表不规范，视情况扣1~2分 ③ 本项目分数扣完为止	2分	
6	安全用电，防火，无人身、设备事故	因违规操作发生重大人身或设备事故，此题按0分计			
备注	总计		合计	20分	

评分人：　　　年　月　日　　　核分人：　　　年　月　日

汽车维修工（高级技师）操作技能考核准备通知单

试题1　编制大灯组合开关的测量工艺

考场准备：

1）设备设施准备：教室一间，并配有完成考核所需的足够数量的桌椅。

2）根据要求准备相关材料。

3）计时器1支。

4）考场准备材料清单。

序号	名称	型号与规格	单位	数量	备注
1	解码器	专用诊断仪	个	1	
2	整车	考试用车	辆	1	
3	常用工具	工具车	台	1	
4	万用表	汽车专用万用表	个	1	
5	大灯电路图	品牌车型维修手册	本	1	
6	探针	测试专用	套	1	
7	大灯组合开关		个	1	
8	白纸	A4	张	1	

试题 2　自动空调制冷效果差故障诊断与排除

考场准备：

1）设备设施准备：教室一间，并配有完成考核所需的足够数量的桌椅。

2）根据要求准备相关材料。

3）计时器 1 支。

4）考场准备材料清单。

序号	名称	型号与规格	单位	数量	备注
1	整车	考试车辆	辆	1	
2	举升机	车型专用	台	1	
3	通用工具箱	通用	套	1	
4	万用表	车用万用表	个	1	
5	空调系统电路图	车型维修手册	本	1	
6	抽空加氟机	专用	个	1	
7	制冷剂	专用	个	1	
8	测漏仪	与车型相匹配	个	1	
9	A4 纸		张	1	

试题 3　车窗 CAN 线故障诊断与排除

考场准备：

1）设备设施准备：教室一间，并配有完成考核所需的足够数量的桌椅。

2）根据要求准备相关材料。

3）计时器 1 支。

4）考场准备材料清单。

序号	名称	型号与规格	单位	数量	备注
1	整车	考试车辆	辆	1	
2	举升机	车型专用	台	1	
3	通用工具箱	通用	套	1	
4	示波器	专用或通用	个	1	
5	万用表	车用万用表	个	1	
6	解码器	专用诊断仪	台	1	
7	车窗系统电路图	车型维修手册或查询系统	册	1	
8	探针	导线测试专用	对	1	
9	套筒	专用或通用	盒	1	
10	线束针脚拆卸工具	专用或通用	套	1	
11	剥线钳	通用	把	1	
12	冲压器	通用	把	1	
13	热风枪	通用	个	1	
14	白纸	A4	张	1	
15	胶布	绝缘	卷	1	

汽车维修工（高级技师）操作技能考核试卷

试题1：编制大灯组合开关的测量工艺

考核要求：

1）工艺步骤合理。

2）工艺内容完整。

3）工艺标准正确。

4）考核注意事项：

① 满分20分，考试时间30min。

② 安全文明操作。

试题2：自动空调制冷效果差故障诊断与排除

考核要求：

1）正确读取故障码及车辆数据流。

2）正确进行空调系统及各元件功能测试。

3）正确记录检测数据。

4）考核注意事项：

① 满分55分，考试时间50min。

② 正确使用工具和仪表。

③ 安全文明操作。

试题3：车窗CAN线故障诊断与排除

考核要求：

1）能够完成CAN线波形的测量和解析。

2）根据右前门车窗功能异常故障现象，找出故障原因。

3）根据原因，运用正确的方法排除故障。

4）考核注意事项：

① 满分25分，考试时间40min。

② 安全文明操作。

③ 损坏设备或出现事故不得分。

汽车维修工(高级技师)操作技能考核评分记录表

考生姓名：_____   身份证号：_____

题号	一	二	三	合计
成绩				

试题1：编制大灯组合开关的测量工艺

考试时间：　　时　　分—　　时　　分

序号	项目	考核内容	分值	评价标准	评分记录	扣分	得分
1	编制大灯组合开关的测量工艺	5S管理	3分	未完成场地、工具、零件清理、清扫，扣1分			
				工具、仪器等摆放位置不规范，扣1分			
				服装不整洁、有首饰项链等，扣1分			
		工艺步骤	4分	①工艺步骤是否遵循先简后繁，由外及内的逻辑，若不是扣1分			
				②工艺步骤表述是否具象，清晰易懂，若不具象扣1分			
				③是否有查阅相关线路图，若没有扣1分			
				④是否有与线路图对应的记表格，若无扣1分			
		工艺标准	3分	①工艺参数有依据，视情况扣1分			
				②表格设计合理，清晰易懂，若不合理扣1分			
				③参阅车型维修手册或相关材料，视情况扣1分			
		工艺内容	6分	①工艺内容是否准确清晰，视情况扣1~2分			
				②记录表格是否含有针脚定义及参数标准值，视情况扣1分			
				③电路图与车型和元件是否匹配，视情况扣1分			
				④工艺文字、图表是否美观规范，视情况扣1~2分			
				⑤工艺内容是否主要元件操作或(近光、远光、转向、雾灯等)的测量内容，视情况扣1~2分			
		测量工具的使用	2分	①操作规范、安全，视情况扣1分			
				②测试前要校准，扣1分			
2	安全文明生产	遵守安全操作规程	2分	每项扣1分，扣完为止			
		安全用电，防火，无事故		因违规操作发生重大人身或设备事故，此题按0分计			
3	合计		20分				

评分人：　　　　　年　月　日　　　　核分人：　　　　　年　月　日

试题2：自动空调制冷效果差故障诊断与排除

考试时间： 时 分 — 时 分

序号	项目	考核内容	分值	评价标准	评分记录	扣分	得分
1	自动空调制冷效果差故障诊断与排除	5S管理	6分	①未完成场地、工具、零件清理清扫，扣1~2分			
				②工具、仪器等摆放位置不规范，扣1~2分			
				③服装不整洁、有首饰项链等，扣1~2分			
		故障现象确认及原因分析	10分	①不制冷前提条件验证不全面扣1~2分			
				②验证空调制冷效果的方法和结构不准确，扣1~2分			
				③不能正确列举3个空调制冷系统故障或导致制冷效果不良的原因，扣3分			
		空调控制系统功能原理（框图）	8分	①不能全面体现空调系统传感器、控制模块、执行器的逻辑关系，扣1~3分			
				②空调控制系统元件有遗漏，扣1~3分			
				③不能正确描述环境温度、水温传感器作用，扣2分			
		故障检测与排除	20分	①空调系统温度传感器测量和数据读取不正确，扣1~4分			
				②空调系统执行器位置检测和数据读取不正确，扣1~4分			
				③系统泄露检测方法不正确，扣1~4分			
				④制冷剂回收、抽真空、加注方法不正确，扣1~3分			
				⑤不能查找到全部3个故障点，扣1~3分			
				⑥故障查询思路和步骤不符合逻辑，扣1~2分			
		诊断仪的使用	6分	①诊断仪安装、使用不正确，扣3分			
				②数据流读取不正确，扣3分			
2	安全文明生产	遵守操作规程，正确使用工量具	5分	每项扣1分，扣完为止			
		安全用电，防火，无事故		因违规操作发生重大人身或设备事故，此题按0分计			
3	合计		55分				

评分人： 年 月 日 核分人： 年 月 日

试题 3：车窗 CAN 线故障诊断与排除

考试时间： 时 分 — 时 分

序号	项目	考核内容	分值	评价标准	评分记录	扣分	得分
1	车窗 CAN 线故障诊断与排除	5S 管理	3 分	① 未完成场地、工具、零件清理、清扫，扣 1 分			
				② 工具、仪器等摆放位置不规范，扣 1 分			
				③ 服装不整洁、有首饰项链等，扣 1 分			
		故障现象确认及原因分析	4 分	① 故障现象确认不全面，没有进行关联故障验证，扣 1~2 分			
				② 若不能分析出 CAN 线导致右前车窗不工作的可能原因，扣 1~2 分			
		CAN 线波形测绘	4 分	① 若不能正确连接示波器读出故障波形，视情况扣 1 分			
				② 若不能画出故障波形并进行解析，扣 1 分			
				③ 若不能根据波形分析可能的故障点，扣 1 分			
				④ 若波形参数设置不合理，扣 1 分			
		车窗 CAN 线故障检测	10 分	① 若不能画出右前门窗线路简图，扣 1~2 分			
				② 若不能根据线路简图对可能故障点进行测量，扣 1~2 分			
				③ 与故障点相关测试结果不准确，扣 1~2 分			
				④ 故障点判断及描述不准确，扣 1 分			
				⑤ 测量方法及测量步骤不合理，扣 1 分			
				⑥ 相关测量部件的拆装不规范，扣 1 分			
				⑦ 若不能修复故障点并进行验证，扣 1 分			
		诊断仪的使用	2 分	① 诊断仪安装、使用不正确，扣 1 分			
				② 数据流读取不正确，扣 1 分			
2	安全文明生产	遵守操作规程，正确使用工量具	2 分	每项扣 1 分，扣完为止			
		安全用电、防火、无事故		因违规操作发生重大人身或设备事故，此题按 0 分计			
3	合计		25 分				

评分人：　　年　月　日　　核分人：　　年　月　日